인간을 넘어서

『人間を超えて』
上野千鶴子・中村雄二郎

NINGEN WO KOETE by UENO Chizuko,
NAKAMURA Yuziro Copyright ⓒ 1989 by UENO Chizuko,
NAKAMURA Yuziro Original Japanese
edition published in Japan by SEIDOSHA Inc.

인간을 넘어서

나카무라 유지로 · 우에노 치즈코 지음 | 장화경 옮김

당대

인간을 넘어서

ⓒ 도서출판 당대 2004

지은이/나카무라 유지로 · 우에노 치즈코
옮긴이/장화경
펴낸이/박미옥
펴낸곳/도서출판 당대

제1판 제1쇄 인쇄 2004년 7월 27일
제1판 제1쇄 발행 2004년 8월 6일

등록/1995년 4월 21일(제10-1149호)
주소/서울시 마포구 연남동 509-2, 3층 ⑰ 121-240
전화/323-1316 팩스/323-1317
e-mail/dangbi@chollian.net

왕복서간의 재미

'왕복서간의 재미' 같은 제목을 붙이면 행여 독자 여러분은 이 책이 재미있다고 우격다짐하는 것처럼 들릴지도 모르겠으나 그렇지는 않다. 글쓴이의 입장에서 볼 때 다른 형식으로 책을 만드는 경우와 어떻게 다르고 또 어떠한 고심과 즐거움이 있었는지 무대 뒤의 이야기를 알리고자 하는 생각에서 이런 제목을 붙였을 따름이다.

형식 면에서 왕복서간과 비슷한 것으로는 장편의 대담 혹은 대화가 있을 것이다. 이런 형식으로 내가 지금까지 낸 책으로는 연출가 스즈키 타다시(鈴木忠志)와 『극적 언어』(1977), 임상심리학자 가와이 도시오(河合隼雄)와 『토포스의 지(知)』(1984), 미학자 다키 고지(多木浩二)와 『종말에의 예감』(1987)이 있다. 이 각각의 책에서 나는 대화 상대방으로부터 많은 것을 배웠으며 그와 동시에 나 자신의 문제를 새롭게 전개하는 계기를 얻었다. 그런 만큼 애착이 가는 책이 되었다.

대담이나 대화는 이야기를 주고받는 과정에서 동시에 상대와 같은 생각을 하고 상대방의 말에 촉발되고 자신도 놀랄 만한 말이 자신에게서 튀어나오는 데 그 재미가 있다. 늘 그렇게 되는 것은 아니지만, 이런 일이 잦을수록 그만큼 대화로서 성공하게 된다. 아무리 서로 많은 지식을 공개하고 장황하게 이야기를 늘어놓는다 할지라도 진정한 의미의 대화가 되지 않을 수도 있는 것이다.

당연히 왕복서간의 경우에는 대화에서 느낄 수 있는 동시성이나 현장성은 없다. 문장으로 씌어진 편지가 서로 상대방의 손에 건네져서 차분하게 읽거나 읽히게 되기 때문입니다. 단지 이야기를 주고받고자 한다면 상호작용이 많은 대담 쪽이 더 적합하겠지만, 편지의 경우 문장화된 말에는 이야기로 된 말보다도 훨씬 많은 표현력이 담겨 있다.

이는 문장의 능숙함이나 서투름의 문제가 아니다. 대담의 경우에는 순간적으로 상대방의 말을 받아서 그에 답하게 되므로 상대방의 말을 여러 각도에서 곱씹어볼 겨를이 없다. 그뿐 아니다. 글로 씌어진 말은 고정화되고 정태화된 것처럼 보이지만, 사실은 이런저런 맥락 속에서 읽는 것이 가능하며 그렇기 때문에 놀랄 만큼 미묘하게 의미를 변화시키며 활발하게 움직인다.

또한 일반적으로 언어적 퍼포먼스라 하면, 글로 씌어진 편지보다 말로 표현하는 대담이 훨씬 순도가 높다고 생각하기 쉽지만 결코 그렇지 않다. 대담을 책으로 만들 때는 속기를 통해 활자화되기 때문에 보통의 방식으로는 오히려 여러 가지 현장성의 요소가 떨어져 나가버린다. 따라서 대담의 경우에는 오히려 그만큼 활자화하는 데 머리를 짜내야만 한다.

글 중에서도 왕복서간, 그것도 그때그때 지상에 공개되는 왕복서간이라면, 씌어진 글이 상대방과 독자라는 이중의 읽는 사람 눈에 노출되기 때문에 언어적 퍼포먼스로서 부득불 중층적 성격을 띨 수밖에 없다. 이처럼 표현행위로서는 복잡하고 흥미 깊은 구조를 갖추고 있는 만큼 이와 같은 면이 살아 숨쉬기 위해서는 상대가 누구인가가 매우 중요하다.

상대가 자신과 동질의 사람이면 긴장감을 잃기 쉽고 이야기 또한 활기를 띠기 어렵기 때문에 좋지 않고, 그렇다고 해서 단순히 아주 이질적이기만 하면 이야기가 전혀 맞물리지 않기 때문에 역시 바람직하지 않다. 서로 이질적인 면을 많이 지니고 있으면서 이질적인 것에 대한 관심이랄까 호기심이 강한 상대가 가장 바람직하다. 나에게 이 왕복서간의 상대인 우에노 선생은 이와 같은 점에서 이상적인 사람이었다.

무엇보다 이성(異性)일 뿐 아니라 나이로는 한 세대나 차이가 난다. '노약남녀'(老若男女)란 '인간'의 구체적인 존재방식이지만 상대적으로도 우리 두 사람은 늙음과 젊음, 남자와 여자라는 네 가지 요소를 커버할 수 있었기 때문이다. 이런 조건에서 내 쪽에서는 상대방에게 자유롭게 공을 던질 수 있었다. 어떤 공을 어디로 던져도 너끈히 받아줄 거라고 생각했기 때문이다. 때로는 일부러 데드볼이 될 듯싶은 공을 던지기도 하였다.

역으로 우에노 선생이 응대하여 보내는 공 역시 강속구나 변화구를 포함하여 실로 각양각색의 공이 날아와서 종종 대응하는 데 고심하기 일쑤였다. 논문이나 평론의 글에서는 그렇게까지 하지 않아도 될 것 같은 식으로 몸을 노출시켜야만 하는 경우도 있었거니와, 어법 또한 여느 때와는 다르게 머리를 쥐어짤 필요가 있었다. 아무튼 이런저런 면에서 나에게는 즐거운 경험이었으며, 철학을 하는 인간은 가끔 이러한 일을 하는 게 좋을 듯싶다는 생각이 든다. 현실(reality)의 중층성을 몸으로써 또 말을 통해서 알 수 있기 때문이다.

특별히 나의 생각대로 되었기 때문은 아니겠지만 우에노 선생에 관해서도 다른 글에서는 드러나기 어려운 면이 이 왕복서간을 통해서 표출되지 않을까 생각한다. 덧붙여 이 책의 제목『인간을 넘어서』에 "이동과 착지"라는 부제를 붙인 것은, 돌이켜보면 우리는 이 책 속에서 기존의 '인간' 개념으로부터 자유로워지고 경계의 이동을 지향한 반면, 동시에 끊임없이 '울퉁불퉁한 대지'로 되돌아가는 시도를 하였기 때문이다.

나카무라 유지로

문체의 모험

나카무라 유지로 선생님과 '늙음'에 관해 대담을 하면서 책을 만들자는 이야기가 나왔을 때, 차라리 왕복서간으로 하면 어떻겠냐는 말을 꺼낸 것은 내 쪽이었다. 나카무라 선생님께서는 "아, 재미있겠는데" 하시며 쾌히 승낙해 주셨다.

나는 지금도 왕복서간 형식은 정말 잘한 선택이라고 생각한다. 아니, 지금에 와서는 절실히 느낀다고 말해야 할까. 눈앞의 상대로부터 금방 반응이 돌아오지 않는 '낮은 기술'(low tech)의 커뮤니케이션, 지속성 있는 '양질의 모놀로그 드라마'(나카무라)가 밀도 있게 이어지면서 오직 한 사람의 '친밀한 귀'(우에노)를 향해 말을 건다.

2인칭의 상대에게 글을 쓰는 경험은 이번이 처음이었다. 서간체라는 사적 성격을 지닌 문체는 어느 틈에 나의 내면으로부터 친밀한 수다끼를 끌어내었다. 문체의 친밀성(intimacy)에 빠져서 나는 뜻밖에 울타리를 훌쩍 뛰어넘어서 여기저기 상념을 자유롭게 놀게 하였다. 이 경험을 통해서 나는 지금까지 얼마나 공적인 성격의 문체로만 글을 써왔는지 깨닫게 되었다.

익명의 모든 사람에게 던지는 메시지가 아니라 오직 한 사람 당신에게 향하는 말. 연재하는 중에 여러 사람으로부터 "우에노 선생의 의외의 면이 잘 드러난다"는 지적을 받았는데, 그렇다면 그것은 오직 나카무라 선생님이라는 '들어주는 귀'의 존재 덕분이다.

더구나 이 저명한 '지(知)의 조련사' 나카무라 선생님은 관용 넘치는 '들어주는 귀'로 일관하기는커녕, 나를 '놀리기도 하고' '도발시키기도' 하는 '심술궂은 감정'을 지녔을 뿐 아니라 아랫배가 울릴 정도로 묵직한 과제를 쾅 던져보내기도 하였다. 나의 허둥댐이나 혼란, 회복은 글에 잘 나타나 있다.

연재(『현대사상』 1987. 8~88. 12)는 나카무라 선생님의 쉰아홉부터 예순한 살까지, 나의 서른여덟부터 마흔 살까지 2년여에 걸쳐 이어졌다. 끝나고 나서 보니 이 왕복서간은 나에게 일종의 교양소설이 되어 있음을 느낀다. 나에게는 최근 몇 년이 나 자신의 전환점(turning point)이라고 여겨져 왔는데, 그 모퉁이를 꺾어 도는 자신 없는 발걸음을 나카무라 선생님이 지켜봐 주셨으면 좋겠다는 생각을 하였다. 나카무라 선생님 또한 '환갑'이라는 모퉁이를 굽어도는 당신의 감개를 나와 공유해 주셨다.

살아 있는 증인(eyewitness)이라는 말이 있다. 나의 '현재'에 입회해 주신 당신. 나카무라 선생님이라는 희대의 지성을 그 상대로 가질 수 있었던 행운을 나는 진심으로 기쁘게 생각한다.

\s\s※

이 책의 기획을 처음 제의한 사람은 난쇼샤(南窓社)에 계셨던 오카모토 다츠오(岡本達雄) 씨였다. 사정이 있어서 이 책은 그분 손으로 만들어지지 못했지만, 처음에 길을 만들어준 오카모토 씨에게 깊은 감사를 드린다. 한꺼번에 써내려 가는 것으로 계획되었던 이 왕복서간에 지상연재의 기회를 제공해 준 세이도샤(靑土社)에도 감사한다. 잡무에 시달리는 일상 속에서 이런 긴 호흡의 연재를 계속 쓰기 위해서는 마감이 있는 연재의 형식을 취할 수밖에 없었던 나의 사정을 나카무라 선생님과 세이도샤의 니시다테 이치로(西館一郎) 씨가 이해해 주셨기 때문에 가능한 일이었다. 연재기간 동안에 해외출장이 꽤 많았던 나카무라 선생님과 나의 원고를 주고받는 데 특히 마음을 졸인 사람은 니시다 유이치(西田裕一) 씨이다. 그리고 왕복서간의 방식을 취한 연재를 읽고 재미있어해 준 독자 여러분으로부터도 많은 격려를 받았다. "이것은 러브레터잖아" 하고 어느 독자가 말해 주었지만, 공개를 예정한 편지라는 패러독스 속에서 나의 메시지가 독자를 향해서도 발신되고 있었던 것이다.

2년이라는 결코 짧지 않은 시간의 흐름이 여기에 있다. 이를 함께 해주신 나카무라 선생님과 친구, 지인 그리고 모든 독자 들에게 감사의 말을 드리고 싶다.

1989년 늦여름 신슈(信州)의 산장에서

우에노 치즈코

차 례

'인간'을 넘어서

나카무라 유지로 선생님

지금 발리에 와 있습니다.

발리는 나카무라 선생님이 『마녀 란다를 생각하며〔考〕』(岩波書店)를 쓰신 계기가 되었던 곳이지요. 그 책에서 나카무라 선생님은 '음의 여성성'이 지닌 우주론적 의미를 철학적으로 고찰하셨습니다. 『공통감각론』(岩波書店)의 저자이며 야마구치 마사오(山口昌男) 선생님의 학문적 맹우라고 알고 있던 나카무라 선생님께서 갑자기 가까운 존재로 느껴진 것은 그때부터였습니다.

지금 저는 나카무라 선생님에게 '늙음'에 관하여 긴 편지를 쓰기 시작합니다. 제 의식 속에서 '늙음'이 주제로 떠오른 것은 '시간'이 제 의식에서 통절한 감각으로 받아들여진 다음의 일이었습니다. '시간'에 쫓기며 일상을 보내는 일본에서는 오히려 '시간'을 느끼기가 어렵고, 이렇게 발리에서 느긋한 시간을 보내면서 멈추어 서 있을 때가 '시간'을 더 잘 느낄 수 있으니 참 얄궂은 일입니다.

몇 년 전에 NHK의 '지(知)의 사냥꾼'으로 알려져 있는 우라 타츠야(浦達也) 씨로부터 당시 그가 담당하고 있던 프로그램 〈현대문명 전망〉에 출연하여 나카무라 선생님과 '늙음'을 주제로 한 대담을 해달라는 제의를 느닷없이 받고는 솔직히 당황하였습니다. 왜 내가? 하필이면 '늙음'에 대하여? 당시에 저 스스로 '늙음'에 대하여 이야기를 할 자격도 없고 관심도 가지고 있지 않다고 여기고 있었던 터라, 이 제의는 뭔가 착오 아니면 짓궂은 농담이겠거니 생각했습니다. 하지만 나카무라 선생님께서 대담상대가 우에노라면 하고 흔쾌히 응해 주셨다는 우라 씨의 한마디에 이렇게 말하고 태연스럽게 도쿄의 스튜디오에 나갔습니다. "여성이나 아이에 관해서는 이야기할 수 있지만, 늙음에 대해서는 잘 모르겠습니다. 그래도 괜찮다면…." 이런 연유로 하여 저는 별 도리 없이 '늙음'을 생각해 볼 수밖에 없게 되었습니다만, 그때는 제 운이 다한 것 같기도 하고 마치 악운에 홀린 것 같기도 하였습니다.

그 다음에 제가 '늙음'에 대하여 진지하게 생각하게 된 것은 나이 드신 한 여성분과의 만남이 계기가 되었습니다.

1985년 6월에 저는 시애틀에서 열린 미국여성학회에 참석하였습니다. 회의석상에서 바바라 맥도날드라는 72세의 몸집이 자그마한 은발의 여성 입에서 흘러나온 '에이지즘'(ageism, 고령자차

별)이라는 단어를 듣고 몹시 충격을 받았습니다. 섹시즘(sexism, 성차별)은 알고 있었지만, 에이지즘은 그때 처음 들었습니다. "젊은 여성들이여, 나는 당신의 할머니도 아니고 어머니도 아니라오. 나는 보호해 주기를 원하는 '귀여운 할머니'가 아니라오. 나는 나란 말이오" 하고 바바라는 쩌렁쩌렁 울리는 목소리로 페미니스트들 사이에서도 발견되는 에이지즘에 대하여 날카로운 고발을 하였습니다. 떠나갈 듯한 박수를 받으며 단상을 내려오는 작은 몸집의 나이 든 여성의 모습을 보고 저는 충격과 감명에 휩싸여 거의 할말을 잃었습니다. 그후 저는 대회장을 찾아가서 그녀의 연설원고를 일본어로 번역해도 되겠느냐고 물어보아 허락을 받았습니다.

그후의 과정은 나카무라 선생님께서도 잘 아시는 대로입니다. 저는 바바라의 연설을 번역하여 『아사히 저널』(1985. 9. 27)에 "'여성의 삶'이 무시되는 때"라는 제목으로 글을 실었습니다. 그 원고에 덧붙인 해설에는 제가 받은 감명과 흥분의 떨림이 충분히 배어 있습니다. 아니, 정말로 충격이었습니다. 노인이 주체적으로 입을 열어, 우리가 노인을 주체로 대접하지 않고 있다고 고발한 것입니다. 바바라는 제가 의식하지 못하는 사이에——아무리 동정심을 보였다고 하더라도——노인을 객체로밖에 보지 않는다는 것을 명백하게 밝히고 알게 해주었습니다.

그녀는 이런 예를 들었습니다.

"생애 이야기를 듣고 글을 쓰려고 오는 젊은 여성조차도 우리네 노인을 착취하고 있습니다. 그녀들은 우리의 과거에만 관심을 가지고 현재를 보려 하지 않습니다."

저는 가슴이 뜨끔했습니다. 저 자신이 학생들에게 '할머니의 생애 이야기'를 기록해 오는 과제를 내준 적이 있었기 때문입니다. 게다가 손녀딸이 할머니의 신상 이야기를 들으러 가면 개중에 어떤 할머니들은 "나같이 보잘것없는 여자의 삶에 이렇게 귀를 기울여준 사람은 없었어. 이렇게 관심을 갖고 이야기를 들어준 것은 태어나서 처음이야" 하시면서 눈물을 흘리고 기뻐하셨다는 이야기를 듣고, 제가 좋은 일을 한 듯하여 가슴 뿌듯하기까지 했기 때문입니다. 이런 저의 무지와 오만이 심하게 한 방 얻어맞은 듯한 기분이 들었습니다.

제가 '에이지즘 발견'에 대하여 흥분하여 떠드는 것을 나카무라 선생님께서는 빙긋이 웃으시며 듣고 계셨지요. 그리고 이렇게 말씀하셨던 것을 기억합니다.

"이제야 알았나요. 난 그런 거 진작에 알고 있었지요."

에이지즘이란 말을 처음 들었다고 말한 저에게 나카무라 선생님께서는, 그건 에이지즘이라는 용어를 당신이 처음 들은 데 불과하다고 일러주셨던 거지요. 세상이 달라져서 에이지즘이라는 용어가 생겼다고 생각했는데, 나카무라 선생님께서는 바뀐 것은 당신이고 이제 겨우 당신은 '늙음'을 문제삼을 수 있는 나이가 된 거라며, 반쯤 놀리는 듯한 미소를 지으며 저를 지켜보고 계셨지요.

'늙음'에 대해 이야기하는 것과 제가 '늙음'에 대하여 절실한 경험을 갖는 것 사이에는, 안타깝게도 아무래도 불가분의 관계가 있는 것 같습니다. 인간이란 존재는 정말로 상상력이 결핍된 동물이어서 자신이 경험한 적이 없는 것을 상상으로 짜내기란 너무나 어려운 일입니다.

정직하게 고백하면, 20대의 저였다면 '늙음'을 주제로 한 대화에서 나카무라 선생님의 대화상대로 저를 지목한 것은 잘못된 캐스팅이라고 일언지하에 거절하였겠지요. 그런데 30대에 접어들면서부터 저는, 외람되게도 육체의 쇠진을 절실하게 느끼게 되었지요.

지나친 조로(早老)라고 웃으시겠습니까. 그렇지만 서른의 저는 원기 왕성하던 시절 —— 왕성하게 발정하던 시절 —— 이 지나버린 육체의 소유자임을 자각하였답니다.

원래 저는 건강한 편이 아니었습니다. 기력은 튼튼하다고 자부하지만, 체력이 지속적으로 유지되진 못합니다. 단거리 선수형이지 마라톤 선수형은 아닙니다. 그리고 체력은 기력의 어머니이지요. 피곤해지면 다른 사람을 배려할 만한 여유를 잃고 버텨낼 만한 기력도 없어집니다.

페미니즘을 연구해 오면서, 최근 들어 육체적으로 그다지 튼튼치 못한 제 자신이 정말 다행이라고 생각한답니다. 저보다 한 세대 앞의 여성해방 선구자(pioneer)들은 대체로 건강한 사람이 많았습니다. 물론 끈질기게 노력한 사람도 있었지만, 그분들의 노력을 지탱시켜 준 것은 튼튼한 몸이었다는 생각이 들거나 혹은 천연덕스럽게 "한번도 병이란 것을 앓아본 적이 없어" 하는 여성의 얼굴을 대하면 역시 질려버리곤 하죠.

저 자신이 별로 튼튼하지 않기 때문에 체력이 떨어지는 사람이 지쳐 떨어지는 상태를 잘 알 수 있습니다. 저의 페미니즘이 "여자도 남자만큼 강하다" — 물론 반 이상은 사실이지만 — 는 쪽으로 가지 않고 "약한 게 뭐가 문제지?" 하고 정색을 하는 편이 많았던 것은 제 건강 때문이었다는 생각이 듭니다.

서른 살 생일을 맞이하였을 때 — 원래 스물여덟과 스물아홉, 스물아홉과 서른 사이에는 별 차이가 없지만, 십진법이 사고방식을 규정하는 힘이란 대단합니다. 아무래도 '70년안보'(安全保障條約)라든가 '서른 살 생일' 같은 마디에 맞닥뜨리면 지나온 길, 앞으로 갈 길을 자신도 모르게 되돌아보게 되는 것 같습니다 — 제 자신이 '가지고 있는 시간'이 이제 그리 많지 않다는 걸 느꼈습니다. 체력도 그렇고 시간도 그렇고 이제 20대처럼 낭비할 만큼 넘쳐흐르진 않은 듯합니다 — 정말 20대에는 낭비를 하였습니다. 낭비를 할 만큼 남아돌았지요 — 시간에도 에너지에도 한계가 있기 때문에 쓸데없는 일에 써버릴 수는 없다는 생각이 들었습니다. 그 결과 제가 내린 결론은 한도가 있는 시간과 에너지를 낭비하지 말고 유효하게 이용하자는 '절약의 논리'가 아니라, 이제 남은 시간이 그다지 많지 않으므로 좋아하는 일을 마음껏 하자였습니다. 정말 우스꽝스러운 일이지만 말입니다.

사실 제 친구들은 웃습니다. "지금까지 계속 넌 그렇게 해왔잖아. 서른 살이 되면서 이제까지 믿고 따르던 입장을 갑자기 바꾼 것도 아니면서." 그래도 제 마음속에서는 30대를 계기로 '시간'이라는 것이 좀 절실한 감각으로 받아들여지게 된 것은 확실합니다.

살아 있는 것을 키우고 여물게 하고 어느새 시들게 하는 '시간'. 자신이 되돌릴 수 없는 '시간' 속에서, 더욱이 살아 있는 존재의 한창때를 보내고 있음을 저는 느낄 수 있었습니다. 미타 무네스케(見田宗介)[1] 선생님이 『청춘주하백추현동』(青春朱夏白秋玄冬, 人文書院)이라는 책을 내었을 때 제목을 보고 질투를 느낀 것도 그 무렵이었습니다. 또 이 시기에는 요시모토 다카아키(吉本隆明)[2] 씨가 『비극의 해독』(筑摩書房)에서 다자이 오사무(太宰治)[3]나 고바야시 히데오(小林秀雄)[4]를 언급하면서 반복해서 '생리가 강요하는 성숙'이라고 말하는 대목을 애잔한 마음으로 읽었습니다.

음악이 갑자기 저의 사정거리에, 즉 나의 '몸' 속에 들어온 것도 그 무렵입니다. 20대까지의 저는 굳이 말하자면 회화와 같은 공간예술에 친숙해 있었고 시간

1. 1937~ . 사회학자, 도쿄대학 교수 역임. 현재 공립여자대학(共立女子大學) 교수.
2. 1924~ . 일본 '사상계의 거인'이라 불린다. 『共同幻想論』『高村光太郎』『丸山眞男論』 등 다수의 저작이 있다.
3. 1909~48. 소설가. 대표작으로 『人間失格』『斜陽』 등이 있다.
4. 1902~83. 평론가. 문학, 고전, 철학, 예술 전반 등 비평의 영역을 확장하여 일본 근대비평을 확립한 인물로 불린다.

예술을 탐닉한 적이 없었는데, 30대가 되어서 처음으로 시간예술이 제 사정거리 안에 들어왔습니다. 그 무렵 저는 바흐의 쳄발로곡과 샤티의 피아노곡만 듣는 비뚤어진 음악취향——현악기와 관악기는 인간의 목소리와 너무나 비슷하여 견디기 어려웠습니다——을 가지고서 거의 실업상태와 마찬가지인 생활을 하면서 온종일 테이프를, 아니 디스크——이런 엉터리 같은 면이 제 장점이기도 합니다만——를 들으며 지냈습니다. 바흐가 만들어낸 순수하게 결정화된 시간이 되돌릴 수 없는 속도로 지나가는 것에 가슴이 답답해지는 것 같았습니다. 시간이 두번 다시 돌아오지 않는다는 통절함을 더할 수 없는 방법으로 형상화하기 위해서, 바흐는 그 무엇에도 비할 수 없이 순수하게 지속되는 시간을 만들어낸 게 아닐까 하는 생각을 할 정도였습니다. 다케미츠 도오루(武滿徹)[1] 선생님이 어느 대담에서 "나는 이제까지의 삶에서 나만의 시간을 만들어냈습니다" 하시는 말씀을 듣고 씁쓸하게 웃은 적이 있습니다. 분명히 음악가는 '시간'을 만들고 있는 것이지요. 사람들이 시간을 절실하게 느끼게 하기 위하여.

미타 무네스케 선생님이『시간의 비교사회학』(岩波書店)을 쓰시기도 하여 '시간'은 이제 철학적 대상만이 아니라 사회과학적인 관심의 대상이 되었습니다. 어쨌든 '시간'이 성찰의 범주에 들어가는 것

1. 1930~96. 일본의 대표적 현대음악 작곡가.
2. Raymond Boudon. 프랑스의 사회학자.
3. Claud Lévi-Strauss, 1908 ~91. 프랑스의 문화인류학자.

자체가 하나의 문명이 성숙을 맞이함을 의미하는 것 아닐까 하는 생각이 듭니다. '시간'을 이야기하는 개체에게도 그것은 마찬가지 겠지요.

그런데 일반적으로 남성이 여성보다 시간예술에 관심이 깊고 재능이 있는 것은 남성 쪽이 개체로서 소멸하는 삶을 좀더 통절하게 자각하기 때문이라는 설이 있는데, 정말 그럴까요? 여성도 개체로서의 소멸을 자각하고 있다면 마찬가지라고 생각됩니다만.

※

사실은 요즘 저는 다른 세대에 대한 탐색에 심취해 있습니다. 40, 50대 사람들의 이야기를 듣는 것이 너무나 재미있습니다. 40대가 되면 사람은 도대체 어떤 생각을 하게 될까. 50대를 산다는 것은 도대체 어떤 것일까 60대, 70대는 아직 관심범위에 들어와 있지 않지만, 가까운 미래의 '에이징'은 '신인류'의 발견보다 훨씬 더 '미지와의 만남'일 것 같습니다. 아무튼 '30대의 나'는 '20대인 내'가 30대에는 아마 이럴 거야 하고 생각했던 예측을 크게 벗어나 버렸기 때문입니다. 나이를 먹는다는 것에는 무엇인가 상상을 넘어서는 내용이 늘 포함되어 있습니다. "상상력보다는 현실이 언제나 풍성하다", 이것은 레이몽 부동[2]이 레비-스트로스[3]에 관해 논하면서 한 말이었지만, 아마도 그 덕분에 사람은 인생이라는 현장조사

(fieldwork)를 싫증내지도 않고 언제까지고 계속할 수 있는 것이겠지요. 저 역시 30대 저의 하찮은 상상력일랑 던져버리고 연상의 사람들의 경험에 귀기울이는 편이 훨씬 더 재미있습니다. 그것은 다른 문화인 동시에 제 자신이 들어가게 될 가까운 미래이기도 합니다. '시간' 속에서 나타나는 나라는 타자는 완전한 타자가 아닙니다. 이 현장조사는 다른 어떤 현장조사보다 절실함이 한층 더합니다. 저는 그 안에서 살아가기 위한 전략을 더듬어 찾고 있기 때문이지요.

생각해 보면 청년문학이나 청년예술은 세상에 넘쳐나는데, 중년문학이나 노년의 경험에 관해서는 지금까지 그다지 다루어지지 않았지요. 물론 보부아르[1]의 『늙음』 같은 노년기에 관한 탁월한 민족학적 저술도 있지만, 대다수의 사람들은 통념 때문인지 아니면 달관해서인지 청년기의 다음 단계를 주저 없이 '불혹'이라 하고, 그 이후의 중년이나 노년의 경험에 대해서는 입을 다물어버리는 것 같습니다.

당사자들이 입을 다물고 있는 동안, 노인을 객체 혹은 대상으로 한 과학이 판치고 있습니다. '노년학'이라는 이름으로 노년을 연구의 '객체'로 삼고 보살펴야 하는 번거로운 '대상'이라 논하는 '학제연구'가 바로 그것입니다. 학제연구로서의 노년학은 그 성립방식이 여성학과 유사합니다. '객체'

1. Simone de Beauvoir, 1908~86. 프랑스의 여성문학가. 『제2의 성』 『초대받은 여자』 등의 저서가 있다.

로서의 여성 혹은 노인을 대상으로 하여 다른 사람들이 저런 것도 아니고 이런 것도 아니라는 둥 마음대로 주제넘은 말들을 쏟아놓는 데 대해 왜 당사자들은 팔짱만 끼고 수수방관하고 있는 걸까요. '노인을 말한다'가 아니라 '노인이 말한다'——여자가 여성학 분야에서 시도한 것과 같은 전환을 노년학 분야에서 노인들도 시도해야 할 것입니다.

나카무라 선생님 같은 풍요로운 '이문화'(異文化)를 앞에 두고 저는 가슴이 설렙니다. 이렇게 훌륭한 정보제공자에게 과연 어떤 이야기를 듣게 될까. 상대로부터 무엇을 끄집어낼 수 있는가는 듣는 사람의 능력에 달려 있음을 잘 알고 있습니다. 또한 이 정보제공자는 일부러 매개자에 의해 표현되지 않더라도 스스로 주체로서 하고 싶은 말을 충분히 가지고 계십니다. 저는 단순히 인터뷰하는 사람이 되어서도 안 되거니와 서툰 해설자가 되어서도 안 되겠지요.

저에게 한 가지 장점이 있다고 한다면, 제가 많은 것을 물어보는 사람이라는 점입니다.

상담을 하는 친구가, 상담을 할 때 응답을 잘하는 비결은 절대로 상대에게 반론을 제기하지 않고 자신의 의견도 말하지 않고, 오로지 상대가 하는 말에 맞장구를 치는 것이라고 가르쳐주었습니다. 다시 말해서 "임금님 귀는 당나귀 귀"라고 부추기는 항간의 소문꾼이 되어야 한다는 것이지요. 그 말을 들었을 때 제 자신이 카운셀러가 되겠다는 생각을 한번도 안 한 것에 대해 스스로 축복을 하였습니다. 하고 싶은 말이 많은 저 같은 사람에게는 이런 수지 안 맞는 장사도 없을 테니까. 아무리 그렇다 해도 비인간적인 커뮤니케이션이라는 생각이 들지 않으세요? 상대를 대등한 인간이라고 생각지 않는 것이잖아요.

나카무라 선생님도 좋아하시는 니시다 이쿠다로(西田幾多郎)[1]에 대하여 이런 에피소드를 들은 적이 있습니다. 그의 장서에는 메모나 밑줄이 아주 많은데 그것이 거의 도중에서 중단되어 버리고마는데 거기서부터 자신의 저작이 시작되고 있다는 이야기입니다. 겨우겨우 그가 마지막까지 다 읽은 책은 거의 없다고 합니다. 오히려 그의 독자적인 사색을 이끌어내는 데, 이러한 독서법이 진정한 창조적 독서였다고 말할 수 있겠지요. 이러한 독서방법은 정해(正解)라기보다 아마 오독(誤讀)에 가깝다고 할 수 있을 겁니다. 그러나 이러한 오독 속에서 책을 쓴 사람과 읽는 사람 사이에는 대등한 대화가 있었다고 해야 하지 않을까요.

군소리가 좀 길어졌지요? 오해나 곡해가 포함되더라도 나카무라 선생님과 창조적인 대화를 하게 된 것을 즐거운 마음으로 기대하고 있습니다. 옛말에 "선배에게 연습상대가 되어달라고 청하다"는 말이 있지요. 어떻게 전개될지 저 역시 예측할 수가 없습니다. 우선은 알라신 마음대로가 아니라, 나카무라 마음대로 시작하시지요.

[1] 1870~1945. 일본의 대표적인 근대철학자. 교토대학 철학과 교수 역임. 그의 철학은 '西田哲學'이라고 불린다.

이쯤해서 펜을 놓고 다음은 나카무라 선생님께 맡기겠습니다.
스핑크스와 같은 수수께끼를 내주실 것을 기대하겠습니다.

우에노 치즈코

라이프사이클의 변화모습

우에노 치즈코 선생님

발 리섬에서 보내준 편지 잘 받아보았습니다.
    요즘 일본에서는 발리섬에 가거나 발리섬에 관한 글을 쓰
는 것에 대해 이상하게도 트집을 잡고 야유하는 풍조가 있는데,
그런 쓸데없는 짓을 하는 사람들은 정말 싫습니다. 발리섬에 뜨거
운 관심이 쏟아지는 계기를 만든 사람 중의 하나로 꼭 해두고 싶
은 말이 있습니다. 오늘날에는 발리섬을 가든 모로코를 가든, 중요
한 것은 얼마나 진기한 것을 보고 왔느냐가 아니라 자신의 어떤
문제를 그곳에서 만났는가 하는 것이기 때문입니다.

  우에노 선생의 경우에는 인류학의 대선배이기도 하고 라이벌이
기도 한 마가렛 미드가 남편 그레고리 베이트슨과 함께 획기적인
현장연구를 한 곳이므로, 다른 사람들과는 다른 느낌이 있으셨겠네

요. 그리고 발리섬의 문화는 그곳을 방문한 사람들 각자에게 삶에 대하여, 죽음에 대하여, 라이프사이클에 대하여 곱씹어보게 하는 것 같습니다만, 그 점에 대해서는 나중에 이야기를 듣기로 하지요.

그런데 우리의 왕복서간에서 주요 주제로 이야기하기로 되어 있는 '늙음' 문제입니다만, 내가 처음 이것을 주제로 삼아서——어떻게든 주제로 하여——다루기로 한 것도 역시 우에노 선생과 함께 출연한 NHK 제2라디오의 〈현대문명 전망〉에서였지요. 우라 다츠야 PD가 '문명 속의 늙음 · 젊음'이라는 주제를 가지고 나한테 의논하러 왔을 때, 처음에는 이 주제를 하나의 독립된 주제로 논의할 준비가 되어 있지 않다고 거절하다시피 하였습니다. 그런데 우라PD와 이야기하는 동안, 그의 열의에 마음이 움직여서 '늙음 · 젊음'을 '남 · 여'가 같이 논하는 것으로 절충하여 받아들이기로 하였답니다.

나의 대화상대로 우에노 선생을 지명——지명이라고 하면 카바레 같아서 죄송스럽지만——한 것은 '늙음 · 젊음'의 문제는 '남 · 여' 문제와 분리해서는 생각할 수도 없고 또 분리하여 생각하지 않는 것이 좋다고 보았기 때문입니다. 그리고 내심 주제로는 우라 PD가 말하는 '문명 속의 늙음 · 젊음'을 수용하면서 내용적으로는 거의 '남 · 여'를 논하는 것으로 일관해도 되겠다고 생각했던 것입니다. 결국 우라PD에게 이렇게까지 우길 것까지는 없었는데 내용적으로는 '문명 속의 남 · 여와 늙음 · 젊음'을 담는다는 것이 실질적인 결과라 할 수 있겠군요.

NHK의 대담 당시에는 아직 '늙음'의 문제를 독립적으로 논할 준비가 되어 있지 않았다고 말했습니다만, 돌이켜보면 그때의 대담보다 1년여 전에 나는 총서 "문화의 현재"(岩波書店) 제5권 『늙음ㆍ젊음의 축, 남녀의 축』에 이노우에 히사시(井上ひさし),[1] 가와이 하야오(河合隼雄),[2] 스즈키 다다시(鈴木忠志),[3] 하라 히로코(原ひろ子),[4] 요시다 기쥬(吉田喜重)[5]와 함께 글을 쓰고 전체 해설도 썼습니다. 그러나 다시 읽어보면 나를 제외하고는 다른 필자들이 쓴 논문이 하나같이 상당히 분명하게 '늙음ㆍ젊음'뿐 아니라 '남ㆍ여'에 대해서도 각각 다른 시각에서 접근하고 있습니다. 유독 나의 논문만이 "원리로서의 '아이'에서부터 '여성'으로"라는 표제에 잘 드러나듯이, 적어도 '늙음'이 빠져 있는 '늙음/젊음ㆍ남/여'론──그것도 거의 '여성원리'론──을 다루고 있습니다.

왜 그렇게 되었는지 지금 생각해 보면, 여기에는 두 가지 이유가 있었던 것 같습니다. 하나는 근대 휴머니즘이 간과해 온 심층적 인간으로서, 레비-스트로스가 말하는 '미개인'(야생적 사고의 체현자 体現者), 푸코[6]가 말하는 '광인'(광기적 지 知

1. 1934~. 소설가, 극작가. 다수의 문학상을 수상하였다.
2. 1928~. 임상심리학자. 일본에 칼 융의 분석심리학을 소개하였다. 문화청장관 역임.
3. 1939~. 연극 연출 및 기획자. 그리스고전을 현대적 시각으로 재해석한 연극의 연출은 세계적으로 호평을 받았다.
4. 1932~. 문화인류학자. 오차노미즈(お茶の水)여자대학 교수 역임, 현재 放送大學 교수.
5. 1933~. 영화감독.
6. Michel Foucault, 1926~84. 프랑스의 철학자. 『성(性)의 역사』, 『언어와 사물』, 『광기와 문화』 등의 저서가 있다.

의 체현자) 그리고 아리에스[1]가 말하는 '어린아이'——다만 나 나름대로 이러한 형태로 파악한 것입니다——를 줄곧 생각하면서 그 연장선에서 '어린아이'와 마찬가지로 친근하고 심층적인 인간으로서 '여성'이 나에게 크게 부각되었다고 하겠습니다. 같은 맥락을 더 연장시키면 마침내는 '노인'도 나오겠지만, 당시에는 아무래도 거기까지는 생각할 여유가 없었습니다.

또 한 가지는 '늙음'의 문제와 관련하여 나의 나이가 상당히 미묘한 시기에 있었기 때문에 거리를 두기가 어려웠다는 점입니다. 현대처럼 라이프사이클의 연령구분에 변화와 동요가 있고 과거 방식의 연령구분이 없어진 듯하기도 하고 남아 있는 듯하기도 한 가운데, 환갑이 눈앞에 다가왔다는 것은 예사롭지 않은 일입니다. 옛날 같았으면 환갑이라는 버젓한 통과의례를 치르는데다 사회적으로나 가족들 사이에서도 현실감이 있었지만, 지금은 사회통념 상 이 구분이 5~10년은 이동하였고, 게다가 내가 보통사람보다 상당히 젊은 것 같아서 환갑이라는 현실에 접근하기가 너무나 어려웠답니다.

이 '늙음'의 나이기준에 느끼는 당혹함은 아마 지금 50대 중반에서 60대 중반쯤 되는 사람들에게 공통된 현상이라고 생각되지만, 특히 쇼와[2]의 연수가 바로 자신의 만(滿) 나이가 되는 사람들이 가장 강

1. Philippe Arìès, 1914~ . 프랑스의 역사가. 「아동의 탄생」 「죽음 앞의 인간」 「역사의 시간」 등의 저서가 있다.
2 昭和. 일본의 연호. 1926년이 쇼와 1년이다.
3. 1925~70. 소설가, 극작가. 「가면의 고백」 「금각사」 등의 소설이 있다.
4 쇼와 35년으로 1960년에 해당한다.

하지 않을까 싶습니다. 우리 ──미시마 유키오(三島由紀夫)[3]도 같은 해에 태어났습니다──가 초등학교에 들어가던 해에 만주사변이 발발하였고 만 스무 살에 제2차대전 패전=일본의 재출발을 맞았고 서른다섯[4]에 일본경제가 고도성장기로 접어들었고 마흔다섯 무렵에 근대적인 패러다임의 변환이 일반화되었고 예순을 바라보게 되자 세간에서는 '늙음' 문제가 빈번하게 제기되는 흐름을 나타내듯이, 쇼와 일본의 성장·성숙과 거의 함께 살아온 셈입니다. 자신들의 자연연령과 더불어 전후(戰後) 일본의 성년을 맞이하였고, 신체적으로 한창 일할 때 경제적으로 고도성장을 맞았고, 불혹의 나이에 들어서 생산력 중심의 근대적 원리에 대한 반성이 제기되었습니다. 이렇듯 늘 자신의 연령상의 문제와 일본사회의 그때그때의 문제가 일치되었으나 다른 세대의 사람들에게까지 적용하기는 무리인 감이 없지 않습니다.

이런 나의 개인적 감회보다 중요한 것은 이 40년 동안 일본사회의 변화, 특히 생활수준이 향상되고 이에 따라 평균수명이 비약적으로 늘어나면서 라이프사이클의 연령구분이 변화된 점입니다. 물론 '인생 50년'이라는 말은 아주 옛날 일이 되었지만, '인생 60년'이라고 생각했던 것이 그다지 먼 과거의 일이 아닌데 이제는 '인생 80년'이라고들 말하게 되었으니까요.

내가 '늙음'의 문제에 접근하기 어려웠던 이유 몇 가지를 썼습니다만, 아까도 말했듯이 내 속에서는 '어린아이'에서부터 '여성'으로 문제가 전개된 것과 마찬가지로 드디어 '여성'에서 '노인'으로 문제가 전개되어 간 것은 당연하면서도 필연적이었다고 할 수 있습니다. '늙음'을 논한다는 것은 주체적 요청보다 논리적 귀결이 앞서는 것은 분명하지만, 그 논리적 귀결의 배후에는 막연한 형태이지만 주체적인 요청이 있었다고 할 수 있습니다.

또한 NHK 라디오에서 진행한 2인대담은 이미 우리에게는 과거의 일이 되었지만 두 사람 다 '늙음'에 대하여 말할 준비가 충분히 되어 있지 않았던 것에 비한다면 상당히 나아진 편이었던 터라, 그것이 계기가 되어 이렇게 '늙음'을 주제로 하여 우리 두 사람이 편지를 주고받게 되었다는 생각을 책(NHK편, 『현대문명을 읽는다』, 1984. 9, 日本放送出版協會)을 읽으면서 비로소 하게 되었지요. 어쨌든 이 책은 '원리로서의 늙음/젊음·남/여' '장년 남성모델과 근대사회' '늙음을 응시하는 남녀의 차이' '성숙이란 무엇인가' '근대에서 상징자원' '모성의 변화와 타자성(他者性)' '현대문명과 늙음' 등의 논점을 비록 깊이 있게 논하고 있지는 않지만 확실하게 다루고 있기 때문입니다.

그런데 우에노 선생이 1985년 5월에 '미국여성학회'에서 바바라 맥도널드가 말한 '에이지즘'에 충격을 받았다고 했지요. 나는 우에노 선생이 맥도널드의 강연을 번역하고 해설한 글을 『아사히 저널』에서 읽고 자신의 허를 찌른 상대에 대한 우에노 선생의 당당한 수용태도에 상쾌함을 느끼면서도 우에노 선생에게도 그런

맹점이 있었다는 게 다소 의외로 여겨졌습니다. 지난 편지에 쓰신 나와의 의견교환은 그후에 만났을 때 단편적으로 이야기한 것이므로, 그 문제에 대해서 우에노 선생과 나의 수용방식의 차이를 좀더 자세하게 적어보기로 하지요.

맥도널드의 강연취지와 그 당시 회의장의 분위기는 이번 편지에서도 현장감 있게 잘 나타나 있습니다만, 내가 그녀의 연설에서 가장 강하게 느낀 것은 너무나도 미국적이라는 점과 만약 일본에서 그런 발언이 있었다면 청중은 어떤 반응을 보였을까 하는 것이었습니다. 구미사람들, 특히 미국사람들의 어설픈 진지함에는 왠지 모르게 어색한 감도 없지 않지만, 일본에서 생긴 일이라면 부드러운 분위기 속에서 적당히 유야무야되어 버리고 말 정도의 것을 정색을 하고 되물었다니 대단히 멋진 모습이네요. 더구나 그런 호소를 하는 장소로서 그만큼 효과적인 곳도 없었을 것입니다.

극단적으로 인간의 모델로서 장년남성을 가치기준으로 삼은 근대적 원리에서 본다면, 맥도널드와 같은 여성노인은 이중으로 부정적인 가치를 지닌 존재이며 구미사회에서는 정당한 대우를 받기가 매우 어려운 존재라 할 수 있겠지요. 민화나 전설 같은 데서 마법사는 어김없이 노파라는 사실은 이를 역으로 나타내는 것이지요. 그런데 일본에서는 ─ 적어도 전통문화 속에서는 ─ 그 정도가 상당히 다릅니다. 할머니는 생활의 지혜를 가진 존재로서 또 손자를 돌보아주는 사람으로, 집안에서 귀중한 존재이고 정당한 자리를 차지할 수 있어요. 일본에도 분명히 마귀할멈이라는 형상이 있긴 하지만, 마법사 노파와는 매우 다르지요(그렇지만 '마법을 쓰는 할머니'로서 근대사회에서 업신여김을 당했던 실태가 구체적인 민중생활에서 어떤 활동을 하고 어떤 의미가 있었는지 재평가할 필요가 있습니다).

일본의 전통적인 생활 속에서 할머니의 역할을 일률적으로 미화할 의도는 없습니다. 현실적으로는 이와 같은 존재양태가 무너지고 있기도 하거니와, 앞으로 그 모습이 다소 회복한다고 해도 여성노인의 주류적 삶의 방식이 되지는 않을 것이기 때문입니다. 다만 할머니의 이런 역할이 부분적으로나마 남아 있다는 것은 남성노인이 고령화사회에서 맞닥뜨리는 혹독한 현실을 한층 더 선명하게 부각시켜 줍니다. 다시 말해서 이른바 노후를 사는 일반적인 방식이 여성에게는 예전부터 존재했지만, 남성에게는 없었다는 것입니다. 다만 좀더 그 내막을 들여다보면 남성에게는 노후나 늙음의 문제들은 결코 회피할 도리 없이 직면할 수밖에 없지만, 여성에게는 그런 문제들이 진지한 고민거리가 되지 않고 지나쳐 버릴 우려가 많습니다.

그래서 바바라 맥도널드의 강연에 우에노 선생이 허를 찔렸다는 데 대해 의외라고 느꼈던 것입니다. 이는 앞에서 말했습니다만 나 나름의 접근방식에서는 근대적 원리가 간과해 온 '심층적 인간'을 남성인 나 자신의 입장에서 멀리 있는 것에서부터 가까이 있는 것으로 거슬러 올라가면 미개인, 미치광이, 어린아이, 여성 그리고 노인이 되는 것은 필연적으로 정해져 있기 때문입니다. 우에노 선생의 용어로 말한다면 '늙음'의 문제를 객관적으로 생각한 데 지나지 않는 것이 될지 모르겠지만.

그런데 우에노 선생은 이번 편지에서 맥도널드의 강연을 듣고 '에이지즘' 문제에 눈을 뜨게 되었다는 이야기를 풀어나가면서 여성문제와도 통하는 중요한 점으로서 약함에 대한 자각에서 출발하는 것을 강조하셨지요. 익히 아시겠지만 약함에 대해서도 나는 ─특히 『마녀 란다를 생각하며』에서─ 병, 죽음, 통증, 괴로움 등과 같은 부정적인(마이너스) 성격을 띤 것들과 관련시켜서 파토스(pathos, 수동·고통당함)와 관계 있다고 새롭게 인식하고 있는 터라 우에노 선생의 말씀에 찬성합니다.

그리고 나의 관점에서 좀 덧붙인다면, 약함에 대한 자각이라는 것은 사회적 약자의 입장이나 고통을 단순히 타인의 일로만 받아들이지 않을 수 있는 장점이 있으며 또 신체를 갖춘 인간의 본질적인 존재양태와도 관계가 있습니다. 우리들 인간은 신체를 갖고 있기 때문에 필연적으로 외부나 타자의 작용을 받을 수밖에 없으며, 따라서 파토스적인 것은 인간의 근본적인 존재조건을 이루는 것이라 할 수 있습니다. 너무 건강하거나, 단지 강하기만 한 것은 결코 바람직하지도 않거니와 인간적이지도 않습니다. 건강한 장년남성이 유일한 인간모델로 간주된 지점, 즉 액션(action, 능동·

행동) ── 열정(passion)=파토스와 반대되는 것이지요 ── 을 기반으로 한 것만이 가치가 있다고 간주된 지점에서 근대적 원리의 왜곡이 있었다고 할 수 있을 겁니다.

다만 인간의 약함이나 파토스만 강조하게 되면 소극적인 태도나 무기력에 빠질 우려가 있으며, 더욱이 최근에는 나도 약함을 경험한 강인함 혹은 약함을 자각한 강인함이야말로 필요한 것 아닌가 하는 생각이 듭니다. 우에노 선생이 자신의 약함 때문에 몸가짐을 바꾸게 된다고 말한 것도 이와 전혀 별개라 할 수는 없겠지요. 약한 면이라고는 없이 강하기만 한 사람은 무너지기 쉽고 한번도 병을 앓아본 적이 없는 사람은 일단 병에 걸리면 쉽게 나약해진다는 것도 이런 점을 지적하고 있는 것입니다.

약함을 자각한다는 것은 인간의 유한성에 대한 자각, 그것도 시간적인 유한성을 자각한다는 것과 관계가 있습니다. 시간을 어떻게 생각하는가는 인간의 삶에서 중요한 문제입니다. 아무것도 하지 않더라도 시간은 흘러가고, 개인이 가진 시간이 유한하다는 것은 의심의 여지가 없는 사실이기 때문이지요. 다만 우에노 선생이 이번 편지에서 고백하고 있는, 즉 서른을 넘기면서 갑자기 시간이라는 것이 절실하게 느껴지게 되었다는 말은 잘 이해가 가지 않습니다.

확실히 우리는 어떤 계기로 자신이 가진 시간의 유한성에 대해 심한 강박관념에 사로잡히는 경우가 있습니다. 예전에 읽은 가지

이 모토지로(梶井基次郎)[1]인가가 쓴 소설에서 선생님은 주인공 아이에게 지구나 태양계의 별들도 마침내 소멸한다고 말해 주는데, 어린 시절 이런 말씀을 하신 선생님을 아이가 성장하고 나서도 원망하는 이야기가 나옵니다. 한번 그런 생각에 사로잡히면 거기에서 빠져나오기란 쉽지가 않습니다. 이런 말을 하는 것은 나 자신도 어릴 때 그런 생각에 사로잡힌 적이 있었기 때문입니다.

그 다음으로, 여러 연대의 시기에 이런저런 형태로 자신이 가진 시간의 유한성을 느끼곤 했습니다만, 특히 ── 우에노 선생의 경우와 같이 ── 서른을 넘기면서라기보다는 정신을 차려보니까 어느새 서른이 넘었다는 것을 강하게 느꼈다고 할 수 있지요. 이런 점에서는 차이가 있네요. 내가 이렇게 느낀 것은 개인적인 성향이라기보다 필시 제2차 세계대전 때 언제 죽을지 모르는 하루하루를 살면서 소년시절을 보낸 것이 원체험 혹은 정신적 외상이 되었기 때문일 것입니다. 어찌 되었든 지금도 아주 드물긴 하지만 어마어마하게 큰 폭격기가 대형 편대를 이루고 공습하는 꿈을 꾸곤 한답니다. 미시마 유키오나 전쟁세대의 많은 사람들이 그런 것처럼 전후의 인생을 덤으로 사는 인생이라고 생각하지는 않았지만, 제2차대전 이후 40여 년의 삶과 시간에 대한 나의 태도는 전쟁 시기의 경험에 많은 영향을 받은 것은 분명합니다.

삶과 시간에 대한 나의 태도를 한마디

1. 1901~32. 소설가. 자신의 심리를 세련된 시적 문장으로 표현한 작가라는 평가를 받았다.

로 요약한다면, 거시적으로는 가능한 한 일관성을 유지하는 것이었고 미시적으로는 매 순간 무언가에 전념하여 충실감을 가지고 사는 것이었습니다. 따라서 후자의 면에서는 우에노 선생이 하신 "좋아하는 것을 마음껏 하자"라는 말에 가깝습니다. 다만 우에노 선생은 그 전제가 "이제 남은 시간이 그다지 많지 않기 때문"이었다면, 내가 의도하는 것은 유한한 수평적 시간으로부터 영원한 것에 잠시 접하는 수직적 시간으로 넘어가기 위함입니다.

이런 말을 하다 보면 나 스스로도 너무 근사하다는 생각이 듭니다만, 시간의 절대적인 유한성으로부터 어느 정도 자유로워지려고 더듬어 찾아간 끝에 겨우 도달한 것이 이 방법이었습니다. 이 수직적 시간, 영원한 것에 접하는 시간은 내가 신화학이나 인류학에서 배운 것입니다. 우에노 선생의 '늙음'의 시간론에 편입시킬 여지나 활용될 수 있는 여지는 없을까요. 시간을 수평적 시간으로만 생각하면 상징론이나 심층의 현실을 시간론 속에 포함시킬 수 없게 된다고 생각하거든요.

이 수직적 시간은 음악——서양음악——적으로 표현될 때는 그 모습이 둥근 고리모양의 시간이 되겠지요. 나의 식으로 표현하자면, 우에노 선생이 공간적인 회화에서 시간적인 음악으로, 시간에 대해 각별한 마음을 느낀 결과 강하게 끌리게 되었던 그 음악, 즉 바흐의 챔발로곡이나 샤티의 피아노곡은 둘 다 수평적 시간에 강하게 지배되었던 근대음악으로부터 자유로운 음악이었다고 생각됩니다.

이와 같이 시간에는 수평적 시간(표층적 시간)과 수직적 시간(둥근 고리모양의 시간)이 있으며 음악에서도 두 가지 요소가 섞여 있다고 생각한다면, 우에노 선생이 품었던 의문, 즉 남성은 여성보다 개체로서의 죽음을 통절하게 느끼기 때문에 시간예술에 관심을 강하게 가지고 훌륭한 작품을 만들어낸다고 볼 수 있을까 하는 문제 자체가 해소되어 버립니다. 다시 말해서 수직적 시간이나 둥근 고리모양의 시간은 심층적 현실과 연결되어 있어서 영원한 것과 접해 있기 때문이죠. 나의 생각이지만, 개인의 성숙이든 문명의 성숙이든, 성숙이란 자연적인 생명력이 쇠퇴하는 가운데 가급적이면 수평적 시간의 지배로부터 자유로워지는 것 아닐까요. 수평적 시간의 흐름을 그 자체로 받아들이면서 오히려 수직적 시간 속에서 사는 방법을 체득하게 되는 것이지요.

이렇게 말했다고 해서 30대, 40대, 50대, 60대 등의 구별이 무의미하다고 보는 것은 아닙니다. 우에노 선생도 편지에 썼듯이 이처럼 10년을 단위로 해서 연대로 나누는 방식은 그 자체가 10진법에 의한 추상적인 구분이면서도, 묘하게 또한 미묘하게 각각의 연대에 접어든 사람의 기분에 영향을 주고 그 사람의 감정을 좌우합니다. 예부터 라이프사이클을 나누는 방법은 실로 여러 가지가 있어서 각각의 시대와 각각의 사회에서 현실성을 가졌지만, 오늘날처럼 라이프사이클도 그렇고 라이프스타일도 유동적인 시대에는 오히려 10진법에 의한 추상적인 구분이 더 유효할지도 모릅니다. 그리고 내가 약간 통감했던 것은 열 살 단위의 구분 속에서 12간지의 한 바퀴가 돌아오는 환갑이 나타내는 기호적 의미가 강하다는 사실입니다.

나이 예순이 가지는 의미는 시대에 따라서 달랐을 터이고 사회적인 대우도 시대에 따라 변해 왔겠지만, 이런 것들과 관계없이 환갑은 기호로서 살아 있어서 그 나이가 된 사람을 사회는 그냥 지나쳐 버리지 않고 붙잡습니다. 나 스스로 환갑이라는 현실감이 없어서 되도록 피해 왔지만 세상은 그 틀에 맞추지 않으면 직성이 풀리지 않는 법입니다. 그래서 나도 체념하고 오로지 환갑, 즉 새로운 괘가 출발하게 되는 것을 즐기기로 하였습니다. 그 때문에 올해 여름에도 새삼스레 건강관리를 열심히 하고 있답니다.

물론 환갑문제를 이와 같이 결론을 내리긴 하였지만, 사실 나는 밖에서 주어진 틀 속에 들어가고 싶지 않은 사람입니다. 교사답게 혹은 철학자답게 혹은 아버지답게라는 것이 다루기 어려운 것과 마찬가지로, 그 나이에 걸맞게 40대답게 혹은 50대답게 혹은 60대답게 처신하는 것도 싫어할 뿐더러 이런 것을 거의 의식하지 않고 살아왔습니다. 그렇기 때문에 우에노 선생이 열을 내며 말한 다른 세대에 대한 탐구는 사실 나에게는 잘 이해가 안 되거니와 오히려 다른 시대를 살아온 인간탐구의 묘미에 끌려버리고 맙니다.

그렇다 하더라도 지금까지 라이프사이클의 후반을 끝맺는 시기 ─ 계절에 비유한다면 봄이나 여름이 아니라 가을이나 겨울 ─에 대해서 속속들이 살펴본 적이 거의 없었으며, 그런 의미에서 '늙음'에 대한 연구라 할까 판단이 좀더 본격적으로 이루어져야 한다는 데 대해서는 전적으로 찬성합니다. 내가 보건대 일본문화는 이제까지 응석받이 젊은이와 경직된 노인에 의해 지나치게 지배되어 왔던 것 같습니다. 지금이라도 눈을 떠보면 금방 확인할 수 있는 풍경입니다. 이런 곳에 진정한 의미의 성숙은 있을 리가 없습니다.

우에노 선생이 제기한 의문에 온전히 다 대답을 했다고 생각지는 않습니다만 미처 못한 말은 다른 기회에 또 하기로 하고, 마지막으로 내 쪽에서 '늙음'의 이해와 관련해서 어떻게 사고하는 것이 좋을지 나 나름대로 사색하고 있는 바를 간략하게 써보겠습니다. (편지에 "나카무라 선생님도 좋아하시는 니시타 이쿠타로…"라고 쓰셨는데 이것은 좀 다르답니다. 정확하게는 "나카무라 선생님이 재평가하면서 다 읽어내려고 애쓰고 있는…"이 되겠지요.)

그것은 라이프사이클의 각 시기를 나누는 방식입니다. 라이프사이클을 나누는 방식으로서, 옛 방식이면서 아직도 약간의 현실성을 지녀서 우리도 곧잘 언급하는 것으로서, 『논어』(「爲政」二·4)에 나오는 "서른이 되면 뜻을 세운다. 마흔이 되면 미혹되지 않는다. 쉰이 되면 천명을 안다. 예순이 되면 이순(耳順)한다. 칠순이 되면 마음이 원하는 곳에 따라서 법도를 넘지 않는다"는 구절이 있습니다. 이 구절을 떠올릴 때마다 나는 공자가 살아 계시던 시대의 중국은 평균수명이 몇 살이었을까를 생각해 봅니다. 공자보다 훨씬 전(기원전 7세기)에 그리스의 법률가 솔론이 나눈 방법에서도 마지막은 70세로 되어 있는 것을 보면, 우리가 '인생 50년'이라든가 '인생 60년'이라는 식으로 규정해 온 기준은 제로성장사회였던 도쿠가와(德川) 시대[1]에 통례가 되어 있었던 젊은 나이의 은거의 잔재일지도 모르겠습니다.

그런데 재미있는 것은 70년의 인생을 7년씩 10단계로 나눈 솔론의 방식이 현대에도 상당히 잘 맞아떨어진다는 점입니다. 그중 몇 가지를 들어보면, 14~21세(제3기)에는 팔다리가 계속 자라고, 35~42세(제6기)에는 덕을 향해 열린 마음이 넓어져서 무익한 행위를 하지 않는다고 했습니다. 또 42~56세(제7·8기)는 말과 정신의 전성기이고, 56~63세(제9기)에는 아직 유능하기는 하지만 전성기에 비하면 생기가 떨어진다고 했고 그리고 63~70세(제10기)에는 죽음이라는 썰물을 타고 사라진다고 했습니다.

이와 같은 구분방식이 현대에도 잘 들어맞는다는 말씀을 드린 것은 제7·8기와 제9기 무렵이 특히 잘 씌어져 있고 제9기를 56~63세로 한 것이 지금의 정년제 폭과 똑같기 때문입니다. 마치 예견하고 있

1. 1603~1867까지 265년간을 가리킨다. 에도(江戶)에 권력의 중추기관인 막부가 있어서 에도 시대라고도 한다. 대외적으로 쇄국정책을 고수했고, 대내적으로는 막번체제가 확립된 평화로운 시대였다. 이 시기에 독자적으로 발전한 경제, 문화는 19세기 후반에 밀어닥친 서구문명을 받아들이는 기반이 되었다.

었던 것 같습니다. 물론 그렇다고 해도 일본의 경우에 비추어 생각해 볼 때 솔론의 방식이 출발점은 될 수 없습니다. 따라서 그 분류법을 염두에 두면서 예전의 '인생 60년'이라는 사고방식에서 출발해 보면 평균수명이 늘어남에 따라 '인생 80년' 시대가 된 오늘날에는 지금까지의 연대구분을 0.8로 나누어서 성년을 25세, 인생의 반환점(불혹)을 50세, 활동정지의 시기를 (환갑 대신에) 75세로 하는 것이 타당하지 않을는지요.

물론 라이프사이클이라는 것은 개인차가 크기 때문에 그 구분은 어디까지나 목표를 나타내는 정도에 불과하지요. 그래도 일반적인 기준이 현대의 실질적인 기준에 맞추어서 세워져 있지 않으면 '늙음'에 관한 이론으로 무슨 의견을 내어놓든 그 근거가 없는 게 되지 않을까요. 또 이 구분방식은 나 자신에게도 남의 일이 아닙니다. 덧붙인다면 좀 전에 이야기가 나왔던 철학자 니시타 기타로는 일흔다섯 나이에 그의 대표작 중 하나인『장소적 이론과 종교적 세계관』을 집필하였고 그해에 돌아가셨습니다. 이렇게 잘 맞아떨어지기란 무척 어렵겠지만, 그래도 하나의 목표가 되기는 합니다.

우에노 선생이 편지 마지막 부분에 쓰신 "나카무라 선생님이라는 풍요로운 '이문화'를 앞에 두고 저는 가슴이 설렙니다"는 구절을 읽고 나도 두근두근——울렁울렁거릴 정도는 아니라 해도——하였습니다. 서로 성(性)이 다르고 나이가 20여 년이나 차이가 나는 우리는 더할 수 없는 조화를 이룰 수 있으므로, 앞으로 서로 주고받을 편지에서는 그 차이를 가능한 한 살려서 하고 싶은 말을 다 하기로 합시다.

우에노 선생의 미국 주소를 받았는데 답장을 늦게 쓰는 바람에 도쿄로 보내게 되었네요.

나카무라 유지로

아라비아해의 석양

나카무라 유지로 선생님

지금 인도에 있습니다.

첫 편지는 발리에서 썼습니다만, 두번째 편지는 인도에서 쓰고 있습니다. 솔직히 말씀드리면 첫 편지의 답장을 받고 나서도 무려 몇 달이나 지났습니다.

그동안 일본에서 일이 매우 바빴던 것은 사실입니다. 그렇다 해도 그 이유만은 아닙니다. 어디서라도 시간을 막아놓고 거기에서 벗어나지 않으면 나카무라 선생님께 드리는 답장을 쓸 수 없었을 것입니다. 인도라는, 시간의 흐름이 전혀 다른 나라에 와서 비로소 나카무라 선생님께 보내는 답장을 쓰기 위해 펜을 들 수 있었습니다. 그만큼 '늙음'이라는 주제로 말을 한다는 것의 어려움을 증명하는 것이라고 생각됩니다.

솔직히 말씀드리면 너무 큰 주제를 맡아서 겁먹고 있습니다. 선생님의 답장을 읽고 한꺼번에 많은 숙제를 받은 듯한 느낌이 들었습니다. 저로서는 무척이나 풀기 어려운 버거운 짐입니다. 나카무라 선생님께서 불과 몇 년 전의 NHK 대담 당시에는(아마 1983년 여름이었지요) "아직 '늙음'의 문제를 독립적으로 논할 정도의 준비가 되어 있지 않았다"고 말씀하신 데 대해 놀라기도 하였고, 그 솔직함에 감동도 받았습니다. 30대도 중반을 넘어서 드디어 저에게도 '늙음'이 관심의 대상에 들어온 것인가 생각했다는 것 자체가 정말로 오만한 태도였지요. 답장을 쓰지 못하고 있는 제가 무슨 말을 해야 좋을지 모르겠다는 것이 무엇보다도 제 자신의 무력함을 증명해 주고 있습니다. 일본에서 시간에 쫓기고 시간에 지배당하고 있는 동안에는 오히려 시간에 대해 생각하지 않고 살아갈 수 있었습니다. 다시 말해 저는 시간이 '끝남'을 의식하지 않고 지낼 수 있을 정도로 그동안은 '젊었다'고 할 수 있습니다. 제가 '늙음'에 대해 말할 때는 어딘지 모르게 안전권에 있는 사람의 안도감에 차 있었는지도 모릅니다. 그러나 만약 그렇다면 사람은 도대체 언제쯤이면 '늙음'에 대해 말할 '준비가 되었다'고 할 수 있을까요? 시간을 지금과 같은 방식으로 사용하면서 지내는 한, 그 '준비'는 영원히 오지 않을 것 같은 생각이 듭니다. 어디 그뿐일까요, 사람들은 육체가 쇠약해지는 나이가 되어서도, 더욱 악착스럽게 시간을 보냄으로써 '늙음'을 외면하고 그날 그날의 삶을 보내고 있는 게 아닐까요.

그러세요? 나카무라 선생님. 환갑이 되셨다구요. '늙음'의 문제를 논할 준비가 되어 있지 않은 이유 한 가지로, 나카무라 선생님은 "나 자신의 나이가 미묘한 때에 있기 때문에 '늙음'의 문제에 거리를 두기 어려웠다"고 말씀하셨지요. 이렇게 말씀하시는 솔직함에 감동받았습니다. '늙음'에 대해 말할 마음의 준비가 되어 있지 않은 쪽은 저 자신입니다. 아직 저에게 늙음은 '생각하지 않으면 안 되는' 것이면서도 '느낄 수 없는' 그 무엇이기도 하지요. 그렇지 않으면 '느끼기'를 계속 거부하는 무언가가 있는 것이고요.

이처럼 제 속에 있는 '늙음'에 대해 말하기 어려움과 계속 싸우는 것 ─그리고 그 이유를 계속 묻는 것─이 선생님과 편지를 주고받는 것을 통해서 저의 과제로 주어졌다는 생각이 듭니다. 이것은 정말 무서운 물음입니다. 저 스스로에게 '시간'이 무엇인가를 물어야 하기 때문이지요.

작년(1986년)에 저는 이와나미 출판사의 의뢰를 받아 "늙음의 발견"이라는 총서에 에세이 한 편을 썼습니다. 제2권 『늙음의 패러다임』에 실린 「노인문제와 노후문제의 차이」가 그것입니다. 그 글을 집필하기로 했을 때는 저 스스로 '늙음'에 대하여 무언가 쓸 거리가 있는 것 같은 느낌이 들었습니다. 저 자신의 생각을 정리하기에 좋은 기회라고 생각하여 원고청탁을 받아들였는데, 사실은 막상 쓰기 시작하면서 상당히 힘들었습니다. '늙음'을 부정적으로 이해하는 '근대'의 패러다임을 바꾸어야 한다고 주장하였지만, 줄곧 등뒤에서 들려오는 "그래서?"(So what?)라는 소리를 들으면서 저는 한 줄로 끝나버릴 주장을 원고지 40장 분량으로 늘려서 끝냈습니다. 게다가 '근대'의 패러다임을 어떻게 바꾸어서 '늙음'을 주체적으로 받아들일 것인가 하는 과제는 저 자신에게 남겨두고 말입니다. '근대'로부터 도망치지 못하고 있는 것은 바로 나 자신이었던 거지요.

젊음과 자립을 가치 있는 것으로 간주하는 '근대'의 패러다임에서 '노인'을 비참한 존재로 보는 현대 젊은이의 모습은 그대로 저 자신이기도 합니다. 저는 이렇게 중얼거리곤 한답니다. "아아, 오래 살고 싶지 않아." 오래 살지 않겠다는 것이 '늙음'의 문제를 회피하는 제일 쉬운 방법이기 때문입니다. "산업전사에게 이상적인 죽음은 치열한 전투 속에서 현역으로 40대나 50대에 갑자기 성인병으로 죽는 명예로운 전사(戰死)를 하는 것이다"고 말하며 저는 남자들에게 야유를 보냅니다. 저 자신이 그런 가치관에서 머지 않은 곳에 있음을 자각하지 않을 수 없습니다.

사회학자 이노우에 슌(井上 俊)[1]이 쓴 『죽는 보람의 상실』(筑摩書房)이라는 명저가 있습니다. 이 책에서 그는 현대인에게 죽음은 돌연한 '사고사'(事故死)밖에 없다고 말하고 있습니다. 죽음이 목표가

1. 1938~ . 현재 교토대학 교수. 『놀이의 사회학』 『스포츠와 예술의 사회학』 등의 저서가 있다.
2. 1940~87. 여성언론인. 1981년 유방암이 발병한 이후 투병생활을 기록한 글로 많은 관심을 모았다.

되고 있지 않은 현대인에게 삶은 무한한 현재의 연속일 뿐입니다. '예사로운 현재'에 불과해진 삶에서 죽음은 돌연한 중단 이외의 그 어떤 것도 아닙니다. 비행기를 타고 있을 때 이 비행기가 떨어지면 좋겠다는 생각이 문득 들 때가 종종 있습니다. 그럴 때면 저는 이노우에 슌 선생님의 책을 떠올리며 저 자신이 너무나도 현대인답다는 생각을 하며 쓴웃음을 짓곤 합니다.

인도사람들은 40~50대에 감염증으로 잇따라 죽어갑니다. 심장병이나 암 등과 같은 성인병으로 고통받는다는 것은 장수하는 상류계급 사람들에게나 해당되는 일입니다. 빈곤이나 질병에 비하면 '늙음'의 문제는 이 사회에서 그다지 관심을 끄는 문제가 아닌 듯합니다. 이 가혹한 기후며 풍토, 경제환경에서는 사람들이 건강하게 살고 있는가 그렇지 않으면 죽어 있는가, 둘 중 하나이므로 그 사이의 멈춰 있는 시간은 짧은가 봅니다. 그에 비하면 '문명권'에서는 사람들이 천천히 오랜 시간에 걸쳐서 죽어갑니다.

요즈음 제 주위의 가까운 사람들이 암에 걸려 있습니다. 암이라는 질병은 치명적인 병이면서도 진행이 무섭게도 느린 병입니다. 설령 의사로부터 말기여서 손쓰기에는 이미 늦었다고 선고를 받았다 해도 그후 반년 혹은 1년은 족히 견디는 환자가 있습니다. 제 주변에서 그런 사람들을 보고 있으면 저도 모르게 서서히 죽어가는 한 인간의 모습에 입회하고 있다는 느낌을 떨쳐버릴 수 없습니다. 『아사히 저널』에 치바 아츠코(千葉敦子)[2] 선생님이 「죽음으로 가는 준비일기」를 연재하였는데 ──가끔씩 불시에 연재를 쉬기도 하는 단속적인 연재모습을 대할 때면 독자로서 가슴이 아프지 않을 수 없었습니다── 이 글에서 아츠코 선생님은 "암이라는 병의 좋은 점은 진행이 더디기 때문에 주위사람들이 나의 죽음에 대하여 준비를 할 수 있다는 것이다"고 하셨습니다. 그분의 강인한 객관성에는 감동을 받습니다. 그런 것이군요. '죽음으로 가는 준비'는 당사자인 병자뿐 아니라 주위사람들에게도 요청되는 것이네요.

인간이란 대형동물은 유감스럽게도 천천히 죽어갑니다. 저는 어릴 때부터 동물을 키웠는데, 제가 키우던 작은 새는 상태가 좋지 않아진 지 몇 시간도 안 되어 그만 죽어버렸습니다. 개는 1주일 걸렸습니다. 이노우에 선생님이 말씀하신 '돌연사'는 사실 인간에게는 요행과 같이 찾아옵니다.

그런데 이 사회에서는, 아무래도 인간은 생물로서의 주어진 수명보다 더 살게 되어버린 것 같습니다. 치과의사인 친구에게 앞으로는 틀니가 실버산업의 황금시장이 되겠네 하고 말하자, 그는 다소 슬픈 표정을 지으며 말했습니다.

"왜 그런 지 알아? 인간이 치아의 수명보다 오래 살기 때문이야."

그렇지만 저는 늙음의 문제 같은 건 거들떠보지도 않는 친구들을 놀라게 하였습니다. "있잖아, 인간은 그리 간단히 죽지는 않는다구. 오랜 시간에 걸쳐서 서서히 죽는 거라구."

이렇게 말하면 같은 세대인 친구들, 특히 남자들은 대부분 화들짝 놀라면서 당혹스러워하다가는 곧 당황해 하는 자신의 모습을 감추기 위해, 지금부터 시간이 흐른 다음 할망구가 되었을 때를 상상하다니 여자란 도깨비같이 끈질긴 동물이야 하고 반격을 가합니다. 아무래도 남자들은 자신만은 젊음을 유지한 채 어느 날 '명예로운 전사'를 할 것이라고 추호의 의심도 없이 믿고 있는 것 같습니다.

그렇다고 해서 제가 사회학자이기 때문에 통계적 현실성을 더 많이 신뢰하고 있는 것은 아닙니다. 지금까지 여자들은 영웅적인 죽음을 맞이한 일이 없었거니와 앞으로도 영웅적으로 죽거나 하지는 않을 것입니다(이 정도가 아닙니다. 저는 영웅주의는 여자의 적이라고까지 생각하는 쪽입니다). 누구라도 한번은 영웅적인 요절의 관념에 매혹된 적이 있겠지만, 그 나이쯤이면 죽어 있을 것이 당연한 나이를 넘어서도 자신이 살아 있음을 깨달을 때 무조건적으로 자신이 죽을 때까지 살게 되리라는 사실을 받아들일 수밖에 없게 되는 것 아닐까요. 그것은 '천천히 진행되는 죽음'을 받아들이는 것이기도 하지요.

'늙음'이 '천천히 진행되는 죽음'이라고 한다면, 이 늙음이 구태여 특정한 나이부터 혹은 병에 걸린 다음부터 갑자기 시작하는 건 아니겠지요. 다만 인간은 '늙음'을 잊어버리고 있을 수 있을 뿐이고, 늙음은 지금 바로 여기에 있는 것입니다. 따라서 누구든 늙음을 자각한 사람은 바로 그 '늙음'의 한가운데 있다고 말해도 되겠지요. 이렇게 생각한다면 젊은이의 세계도, 어린아이의 세계도 너무나 많은 묵시록적인 죽음의 이미지로 가득 차 있습니다. 따라서 그들은 이미 '늙고' 있는 것입니다.

저는 오래 전에 '중년'이 되었습니다. "대체 언제부터가 중년이지?" 하고 야유하는 친구들에게 저는 이렇게 대답합니다. "자신이 그렇게 생각한 때가 중년인 거야." 저 자신이 '청춘'을 확실하게 끝냈다고 생각했을 때 저는 '중년'이 되었습니다. 지금 거의 '늙음'을 시작하고 있다고 하겠습니다. 왜냐하면 저는 '천천히 진행되는 죽음'의 한가운데 있기 때문입니다.

확실히 이 기분은 '중년'의 문턱에 서 있던 때와는 다릅니다. 저는 결실을 이루어가는 것이 아니라 확실하게 쇠잔해지고 있음을 온몸으로 경험하고 있기 때문입니다.

하지만 그리 기분이 나쁘지만은 않습니다. 초조감보다는 안정감을, 분노보다는 수용성을 안겨줍니다. 분명히 저에게는 지금까지 익숙하지 않았던 감정입니다. 이 새로운 감정을 조절하는 데 기쁨을 느끼고 있습니다.

이 적막함의 감각은 저에게 핵전쟁 전야와 같은 묵시록적인 시간을 떠올리게 합니다. 만약 내일 죽는다는 사실을 안다면 우리는 적어도 시간을 목적-수단의 계열로 생각하는 것을 그만두겠지요. 쓰고 있는 책을 마치는 일도, 담가둔 포도주 맛을 보는 일도, 아이들이 자라는 모습을 보는 것도 포기하고, 지금·여기의 목적 없는 충실한 시간을 얻으려 하겠지요——제가 외국으로 나가는 것은 바로 이 때문인 것 같습니다. 일본에서 보내는 시간이 너무나도 충실히 '목적'에 봉사하는 것이기 때문에 저는 목적 없는 시간을 다시 얻으려고 일본 밖으로 탈출하는 것입니다. 어디인지 알지도 못하는 곳에서 미지의 사람들에게 둘러싸여서, 바람을 느끼며 바다나 산이나 일몰을 보고 있노라면 모든 오감이 충족되면서 더없이 행복한 기쁨을 느낍니다. 그리고 이런 기쁨을 오래도록 잊고 있었다는 것을 깨닫게 됩니다.

묵시록적 시간이라 하면——나카무라 선생님은 전쟁중에 소년기를 보내셨겠네요. 미시마 유키오와 나이가 같다고 하셨지요. 『가면의 고백』에서 미시마는 자신들의 수명은 스무 살이라고 생각했다고 기록하고 있습니다. 그리고 그것이 얼마나 특권적인 시간이었던가를. 물론 미시마의 시간관념은 영웅주의에 짙게 오염되어 있습니다. 『가면의 고백』은 이런 특권적인 시간을 보내고서도 계속 살아야만 했던 자신의 원통함을 드러낸 것이라 할 수 있겠지요. 나중에 미시마는 그 영웅주의를 더욱 보기 흉한 모습으로 실현하기에 이르렀습니다. 미시마가 체험했던 특권적인 시간으로부터,

국가가 부여해 준 죽음의 '의미'를 제거한다면 필시 제가 말하는 의미와 더욱더 가까워지겠지요. '의미'라는 것도 시간을 목적-수단의 계열에 놓게 하는 '근대'의 병이기 때문입니다. 어찌 되었든 여자들은 묵시록적 시대에도 '무의미한 죽음' ―― 오다 마코토 (小田實)[1] 선생은 이를 '개죽음'이라고 하였습니다 ―― 을 각오해야만 했습니다. 아무리 발버둥치더라도 여자에게는 영웅적인 죽음이란 있을 수 없었기 때문입니다.

그러셨어요? 나카무라 선생님은 그 시대의 시간의식을 원체험(原体験)으로 갖고 계시군요. 하지만 그렇다고 해서 같은 세대의 모든 사람이 나카무라 선생님과 같은 감각을 계속 지니고 있다고는 볼 수 없습니다. 나카무라 선생님이 '늙음'에 대하여, 수용성에 대하여, 여성에 대하여, 약함에 대하여 미세한 감수성의 촉각을 곤두세우고 계신 것과 마찬가지로, 같은 세대의 남자들이 그 파토스의 모험을 공유하고 있다고 볼 수는 없습니다. 저는 역시 나카무라 선생님이라는 한 개성이 어떻게 이 경험을 겪을까 하는 것을 남의 일 같지 않게 흥미롭게 지켜보고 있습니다. 왜냐하면 언젠가 저도 겪어야 하는 경험이기 때문이지요. 세대체험인 '늙음'에는 아무런 의미도 없습니다. 죽음과 마찬가지로 '늙음'도 결국에는 인간 개개인이 다 다를 수밖에 없는 고유한 경험이기 때문이지요.

1. 1932~ . 소설가, 평론가. 『베를린이야기』『오사카 심포니』 『HIROSHIMA』 등의 작품이 있다.

나카무라 선생님의 편지내용 가운데 제가 허를 찔린 것이 있습니다. 나카무라 선생님은 제가 음악 안에 있는 영원한 시간에 대하여 언급한 것을 말씀하시면서 "내가 의도한 것은 유한한 수평적 시간으로부터 영원한 것에 잠시 접하는 수직적 시간으로 넘어가는" 것이라고 쓰셨지요. 그리고 "이런 것을 말하면 내가 생각해도 너무나 멋있게 생각되지만"이라고 부끄러워하셨지만, 한 단계 더 들어가서 이 수직적 시간이란 것을 "우에노 선생의 '늙음'의 시간론에 편입시킬 여지는 없는 것일까요" 하고 다그쳐 물으셨지요.

말씀하신 대로입니다. 이로써 완전히 맹점이 들통나 버렸습니다. 저의 '늙음'의 시간론에는 '수직적 시간'이 들어갈 여지가 지금으로서는 없습니다. 저는 약간의 분함과 괴로운 단념과 고통스러운 자기인식을 가지고서 이것을 고백하고 있습니다. 종교라는 '궁극의 의미'가 결핍된 시간에서는 수직적으로 넘어서는 길이 끊어져 있습니다.

저는 앞으로 당분간 '수직적 시간'에 대한 고려를 자제하려고 합니다. '의미'는 시간을 오염시키고 인간으로 하여금 '시간'을 망각하게 합니다. 지금 저는 '시간'으로부터 '의미'를 쫓아내는 데는 성공하였지만, 그렇다고 해서 그것에 대신하는 '궁극의 의미'를 찾아냈는가 하면 그렇지는 못합니다. 그러므로 저의 시간은 허공에 대롱대롱 매달려 있는 상태라 할 수 있겠지요.

나카무라 선생님은 '수직적 시간' 관념을 "신화학이나 인류학에서 배웠다"고 말씀하셨지요. 신화나 민속은 당사자에게는 살아 있는 것입니다. 그러나 그것을 현실적으로 살지 않는 우리에게, 그로부터 '배우는' 것이 정말 가능할까요. '관념'을 '배우는' 것은 가능할지 몰라도 그것을 '사는' 것은 적어도 저에게는 불가능합니다. 그것은 누군가 다른 사람들의 것이지 제것은 아니기 때문입니다.

제가 이 편지를 쓰고 있는 봄베이의 친구네 아파트에서는 아라비아해로 떨어지는 석양이 바라다 보입니다. 인도에 있는 동안 저는 이 호화스러운 낙조의 향연을 매일같이 실컷 즐기고 있습니다. 그렇다고 해서 인도의 석양에서 영원을 느낀다든가 하는 종류의, 어디인가에서 들은 적이 있는 듯한 대사를 읊조리는 것은 그만두기로 하지요. 인도의 석양을 보고 영원을 느낀다고 한다면 그것은 제가 아니고 저 사람들일 것이고, 만약 내가 일본의 석양을 보고 영원을 느끼지 못한다고 하면 인도의 석양이라 해도 물론 느낄 리가 없을 테니까요. 인도의 석양을 보고 만약 저에게 영원을 느끼게 하는 것이 있다면, 그것은 다만 나의 비(非)제3세계적인 감성이 제3세계에 밀어붙이는 낭만적인 환상 이상은 아닐 것입니다. 아직도 저는 '영원'으로 넘어가지 못하는 제 자신을 유보한 채로, 아라비아해의 너무나도 호화로운 석양을 바라보고 있습니다.

우리가 무언가를 잃어버렸다는 것을, 저는 통절하게 느낍니다. 저에게는 이것을 대체할 방안이 없습니다. 이 시간을 '수직적으로 넘어서 나가려는' 유혹 앞에서 저는 무척이나 세속적인 시간, '의미'와 '목적'을 결여한 이 시간에 남아 머물러보려는 생각을 하고 있을 따름입니다. 이것이 저에게는 '모험'인지도 모릅니다.

언젠가 '종교'에 대하여 이야기를 해야 되겠지요. 저 자신이 어떻게 변할지 예측조차 할 수 없습니다. 어느 날 갑자기 신앙에 대하여 이야기하기 시작할지도 모릅니다. 예측할 수 없다는 것이 살아 있는 즐거움일지도 모르겠습니다. 늘 저에게는 조금 더 살아볼까 하는 희망을 주기 때문입니다. 저보다 나이가 많으신 분들의 삶의 모험 또한 저에게는 같은 희망을 품게 합니다. 나카무라 선생님 역시 그런 모험자 가운데 한 분이십니다.

답장에서 나카무라 선생님이 제시하신 문제가 너무나도 다방면에 걸쳐 있어서 그에 대해서는 극히 일부만 대답할 수밖에 없었습니다. 이번 여행은 긴 여행이 될 것 같습니다. 서쪽나라 88군데 순례처럼 '동행하는 두 사람'에게 깊은 평안함을 느낍니다. 그 순례의 길은 어디쯤 가다가 넘어져도 왕생을 약속받는다고 합니다. 따라서 이 여행은 반드시 목적지까지 걸어가야 한다는 강박관념을 가질 필요가 없는 것이지요. 도중에 갖가지 풍경의 변화에 세

심한 주의를 기울이면서 길을 걸어가는 경험을 나눌 수 있는 것이
무엇보다도 다행이라고 생각합니다.

봄베이에서
아라비아의 낙조를 보면서
우에노 치즈코

여름의 끝자락에서

우에노 치즈코 선생님

인 도에서 보낸 편지 잘 받아보았습니다.
유감스럽게도 나에게 인도는 남쪽으로 돌아서 가는 이탈리아행 비행기를 타고 가다 몇 차례 뉴델리 비행장에서 갈아타기 위해 내리거나 상공을 날아간 것이 전부일 뿐, 방문해 보거나 머무른 적이 한번도 없습니다. 머지않아 기회가 생기면 곳곳을 다녀보고 싶다는 생각을 하고 있습니다. 나중에 인도를 찾게 될 날을 즐거운 마음으로 기대하고 있습니다.

그러므로 인도사람들의 생활에 대해서도 개인적인 경험을 바탕으로 한 구체적인 이미지가 떠오르는 것은 아니지만, 인도라는 곳은 '인간을 넘어서' '늙음'과 같은 문제를 생각하는 데는 적절한 곳인 것 같군요. 보리수 아래서 달콤한 낮잠을 자고 일어나 산뜻한 기분으로 명상에 잠기면 부처를 닮아서 좋은 생각이 용솟음쳐 오를 것 같다는 여유로운 생각이 떠오릅니다(코린 윌슨[1]의 『오컬트』(*Occult*)에 의하면 보리수의 열매에는 성의 발달을 억제하고 이성과 지성을 증대시키는 세로토닌이라는 화학물질이 매우 많이 함유되어 있다고 합니다). 그러나 인도의 카스트제도 아래서는 특히 하층사람들의 현실이 아마도 너무나 어렵겠지요.

자연조건을 포함하여 인간들의 삶의 혹독한 현실이 인도 특유의 문화, 특히 불교와 같은 피안(내세)을 분명히 설정한 보편종교를 낳았다는 것은 많은 사람들이 지적한 바와 같습니다. 종교라 하면, 일찍이 1960년에 앙드레 말로[2]가 처음 일본을 방문했을 때 인도문화는 cosmic(우주적)이고 종교적이지만 거기에는 spirituality(영성)가 없는 데 비해 일본문화는 spiritual(영적)이긴 하지만 우주성과 종교성이 없다고 명쾌하게 말한 적이 있습니다. 나는 말로의 말에 깊은 인상을 받았으며 그후로도 이 말이 마음에 걸렸습니다.

말로의 말을 듣고 나서 얼마 동안 나는 'spirituality'를 '정신성'이라는 의미로 이해하고 나름대로 납득하고 있었습니다만, 이제 비로소 '영성'의 의미가 좀더 적절한 것 같다는 생각이 듭니다. 여기에서 영성이라 함은 스즈키 다이세츠(鈴木大

1. Colin Wilson, 1931~ . 영국의 평론가, 소설가.
2. André Malraux, 1901~76. 프랑스의 소설가. 「인간의 조건」 「희망」 「예술의 심리」 등의 작품이 있다.
3. 1870~1966. 세계적인 불교학자. 일본적 영성, 동양사상, 일본문화 등에 관한 다수의 저서가 있다.

拙)[3]가 주장한 '일본적 영성'이라고 할 때의 그 영성입니다. 『동서
예술론』의 저자이자 혜안으로 알려진 말로가 말한 것이므로, 아마
스즈키의 '일본적 영성'이라는 사고방식을 알고 있었겠지요.

스즈키 다이세츠는 '영성'을 '정신'과 구별하여 이렇게 말했습
니다. 사람은 보통 정신과 물질을 대립시켜서 생각하지만, 그렇게
생각하면 아무래도 모순·투쟁·상극·상쇄 등을 피할 수가 없다.
뭔가 이것들 양자를 포함하면서도 양자를 모두 살릴 수 있는 것이
있어야 한다. 그것이 '영성'이라고 말입니다. 다시 말해서 그 기초
에 있는 것은 최근의 신체론에서 말하는 '정신=신체'와, 그리고 내
가 말하는 '공통 감각'과도 매우 가까운 사고방식입니다.

또 스즈키 다이세츠에 의하면 정신과 영성은 다음과 같은 점에
차이가 있습니다. 즉 정신에는 윤리성이 있지만 영성은 그것을 초
월한다. 그리고 정신은 분별의식을 기초로 하고 있으나, 오히려 영
성은 무분별지(無分別知)이다. 나아가 '일본적 영성'은 신도(神
道)의 여러 분파보다 오히려 정토계(淨土系) 사상이나 선(禪) 안
에서 가장 먼저 순수한 형태로 나타났다고 다이세츠는 쓰고 있습
니다. 이렇듯 다이세츠도 영성은 굳이 일본적 영성에만 국한되는
것이 아니고 어느 민족, 어느 문화에나 있다고 말하고 있습니다.
그래도 정신을 신체와 일체화된 것으로 파악하는 (원시종교에는
일반적이었던) 이 사고방식은 특히 일본문화 혹은 일본인의 종교
의식에 세련된 형태로 남아 있다고 할 수 있겠지요.

(이번 편지에서, 지난번에 내가 "영원한 것에 잠시 접하는 수직적 시간으로 넘어간다"고 쓴 대목을 문제로 삼으셨는데, 그때 내가 무엇보다도 하고 싶었던 말은 그렇게 함으로써 일상적인 시간 그 자체를 중층화하여 군이 일거에 종교적인 것으로 초월해 가는 것은 아니라는 점이었습니다. 또한 '수직적 시간' 관념을 "신화학이나 인류학에서 배웠다"고 말했는데, 이것은 내 속에서 예감한 것이 있어서 그것을 관념으로 자각했다는 것이지 단순히 지식으로 배워서 얻었다는 의미는 아니었습니다.)

그러면 지금 새삼스레 '영성'이라든가 '일본적 영성'을 끄집어내는 것은 최근에 어떤 일을 경험하면서 생각하게 된 것이 있었기 때문입니다. 나는 일본의사회의 '뇌사' 문제를 다루는 간담회에 나가고 있습니다. 의사회에서는 의료계나 법률 관계자들에게 이 간담회가 내놓은 「중간보고」에 대한 의견을 널리 구하였는데 600여 통이라는 이례적일 정도로 많은 의견이 들어왔습니다. 더욱이 그 가운데는 뇌사나 심장이식을 논하는 문제에서는 일본인의 생사관념의 특수성을 고려해야 한다는 의견이 놀랄 만큼 많았습니다.

심장사와 달리 개체의 죽음을 가져오는 '뇌사'의 용인이나 판정이든, 혹은 그와 결부된 '심장이식'이나 '말기의료'의 문제이든, 이 모든 것들은 서양의 근대의학이 비약적으로 발전한 결과에서 비롯된 것이기 때문에, 기본적으로는 데카르트 식의 심신이원론을 바탕으로 한 '신체기계론' 입장에서 사고하는 것입니다. 그렇지만 의학이나 의료의 문제도 뇌나 심장 같은 이른바 마음과 신체의 접점에 해당하는 부분에 이르러서는 삶과 죽음에 대한 관념, 신체에 대한 관념, 시체에 대한 관념 등 문화적·종교적 요인으로부터 많은 영향을 받을 수밖에 없습니다.

일반적으로 말하자면 나는 '일본인의 특수성'이라는 것을 그다지 강조하고 싶지 않고 특수성이라고 보이는 것도 일반성 속에서 파악해 가는 것을 좋아하는 편이지만, 실제로 「중간보고」에 대해 의견을 제시한 많은 사람들이 '일본인의 생사관념의 특수성'을 강하게 호소하는 이상 그것이 어떤 내용인지 어떤 사고방식에서 유래하는지를 분명하게 밝혀둘 필요가 있겠지요. 그렇지만 많은 사람들이 이렇게 호소하면서도 그 내용에 대해서는 거의 밝히지 않았으며, 그중에서 극소수의 사람만이 "시신에는 아직 영혼이 머물러 있다"는 통념이나 오랫동안 이어져 내려오고 있는 "전사자의 시신수집 등에서 나타나는 혼과 신체를 떼려야 뗄 수 없는 관계로 보는 견해" 등을 말하는 데 불과합니다.

사람이 뇌사상태에 빠져 인공호흡에 의존하게 되었을 때, 서양의 전문가들은 이를 "움직이는 심장을 가지고 있는 사체"라는 식의 즉물적인 표현을 한다는군요. 이렇게까지 표현되면 나 같은 사람이라도 심한 저항감을 느끼는 터라, 앞에서 언급한 '일본인의 생사관념의 특수성'을 꼭 남의 일로만 치부할 수는 없는 노릇입니다. 이러한 특수성이 왜 생겼는지 단정적으로 말하기란 매우 어렵지만, 실마리가 될 수도 있겠다 싶어 생각해 낸 것이 바로 '초빈'(草殯)의 풍습 혹은 의례입니다.

잘 아시겠지만 '초빈'이란 죽은 사람을 얼마 동안 특별히 마련한 곳에 안치하고 혼이 신체에서 완전히 빠져나가기를 기다리는 풍습 혹은 의식이지요. 그리고 이러한 의식과 관련하여, 그 기간에 한번 더 혼이 신체에 돌아올 기회를 주는 '초혼설'(招魂設)과 사나워진 혼이 헤매며 나오는 것을 가라앉히는 '진혼양각설'(鎭魂攘却設)이 있었지요. 분명히 초빈은 정신=신체를 특히 중시하는 일본적인 '영성'에 어울리는 시신 다루는 방식이라고 말할 수 있을 겁니다.

이 '초빈'의 풍습 혹은 의례 자체는 일본에서는 얼마 전까지 오키나와의 여러 섬에 남아 있었을 따름이고 지금은 천황가의 장례 의식에 남아 있는 정도이지만, 여기에 나타나는 거의 잊혀져 버린 삶과 죽음에 관한 감각이 뇌사나 심장이식 등에서 커다란 문제로 등장한 것은 조금 생각해 볼 점이 있었습니다. 무엇보다 '초빈'의 풍습에는 시체가 부패하는 것을 지켜본다는 너무나도 비정하고 물질적이라고 할 만한 측면이 있어서, 단순히 정신주의적이라고만 볼 수 없습니다.

이렇게 본다면 '일본인의 생사관념의 특수성'을 고려해야 한다는 의견에는 종교적 관점이 아닌 '미의식'의 관점에서 말하는 이도 있었습니다. 처음에는 지나치게 문학적인 의견이라는 생각에 지나쳐 버렸습니다만, 한편으로 정신주의적인 동시에 또 한편으로는 물질주의적이기도 한 일본인의 '영성'이라는 것은 우주성과 연관된 본래의 종교적 수준보다는 오히려 미의식의 수준에 가깝다고 할 수 있습니다. 게다가 이 경우에는 '미의식'의 관점이 의외로 맞을지도 모른다는 생각을 다시 해보았지요.

이 '미의식'의 수준을 내 식으로 파악해 본다면 다음과 같이 됩니다. 즉 인간에게 정신적인 것과 물질적인 것의 균형이 잘 잡히지 않을 때는 여러 가지 혼란이 야기됩니다. 그런데 우리가 자연스럽게 품게 되는 '미의식'이란 정신적인 것과 물질적인 것 사이에 일정한 균형이 깨졌을 때 습속에 크게 좌우되는 기존의 미의식이 강한 저항감을 가지게 되는 것입니다.

우에노 선생이 인도에서 보내신 편지의 내용을 계기로, 말로가 말하는 인도문화의 우주적인 성격과 일본문화의 영적인 성격의 대비에서부터 시작하여 일본인의 삶과 죽음에 대한 관념을 좌우하는 '영성'과 관련된 '미의식'으로까지 이야기가 확장되었습니다. 이야기를 이런 식으로 끌어가는 것은 다른 이유가 아닙니다. 현재의 일본처럼 평균수명이 눈에 띄게 늘어나서 완전히 새로운 라이프사이클을 어림짐작으로 더듬거리며 찾고 있는 상황에서, 이러한 영성이나 미의식이 조금이라도 도움이 될지도 모른다는 생각이 최근에 들었기 때문입니다.

영성이나 미의식도 분명히 하나의 규범이기는 하지만, 이것들은 현실로부터 초월의 정도가 약하기 때문에 어느 정도의 사회변화에는 약삭빠르게 대처하여 현실에 대한 대응능력이나 적응능력을 갖기는 하겠지만 그것만으로는 충분한 자기혁신력을 가질 수 없으려니와 진정으로 자기 자신을 풍성하게 할 수도 없다고 생각되기 때문이지요. 확실히 오늘날의 일본사회는 일찍이 없었던 경제적 번영을 누리고 있으며 이는 그런 대로 다행한 일이기는 하지만, '인생 80년' 시대를 맞이하여 우리의 새로운 라이프사이클에서 삶의 방식은 겉으로는 어떻든간에 내용적으로 얼마나 풍요로워졌을까요.

이런 말을 하는 것은, 올해 여름더위가 기승을 부리던 8월 18일에 『나라야마부시코』(楢山節考) 『극락 마쿠라오토시즈』(極樂 まくらおとし圖) 등 늙음이나 죽음에 대한 일본인의 토속적인 심층의 풍습과 심성을 담담하게 묘사해 오던 작가 후카자와 시치로(深澤七郎)[1] 선생님이 돌아가셨습니다. 『나라야마부시코』가 발표된 것은 1956년입니다. 자신을 길러준 할머니를 산속에 버렸다가 나중에 뉘우치고 다시 모셔온다는 전설을 소재로 하여, 그

1. 1914~87. 소설가. 토속적인 이미지가 강한 작품 『나라야마부시코』뿐만 아니라 도시생활자의 생태를 그린 작품도 발표하였다.

2. 1905~69. 소설가, 평론가. 다양한 활동을 전개하였는데 그 중에서도 주인공 자신의 소설이나 문학론을 포함한 다원적인 묘사방법을 도입한 사(私)소설의 작법을 『소설의 방법』이라는 책에서 체계화하였다.

날이 왔을 때 눈이 오는데 손자의 등에 업혀서 희희낙락하면서 깊은 산으로 들어가는 노파 오린의 모습을 그린 이 소설이 발표되었을 때 아직 근대주의적인 사조가 강했던 당시의 일본에서는 굉장히 충격이었습니다.

이 소설을 읽고 이토 세이(伊藤整)[2]가 오린 노파를 가리켜 "아아, 이것이 진짜 일본사람이야"라고 말했고, 미시마 유키오는 "일본에 태어난 것이 넌더리나게 싫어진다"고 술회하였습니다. 언뜻 보면 두 사람은 정반대의 말을 하고 있는 것 같지만, 물론 상호 표리(表裏)를 이루고 있어서 큰 충격을 드러내고 있습니다. 나의 경우에는 그때 거기서 '부정적인 일본적 감성'이 지닌 문제의 심각성을 느끼고 어쩔 줄 몰라하고 있었습니다. 나 역시 당시의 근대주의적 사조에서 완전히 자유롭지는 못했지만 그럼에도 불구하고 '정념론'(情念論)의 입장에서 문제의 심각성은 이해하고 있었다고 여겨집니다.

그 다음으로, 며칠 전 8월 26일에 후생성은 일본의 치매성 노인의 현황과 앞으로의 전망에 대한 조사를 정리하여 발표하였습니다. 그것에 따르면 1985년 현재 치매성 노인의 수가 전국적으로 59만 3천 명이고, 15년 후가 되면 약 2배인 112만 명, 30년 후에는 3배가 넘는 185만 명으로 급증할 것이라고 예측하고 있습니다. 또 1985년 현재 연령별로 본 치매성 노인의 출현비율은 65~69세 1.2%, 70~74세 2.7%, 75~79세 4.9%, 80~84세 11.7%, 85세 이상 19.9%이며, 65세 이상 노인인구 전체에서 치매성 노인이 차지하는 비율은 4.9%로 약 20명에 1명은 '황홀한 사람'이 된다는 것입니다.

나와 비슷한 연배가 되면, 자신보다 젊고 유능했던 친구들이 몇 명이나 한창 일할 나이에 죽는 것을 보고 그 사람들의 억울한 마음을 헤아리면서 어쨌든 그렇게 오래는 살고 싶지 않다는 생각이 들곤 합니다. 다만 살아 있는 동안에는 아무튼 노망 들지 않고 건강하게 자신의 일에 정열을 쏟고 싶은 마음이지요. 그렇지만 일본에서는 대부분의 학자들이 제도적으로 정년이 된 후에는 물론이고 사회적으로 상당한 지위에 오르면 본래의 지적 활동은 중단하고 흔히들 학내의 행정이나 정치에 몸담곤 하는데, 나는 이런 세태가 도통 이해가 되지 않습니다.

굳이 나만 좋은 사람이 되겠다는 것은 아니지만, '인생 80년 시대'가 되어 제일 큰 문제는 정열을 쏟을 대상을 도중에 잊어버리거나 없어져 버리는 것이 아닐까 싶습니다. 이런 점에서 볼 때 그 사람이 어떤 직업을 가졌든 마찬가지겠지만, 특히 학자의 경우에는 무릇 관심 있는 주제의 상실이라는 것은 있을 수 없는 일이거니와 그런 일이 일어난다고 하면 학자가 된 것이 애당초 길을 잘못 든 것이거나 아니면 학문의 방식이 잘못되었다고 생각합니다.

그럼 이야기를 다시 '영성' 혹은 '미의식' 쪽으로 되돌리면, 영성이나 미의식이란 그것의 안쪽이나 바로 옆에 '욕망자연주의'나 '쾌락주의'(hedonism)를 지니고 있어서 그런 것들로 쉽게 전환되어 버리기 쉽지요. 이런 현상은 오늘날 일본사회의 모습을 보면 알 수 있답니다. 나는 위정자들에 의해 금욕주의를 강요당하는 것은 딱 질색이지만, 통제되지 않는 욕망자연주의나 쾌락주의가 궁극적으로 이르게 되는 지점은 퇴폐와 자멸 이외는 없다고 봅니다. 그리고 쾌락주의라고 하면, 현재의 일본에서는 여성은 물론이고 노인에 대해서도 성의 해방이 역설되고 일부에서는 현실적으로도 권장되어 왔는데, 과연 이것이 얼마만큼이나 인간 한 사람 한 사람의 생활 전체에 회귀되어 사람들의 삶 자체를 풍요롭게 해줄 수 있을까요.

쾌락주의와 관련해서, 사실 나는 세계 최고의 성전(性典)인 『카마스트라』를 낳았고 수많은 환희불(歡喜佛)을 보유한 인도문화에서 포르노그라피성 회화가 상당히 발달하지 않았나 하는 생각을 하고 있었습니다. 그러다가 우연히 세계 여러 국가들의 에로틱 아트를 수집해 놓은 책을 보게 되었는데, 그 책에서 일본의 우키요에(浮世繪)의 춘화가 세계 어느 나라의 춘화보다 압도적인 기법과 박력이 있고 걸출하다는 사실을 알게 되었습니다. 그 책에서 본 인도의 그림이나 중국의 그림은 의외로 치졸하고 촌스럽기까지 했습니다.

언젠가 우에노 선생은 어떤 에세이에서 보스턴 미술관의 소장

품에서부터 우키요에의 춘화에 이르기까지 종횡무진하며 분석하여 이 방면에서 쌓아올린 깊은 지식을 마음껏 발휘한 적이 있었지요. 그럼 여기서도 기회를 봐서 "'인간'을 넘어서" '늙음'의 문제를 생각하는 관점에서 우키요에의 춘화를 분석한다면 어떻게 될지 의견을 꼭 들려주십시오. 다니자키 준이치로(谷崎潤一郎)[1]의 『미친 노인 일기』를 참고할 필요도 없이, 늙음과 성은 왜곡되기 십상이긴 합니다만 결코 빼놓을 수 없는 주제이기 때문입니다.

안도 쇼에키(安藤昌益)[2]의 『자연진영도』(自然眞營道)[3]를 발굴해 내었고 구 제일고등학교 교장, 교토대학 문과대학 윤리학 교수와 학장을 지낸 가노 고키치(狩野亨吉)[4]도 은퇴한 후 만년에 은밀히 춘화를 수집했으며, 방에 틀어박혀서 직접 춘화를 그리기도 했습니다. 이 사실은 고바야시 이사무(小林勇)[5]가 『은둔자의 불길』에서 말하면서 세상에 알려졌는데, 이런 기괴한 정열은 흔히 젊은이의 성충동이나 장년·중년의 호색과는 다른 것이라고 생각됩니다.

그리고 일반적으로 포르노그라피나 춘화 하면 오로지 여성을 성적 노리개로 삼고 남성을 위한 것이라고들 하지만, 여성에게는 이런 포르노그라피나 춘화가 어떤 의미를 가질까요. 여성화가는 춘화를 그리지 않는 걸로 알고 있었는데, 앞에서

1. 1886~1965. 소설가. 독자적 문학세계를 전개한 소설가로 이상적 여성에 대한 동경을 예술적 경지로 승화시킨 작품이 다수 있다.
2. ?~? 철학자이며 사회사상가. 19세기 왕정복고운동의 선구자이고 유럽사상을 연구한 최초의 일본인 중 한 사람이다.
3. 무사계급의 폐지와 중앙정부가 직접 관리하는 농업평등사회를 주장한 책이다.
4. 1865~1942. 사상가, 교육자.

말한 세계 여러 나라의 에로틱 아트를 수집해 놓은 책에 우에무라 쇼엔(上村松園)[6]이 그린 춘화가 있어서 인식이 좀 바뀌었습니다. 혹시 이것은 예외적인 경우일까요.

인간생활에서 성이 갖는 중요성 하면, 금방 떠오르는 것이 '범성욕설'(凡性慾說)이라고까지 일컬어졌던 프로이트의 리비도론입니다. 재미있는 것은 프로이트보다도 3세기나 앞선 16~17세기의 신학자 얀세니우스[7]가 쓴 『아우구스티누스』(*Augustinus*)에 '세 가지 리비도'론이 나온다는 사실입니다. 감각의 리비도(libido sentiendi) 혹은 육욕, 지(知)의 리비도(libido sciendi) 혹은 호기심, 우월의 리비도(libido excellendi) 혹은 권력욕이 그것입니다.

이 세 가지 리비도 가운데 프로이트와 곧바로 연결되는 것은 감각의 리비도이며, 이와 달리 지배의 리비도는 인간활동의 본질을 권력욕 속에서 찾는 것으로서 프로이트의 제자 아들러의 이론과 연결됩니다. 그런가 하면 지(知)의 리비도는 구조주의의 등장과 함께 레비-스트로스나 푸코, 특히 푸코의 '지의 욕망' 이론과 결합됩니다. 아우구스티누스와 얀세니우스의 '세 가지 리비도'론은 파스칼의 『팡세』에서도 다음과 같은 형태로 커다랗게 그림자를 드리우고 있습니다. "무릇 세상에 있는 것은 육체의

5. 1903~81. 수필가. 이와나미 쇼텐(岩波書店)에 오래 근무한 편집인.
6. 1875~1949. 화가. 근현대 일본화의 거장.
7. Cornelius Jansenius, 1585~1638. 네덜란드의 신학자. 교부신학인 아우구스티누스의 가르침을 체계화하였다.

욕망, 눈의 욕망, 삶의 교만이다. 감각의 리비도(libido sentiendi), 지의 리비도(libido sciendi), 지배의 리비도(libido domi-nanndi)….”

지금 내가 옛날에 생각했던 파스칼이나 얀세니우스 등을 끌어낸 것은 다른 이유가 아닙니다. 이 세 가지 리비도 혹은 욕망이 삶의 근원에 있기 때문에, 파스칼이나 얀세니우스는 포르루아얄[1]적인 기독교의 입장에서 그것들을 인간불행의 최대 원인이라고 하였지만, 삶의 근원에 있는 그것들을 어떤 형태로든 유지하는 것이 나이가 들어서도 정신적인 젊음을 간직하는 방법이 아닐까 생각하기 때문입니다.

나 같은 사람은 하다못해 지적 호기심, 즉 지의 리비도만은 언제까지나 계속 간직하고 싶습니다. 다행히 잇달아 재미있는 것이나 열중할 수 있는 것이 생겨서 즐거운 비명을 지르고 있습니다(덧붙인다면 새로운 것에 대한 도전 역시 이 가운데 하나인데, 최근 반년 동안 나는 워드프로세서 사용법을 배웠고 이미 워드프로세서를 사용해서 400자 원고지로 환산하면 500매 이상의 원고를 썼습니다). 그런데 이 ‘세 가지 리비도’는 전혀 별개의 것이 아니고 근원에서 서로 연결되어 있기 때문에 그 각각으로는 성립될 수 없는 것이어서, 자칫 잘못하면 지적 호기심이 지배 리비도나 감각 리비도에 의해 발목잡힐 우려가

1. Port-Royal. 17세기 시토수녀회의 수녀원으로 문화운동과 신의 은총의 절대성을 주장한 얀센주의의 중심지였다.

있음을 느끼고 있습니다.

특별한 사람을 제외하고는 성적 욕망이라는 것은 웬만큼 나이를 먹게 되면 남은 불씨를 긁어모아 애써 살리려고 궁리할 필요가 생긴다고 할 수 있겠으나, 오히려 귀찮은 것은 지배 혹은 우월의 리비도입니다. 나이가 들어서도 성적 욕망을 관념적으로 지닌다는 것은 문화 혹은 물신숭배(fetishism) 속에서 살아가는 인간의 특징이라고 할 수 있겠지만 말입니다. 또 권력욕은 나이가 들면서 오히려 강해지는 사람이 많은 것 같더군요.

익히 알다시피 권력욕은 남성의 파로스(pharos)의 과시와 결부시켜서 생각되는 경향이 있는데, 이 역시 관념화된 성적 욕망의 또 다른 표출방식일까요. 또 노인의 권력욕 표출방식은 남성과 여성이 다른 것 같은데, 이처럼 남녀간의 표출방식이 다른 것 자체도 지금까지의 남성지배 문화의 산물이라고 우에노 선생은 생각하십니까? 그리고 권력욕의 표출방식은 서양사회와 (동아시아에 속하는) 일본사회가 반드시 같지는 않으며, 일본의 권력형태는 상대방을 감싸안는 여성적 원리의 개입이 좀더 크다고 여겨지는데, 어떻게 생각하십니까?

거듭 우에노 선생에게 여러 가지 문제를 던지는 식이 되어버렸습니다. 다른 방법으로는 좀처럼 제대로 다룰 수 없었던 문제들이었는데, 우에노 선생을 상대로 하다 보니 뜻밖에도 거침없이 나오는군요. 나 자신도 놀라고 있습니다. 그러니까 내가 던진 이런저런 문제를 일일이 다 대답해 주셔야 하는 것은 아닙니다.

올해 일본은 유난히 더운 여름이었습니다.

노지리호(野尻湖)에서 도쿄로 돌아와서
나카무라 유지로

늙음의 섹슈얼리티

나카무라 유지로 선생님

지금 막 런던에서 돌아왔습니다. 영국은 웅덩이같이 고인 시간이 반쯤 썩어버린 듯한 토지였습니다. 리버풀을 지나가면서 마주친 방치되어 있는 공장이며 노동자주택이 마치 폐허를 연상케 했습니다. 아아, 그 옛날 여기에 산업사회라는 것이 있었구나 하고 유적이라도 보는 듯한 기분이 들었습니다.

그전에는 아일랜드에 있었습니다. 진달랫과의 관목 히스보다 키가 큰 나무는 자라지 않는 황량한 북쪽 끝 해변에서, 이런 곳이라면 순수한 시간에 대하여 죽음에 대하여 진지하게 생각해 볼 수 있겠구나 생각하며 나카무라 선생님의 답장을 혹시나 하는 마음으로 기다리고 있었습니다. 인간을 거부하는 듯한 자연에는 어딘지 모르게 청아함이 깃들여 있습니다. 그 땅에서 창백한 앵글로색

슨 선조들은 양떼와 더불어 땅에 거의 밀착되어서 살고 있었습니다. 정말이지 아이리시 위스키라도 마시지 않으면 기나긴 겨울을 지내기에는 너무나 쓸쓸한 것 같은 메마른 토지였습니다.

저는 핵전쟁의 전야를 그린 영화 〈해변에서〉를 떠올렸습니다. 멈추어 있는 시간은 어디에서 끝나도 되는 시간입니다. 시작한 일이나, 못다 한 생각이나, 되돌릴 수 없는 회한 등이 순식간에 무의미해졌습니다. 저 자신이 정화되는 듯한 느낌이었습니다.

그런데 다시 일본입니다. 눈이 핑핑 돌 것처럼 빠른 속도로 내달리는 세속적인 시간 속으로 유유히 돌아왔습니다. 그리고 나카무라 선생님의 답장을 받았습니다.

으…음… 읽으면서 온몸에서 웃음과 힘이 솟구쳐 오릅니다. 나카무라 선생님의 어린아이처럼 생기 넘치는 호기심이 잰걸음으로 저리 튀고 이리 오지만, 저는 헐떡거리며 쫓아가는 것이 고작입니다. 큰소리로, 거기서 좀 기다려주세요, 그렇게 많은 짐은 다짊어질 수 없단 말이에요, 하고 외치며 주저앉아 버릴 것만 같은 저를 골목대장 아이 같은 얼굴을 한 나카무라 선생님이 싱끗 웃으며 돌아보고 계시는 듯합니다.

나카무라 선생님의 호기심은 어린아이같이 싱싱합니다. 저는 지난번에 자못 심각한 투로 편지를 쓴 것을 반성하고 있습니다. 아마 나카무라 선생님이 저보다 나이 많으신 분이라는 데, '늙음'과 '죽음'을 주제로 이야기한다는 데 대해 지나치게 긴장을 했었나 봅니다. 좋아요, 스타일을 바꾸겠어요. 여기는 일본입니다. 어차피 저는 1980년대를 사는 30대(아직은!) 여자입니다. 이에 걸맞게 기를 쓰지도 않고 자랑하지도 않도록 하겠어요——이렇게 자세를 바꿀 수 있다는 것이 장기간에 걸쳐 주고받는 편지형식의 좋은 점이지요. '영성'과 '초빈' 이야기는 아주 재미있었습니다. 역시 영성이란 심신이원론을 부정한 곳에서 성립하는 개념으로, '정신'의 문화적 대응물은 아닌 것 같네요. 미국인들이 '기'(氣)에 대해 이야기할 때마다 마치 저는 제 자신의 문화개념에 대한 이야기를 듣는 듯하여 묘한 거북함을 느꼈는데, 그들은 '기'를 'spirituality'라고 번역함으로써 자신들의 언어로 이해하고 있더군요. '영성'이 가마쿠라불교 이후의 선(禪)이나 정토종 등 바로 일본불교가 낳은 개념이라는 스즈키 다이세츠의 설도 들어보면 이해가 되기도 합니다. 역시 그렇구나.

'초빈' 풍습의 이야기도 잘 알겠습니다. 일본사람은 물리적으로 썩어가는 시체를 보지 않으면 죽음을 납득하지 않는 것 같아요. 저는 이전부터 일본사람은 아무래도 물질주의적인 민족이 아닐까 하는 생각을 하였습니다. '정신'과 '신체'의 이원론을 믿지 않는 이 민족은 '신체'를 넘어선 '정신'의 초월성 또한 믿지 않는 거지요. 지난 편지에서 말씀드린 '수직적 시간' 개념에서 일본사람에게 초월성이란 무엇일까를 생각하고 있던 저에게 이 이야기는 물음의 설정 자체를 허물어뜨려 버리는 것 같은 재미있는——어안이 벙벙해지는, 그러나 듣고 보니 별 것 아니구나 하는 너무나 당연한(나카무라 선생님의 이와 같은 논리의 설정방식이 너무도 멋있어서 참 보기 좋습니다)——이야기였습니다.

『나라야마부시코』에 대해서는 이론(異論)이 있습니다. 저는 이마무라 쇼헤이(今村昌平)[1] 감독이 만든 영화 〈나라야마의 발라드〉(The Ballad of Narayama)를 뉴욕의 링컨센터에서 보았습니다. 어느 역사학자가 저한테 이 영화를 보면 일본의 전근대 민속사회가 어떠하였는지를 잘 알 수 있으니 꼭 보라고 권하였습니다. 영화를 보고 난 후의 제 감상은 기묘하다고 표현할 수 있겠습니다. '근대영화'구나, 하는 것을 직감적으로 확신하였기 때문입니다.

오린 할머니의 윤리성, 낡은 것은 새 것에게 자리를 내주어야 한다는 시간의식, 시작과 끝의 의식(意識)의 통절함——노인을 갖다버리는 풍습이 설령 민속적 사실이라고 하더라도 이는 '전통사회'에서 일어났던 민속이라기보다는 급속하게 '근대'를 맞이하고 있던 해체기의 민속임에 틀림없다고, 비록 근거는 없지만 저는

1. 1926~ . 영화감독. 〈나라야마부시코〉 〈간장선생〉 〈검은 비〉 등 다수의 영화를 제작하여 외국에서도 높은 평가를 받고 있다.
2. 1875~1962. 민속학자. 일본 민속학의 창시자로 문화훈장을 받았다.
3. 야나기다 구니오가 이와테현(岩手縣) 도노(遠野)에 전해지는 민화 119개를 모아서 엮은 책으로 1910년 간행되었다.

그렇게 확신하였습니다. 그렇지 않다면 이것은 '근대'의 시각이 만든 '전근대'의 모습이 분명하다고 말입니다. 야나기다 구니오(柳田國男)[2]가 보았던 민속사회가 '근대'로 가는 문을 눈앞에 두고 급속하게 해체되어 나가던 전통사회였던 것과 마찬가지로, 야나기다가 남긴 민속지(民俗誌)를 무(無)시간적인 전통사회의 습속이라고 말한다면 그것은 지나치게 단순한 견해이지요. 『도노모노가타리』(遠野物語)[3] 역시 그와 같은 역사적인 시간 속에 있습니다. 우리가 수집할 수 있는 자료는 해체기 민속사회의 역사적 현실임에 틀림없습니다.

그래도 참으로 미묘하더군요. 뉴욕 링컨센터의 어둠에 몸을 담그고 외국인들에게 둘러싸여서 〈나라야마부시코〉를 본 나의 느낌은 이토 세이하고도 달랐고 미시마 유키오하고도 달랐습니다. 일본 농촌의 빈곤함과 비참함을 일류 리얼리즘의 칼라영상으로 그려낸 이마무라 감독에 대하여, 모종의 일본사람들이 외국에서 품기 십상인 '이건 국가의 창피거리야!' 하는 느낌을 단 한번도 가진 적이 없었습니다. 그렇다고 "아아, 이것이 진정한 일본인이구나"라고 말한 이토 세이와도 같지 않고 "일본에서 태어난 것이 너무나 지겨워진다"고 한 미시마 유키오하고도 같지 않았습니다 ─ 사실 두 사람은 동일한 것의 양면을 말하고 있는 데 지나지 않습니다. 저의 소감은 이랬습니다. "이것은 나와 다른 시대의 다른 일본의 모습이구나."

말씀하신 대로 우리는 오린 할머니의 죽음과 같이 죽을 수는 없습니다. 분명히 오린 할머니의 윤리성은 일본인의 '미의식'에 걸맞은 것입니다. 오린 할머니로 나온 사카모토 스미코(坂本スミ子)[1]의 연기는 압권이었습니다. 그러나 그 윤리성은 너무나 결백하여서 저에게는 왠지 근대인의 도덕이 떠올랐습니다. 오린 할머니는 최초의 근대인이다, 거의 이렇게 외치고 싶을 정도였습니다. 그래도 그 윤리성은 지금으로서는 신화적인 과거가 된 '시민사회'의 결백성과 통한다고 할 수 있겠습니다.

'미의식' 또한 역사적인 것입니다. 한 시대의 사람이 그것을 위해 죽을 수 있었던 '미의식'으로 다른 시대의 우리는 죽을 수 없습니다. 저는 '역사'가 되어버린 것을 스크린에서 보면서 마치 외국인처럼 그것을 바라보았던 것입니다.

'미의식'은 윤리적인 것일지라도 역시 초월적인 종교성과는 다릅니다. 미의식의 바로 뒷면에 쾌락주의가 붙어 있음은 선생님께서 지적하신 대로이라고 생각합니다. 저는 종교적이라기보다 심미적이고, 금욕적이라기보다는 쾌락주의적이고, 게다가 초월적이라기보다는 세속적인 인간이므로 정말이지 스스로 일본사람이라고 진심으로 감동하고 있는 인간인데, 그런 제가 섹슈얼리티에 대한 관심에서부터 시작하여 언제부턴가 에도시대의 포르노그라피로 연구대상을 바꾼 것을 제 스스로도 재미있는 관찰사례인 양 바라보고 있습니

---

1. 1936~ . 여성 영화배우.

다. 제가 아는 성학자(性學者, sexologist)가 "과거에 '성학'(性學, sexology)은 대중에게 알려진 사람이 하는 학문이었지요"라고 말한 이유를 최근에 비로소 조금씩 알게 되었습니다. 포르노그라피는 욕망의 연장, 욕망의 수단과 목적의 도착(倒錯), 욕망의 물신화(fetish)이기 때문에 욕망 자체는 아닙니다. 욕망의 직접적인 충족은 발정기의 젊은이에게나 맡겨두면 되겠지요. 저는 욕망 자체가 아니라 욕망이 낳은 판타지(즉 문화표상) ──혹은 그것의 결여 ──에 흥미가 있습니다. 인간을 속박하고 움직이는 것은 욕망 그 자체가 아니라, 욕망의 판타지이기 때문입니다. 그리고 문화와 역사에 의한 판타지의 차이 그리고 여자와 남자의 차이와 그것이 만들어내는 희비극에 흥미가 있습니다. 판타지는 교양의 산물이기 때문에 나이를 먹을수록 고도화되는 ──혹은 저급한 수준의 판타지에는 쉽사리 속아넘어가지 않는 ──것은 당연하지 않을까요?

일본의 춘화는 확실히 다른 나라들의 춘화와 비교하면 뛰어납니다. 인도나 중국의 춘화도 도식적이고 너무나 치졸해 보인다는 말씀은 맞는 이야기입니다. '심신이원론'이 없는 곳에서는 생사의 관념뿐 아니라 또한 '성애'(性愛)의 관념도 아주 다르지 않을까요. 저는 일본 춘화의 압도적인 리얼리즘과 미적 달성은 종교적인 초월성이 완전히 결여된 세속성에서 비롯되었다고 봅니다. 춘화책을 보면 여자든 남자든 "당신한테 반했다"는 말이 반복해서 나오는데, 여기에는 I love you와 I want you의 구별이 없습니다. 이런 세속적인 정욕——우리말에서는 '정'(情)과 '욕'(欲)이 일체가 되어 있습니다——의 세계가 저에게는 오히려 깨끗해 보입니다. 메이지시대[1]의 '연애지상주의자'들이 '영'(靈)과 '육'(肉)의 상극 따위의 아이들 장난과 같은 근대주의적인 고민으로 괴로워한 것이 오히려 외설적이라고 느껴질 정도입니다.

나카무라 선생님, 성(性)의 리비도는 지(知)의 리비도나 권력의 리비도와 달리 나이가 들면 약해진다고 생각하시는 모양인데, 과연 그럴까요? 저는 그렇지 않은 예를 많이 보고 듣고 있는지라 그렇게 생각하지 않습니다. 형태를 바꾸는 경우는 있어도 약해지는 것은 아니지 않을까요? 혹은 "나이가 들면 성의 리비도는 당연히 약해진다"는 문화적인 관념이 압도적으로 작용하여 성의 리비도의 존재를 볼 수 없게 만들어버린 것은 아닐는지요. 오히려 저는 중년의 섹슈얼리티의 실감을 나카무라 선생님께 여쭈어보고 싶답니다. 나카무라 선생님이 일흔 혹은 여든 잡수신 호색꾼 할아버지라면 함께 음담패설을 할 수 있어서 재미있으련만.

여성의 성욕도 노인의 성욕과 공통점이 있다고 할 수 있습니다. 그것은 단지 "있을 리가 없다"고 생각해 왔기 때문에 보이지 않았던 데 불과한 것 아닐까요. 지금 많은 페미니스트 아티스트들이 봇물 터지듯 자신의 성적인 판타지나 때로는 강박관념을 표현하느라 여념이 없습니다. 다만 이런 현상은 지금까지 표현을 금지당해 왔기 때문이 아닐는지요.

이렇게 말하는 것이 라이흐(Reich)[2]나 마르쿠제(Marcuse)[3]류의 "냄새나는 것을 덮어둔 뚜껑"을 열기만 하면 해방된다는 바로 억압 이데올로기의 뒤집기에 불과하다는 것을, 물론 잘 알고 있습니다. 금욕적 도덕의 억압에서 해방되는 순간, 여자와 노인은 "더욱더 섹스를!"이라는 역(逆)억압에 직면할지도 모르기 때문입니다. "냄새나는 것을 덮어둔 뚜껑"을 연다고 해서 냄새나는 것이 갑자기 '향기로운 것'으로 변할 리 없습니다. 그러나 시계추의 이쪽 끝과 저쪽 끝을 왔다갔다한 다음에 비로소 노인이나 여자의 섹슈얼리티가 어떤 것이며 또 그것이 지금까지 알려져 있던 남자의 섹슈얼리티와 어떤 점이 같고 어떤 점이 다른지를 마침내 알게 되는 것 아닐까요. 그리고 이 영역——저 자신은 당연히 '노인'인 '여자'가 되어가고 있습니다만——도 이제부터 헤치고 나가는, 가슴 두근거리게 하는 미지의 영역이겠지요.

나카무라 선생님의 '지의 리비도'는 정말 왕성하시네요. 워드프로세서로 작성하신 원고를 받고 놀랐습니다. 반년 만에 사용법을 익히시고 벌써 600매나!? 저는 아직 워드프로세서의 사용법을 완전히 익히지 못했습니다. 늘 허겁지겁 시간에 쫓길 정도로 바쁜지라 그럴 여유가 없습니다. 그렇다고 해서 제가 저 옛날의 러다

1. 1868~1912년. 도쿠가와 막부의 봉건체제를 타파하고 천황을 정점으로 한 입헌정치체제를 실현하고 산업화를 추진하였다. 국민국가적 체제를 갖추면서 제국주의 국가의 일원이 되었다.
2. 1897~1957. 오스트리아의 정신분석학자. 『파시즘의 대중심리』 『성격분석』 등의 저서가 있다.
3. 1898~1979. 철학자. 독일출생으로 미국에 이주하여 헤겔철학을 연구하였다. 『이성과 혁명』 『에로스와 문명』 『유토피아의 종언』 등의 저서가 있다.

이트[1] 운동가들처럼 워드프로세서를 혐오하는 것은 아닙니다. 문단에서 발빠르게 워드프로세서를 도입하여 소설을 쓰기 시작했을 때, 어느 작가가 워드프로세서의 영향으로 작품이 '기계적'으로 되는 것은 아닌가 하며 비평하는 말을 듣고 저는 그 비평가의 '신화적 사고'에 어이가 없어 그만 질려버렸습니다. 이런 미개한 사고 방식을 듣고 있노라면, 가라타니 고진(柄谷行人) 선생이 "자연이란 시대에 뒤떨어진 테크놀로지를 가리키는 또 다른 말에 불과하다"고 하신 명대사가 저절로 떠오릅니다. 워드프로세서로 쓴 편지는 쌀쌀맞아서 싫지만 깨끗하다고 말하던 사람이 아무렇지도 않게 볼펜이나 만년필로 편지를 쓰는 주제에 말입니다. 그들 혹은 그녀들일지라도 이제 와서 편지는 닥나무종이에 붓으로 써야 한다고 말하지는 않을 테지요.

나카무라 선생님은 "'인생 80년 시대'가 되어 가장 심각한 문제는 정열을 쏟을 대상을 도중에서 잃어버리거나 없어지는 것 아닐까 생각합니다"라고 쓰셨지요. 저에게도 이 문장은 무겁게 느껴집니다. 이제까지 제 인생에서 가장 큰 공포는 지금 내가 흥미롭게 즐기고 있는 것에 대해 언제 흥미를 잃게 될까 하는 것입니다. 저는 다른 사람보다 쉽게 싫증을 내는 성격이기 때문인지도 모르겠지만, 그렇지 않더라도 '인생 80년' 동안 한 가지의 흥미에만 자신을 붙들

1. Luddite Movement. 산업혁명 당시 1810년대 영국의 중부와 북부의 방적업 지대에서 일어난 기계파괴 사건이다. Luddite는 Ludd라는 지도자의 이름에서 유래되었다.

어 매어두기란 어느 누구라 해도 불가능하다고 생각됩니다. '오직 한 길로 80년'이라는 것을 가질 수 없게 된 시대가 아닐까요. 아무리 생각해 봐도 80년은 너무나 깁니다.

해외유학의 기회를 얻었을 때, 게으름뱅이에다 어학공부를 싫어하던 저는 망설임 끝에 존경하는 S선생님께 의논을 하러 갔었는데, 그때 S선생님이 하신 말씀을 잊을 수가 없습니다.

"인간은 웬만하면 죽지 않게 되어 있으니까. 이런 시대는 좁고 깊게보다는 넓고 얇게 참고 견딜 수밖에 없어요. 주저하지 말고 가세요."

다소 독기와 체념이 함께 밴 S선생님의 이같은 탁견이 저를 밀어주는 큰 힘이 되었습니다.

그리고 S선생님은 이런 말씀도 하셨습니다.

"자신 속에 '의문'이 없어지면 학문은 끝이지요."

그러고 나서 우리는 아무개씨는 몇 살에 학자로서의 생명이 끝났다는 등의 심한 말을 주고받았습니다. 희대의 식자이신 S선생의 입에 오르면 누구나 뼛속까지 폭로되어서 도망가 숨을 여지도 없어지게 마련입니다. "나는 프로이기 때문에 그것을 알지요" 하고 선생님은 말씀하셨습니다.

저는 공포를 견디지 못해서 그만 물어볼 수밖에 없었습니다. 선생님! 저는 언제까지 '의문'을 가질 수 있을까요? 하고 말입니다.

"아, 자네. 자네는 괜찮아요. 자네 안에서 '의문'은 없어지지 않을 거야."

　S선생님은 임기응변으로 상대방에게 위안의 말을 하시는 분이
아니기 때문에, 제 자신의 유치함을 원망하면서도 선생님의 대답에
내심 안도의 숨을 내쉬었던 일을 어제 일처럼 기억하고 있습니다.

　그래서 저는 연구자의 50대, 60대를 마치 제 일처럼 물끄러미
바라보고 있습니다. 그 사람이 학문에 입문한 다음에 비록 '권력의
리비도'가 아무리 충분히 채워졌다 해도 '지(知)의 리비도'가 좌절
하여 끝나버렸다면. 옆에서 보아서는 모르겠지만 당사자는 얼마
나 괴로울지 생각해 보았습니다. 오히려 나카무라 선생님이 "대다
수의 학자가… 상당 정도의 인정을 받으면, 본래의 지적 활동을
정지해 버리고, 또한 종종 즐겨서 학내 행정이나 정치에 열중하게
된다"고 지적하신 말씀은 '이상하다'기보다는 저에게는 오히려 아
이덴티티(identity)의 공백을 메우기 위한 보상행위가 아닐까 하
는 생각이 듭니다. 아마도 그런 사람은 "학자가 된 것이 길을 잘못
든 것" 같다고 생각하지만, 현실적으로 많은 사람들이 길을 잘못
들어서 학자가 되곤 하지요. 게다가 누구나 vocation(천직)을 얻
게 되는 것도 아닙니다. 저도 길을 잘못 들어서 학자가 된 경우이
므로 남의 일이라고 생각할 수는 없습니다.

　나카무라 선생님은 "학자의 경우에는 본래 관심 있는 주제의
상실이란 것은 있을 수 없는 일입니다"라고 말씀하셨습니다. 저에
게 '주제의 상실'은 없었지만, '주제의 변화'는 있었습니다. 예전의

흥미는 지금의 흥밋거리가 아닙니다. 그것은 또한 앞으로의 흥밋거리로 이어질지 아닐지도 알 수 없습니다. 아니, 이 정도가 아니라 요즈음 저는 10년에 한번 정도 직업을 바꾸는 것이 좋지 않을까 하는 생각까지 해보았습니다. 80년은 너무나 긴 세월이니까요.

나카무라 선생님은 관심 있는 주제의 폭넓음과 다양성 면에서는 타의추종을 불허하시는 분이니까요. 그때 그때의 주제에 열중하시는 모습은 저 또한 그렇게 되고 싶다는 생각을 품게 해주는 모델 가운데 하나입니다. 그러한 얽매임이 없는 것은 '이 길 오직 한 길'이라고 믿어버리는 데서 벗어났기 때문이라고 생각하신 것 아니십니까?

그래도 역시 좀 걸리는 것이 있습니다. 나카무라 선생님은 "살아 있는 동안만은 어쨌든 건강하고 정신이 혼미해지지 않고 자신의 일에 정열을 쏟고 싶습니다"고 쓰셨습니다. 물론 저도 그렇게 되기를 바라긴 하지만… 치매의 발현율은 그 나이의 모든 사람이 확률적으로 걸리는 것이 아니라, 치매에 걸린 사람은 걸릴 만한 이유가 있고 지적인 활동을 계속하는 사람은 일반적으로 치매에 잘 걸리지 않는다는 것도 알고는 있지만… 그래도 치매에 걸리는 것, 쇠약해지는 것, 자유스럽지 못하게 되는 것은 좋지 않은 일일까요? 치매에 걸리는 것이 나쁜 일이라면 병에 걸리는 것도 나쁜 일이라는 생각이 듭니다. 물론 두 가지 다 환영하고 싶지 않은 일임에는 틀림없지만, 살아 있는 존재인 인간이 불가피하게 경험하는 쇠약이 '늙음'이라는 것이라면 심신의 쇠약을 그대로 긍정하는 사상을 취할 수는 없을까 하는 생각이 들어서 모색하고 있습니다. 나카무라 선생님께 노인성치매에 대한 생각을 더 여쭈어보고 싶습니다.

편지라는 게 참 좋은 것이네요. 이야기하는 상대방의 모습을 선명하게 떠올릴 수 있습니다. 저의 물음이 허공에 퍼져 사라지는 허망함을 느끼지 않아도 되니까요. 이런 방식에 이제 겨우 익숙해졌습니다. 1회전뿐이라고 생각지 않아도 되니까 좋군요. 하나의 물음을 한번에 다 답해 주지 않으셔도 ─ 답변이 나오지 않더라도 어찌 되었든 삶은 계속되고 있습니다 ─ 생각나는 대로 아무 방향으로 이야기를 펼쳐나가도 된다고 생각하니 마음이 훨씬 홀가분해졌습니다.

이번에는 어떤 공이 돌아올지, 즐거운 마음으로 기다려집니다.

늦더위가 느껴지는 교토에서
우에노 치즈코

역광으로 내리쬐는 빛

우에노 치즈코 선생님

벌써 다섯번째의 편지를 받았다는 것도 있지만, 이번에는 내가 쓸 차례라고 마음을 먹고 있었기 때문에 아주 많은 날들이 지난 것 같습니다. 사실 9월부터 10월에 걸쳐서 우리 집에 전혀 예기치 못했던 일이 생겨 생활의 리듬이 깨져서 당분간 우리가 주고받는 편지 쓰는 일에도 신경을 쓸 수 없게 되었기 때문입니다.

다행히 지금은 그 일도 그럭저럭 일단락지어졌습니다. 어떤 일이 있었는지 편지에 쓰기에는 좀 뭣하지만, 우리가 주고받고 있는 편지의 주제와 적잖이 관계가 있는 것이라, 만약 어떤 방식으로든 기록을 해두기로 한다면 다른 어느 곳보다 이 편지에 쓰는 것이 낫다고 판단했습니다. 그렇지만 그 일에 대해서는 나중에 쓰기로 하고, 먼저 이 다섯번째 편지에서는 우에노 선생이 던진 질문에 답을 하기로 하지요.

나를 상대로 한 공개 왕복서간이라는 형식에 대해, 우에노 선생은 처음에는 자신의 원래 속도대로 진행하지 못했던 것 같은데 점차 원래의 리듬을 찾아가는 것 같네요. 다섯번째 편지에서는 몇 가지나 상당히 어려운 공이 되돌아 날아왔습니다. 무엇보다 그중에는 좀 오해가 있는 듯한 이야기라고 생각되는 것도 있었습니다. 되돌아온 공의 하나로 "『나라야마부시코』에 대하여는 이론(異論)이 있습니다"라고 쓰셨는데요, 그 이유를 적은 뒷부분의 글을 아무리 읽어도 도대체 우에노 선생이 쓴 내용이 왜 다른 의견인지 잘 알지 못하겠습니다. 그래서 내가 쓴 네번째 편지를 다시 읽어 보았습니다. 우에노 선생에게서 '이론(異論) 있음'이라는 반응을 일으킨 나의 말 혹은 나의 생각은 무엇이었나 생각해 보았습니다. 다시 읽어보고 마침내 깨달았는데, 우에노 선생의 '이론 있음'은 "후카자와 시치로의 소설 『나라야마부시코』의 출현은 근대주의적인 사조가 강했던 당시 일본에서 매우 충격적이었다"는 나의 말 때문이었던 것 같군요. 왜 이렇게 생각하게 되었는가 하면, 우에노 선생이 미국 유학중에 뉴욕 링컨센터에서 외국인들에게 둘러싸여 영화 〈나라야마부시코〉를 보고 "'근대영화'라는 걸 직관적으로 확신하였다"고 적었기 때문입니다. 그러나 잠깐 기다려 주십시오. 내가 "근대주의적인 사조에 충격을 주었다"고 말한 것은 이마무라 쇼헤이 감독의 칼라로 된 리얼리즘 영화 〈나라야마부시코〉가 아니라 후카자와 시치로의 소설 『나라야마부시코』이기 때문입니다.

이런 말을 하면, 쓸데없이 세세한 일까지 들추어 간섭하는 것처럼 들릴지도 모르겠습니다. 그렇지만 결코 그런 것은 아닙니다. 왜냐하면 나의 생각을 말하자면 소설 『나라야마부시코』가 강한 충격력을 가진 것은 '노파 버리기'라는 소재 때문이 아니고, 그 이상으로 설득력 있는 방식으로 그 사건에 현실감을 부여한 것은 후카자와 시치로의 문체이기 때문입니다. 굳이 여기서 문학론을 논하고자 하는 것은 아닙니다. 그보다는 우에노 선생도 동감하신 일본인의 '영성'이라는 인식방법에 대응하는 현실에 후카자와 시치로의 소설문체가 실로 딱 들어맞기 때문입니다.

〈닛폰 곤충기〉(1963년) 〈신들의 깊은 욕망〉(1968년) 등을 만든 이마무라 쇼헤이는 일본영화계의 탁월한 감독임에 틀림없습니다. 그렇지만 아무리 컬러로 된 리얼리즘 영화 〈나라야마부시코〉가 외국에서 평판이 좋았고 상을 받았다고는 해도, 후카자와 시치로의 원작과는 그야말로 비슷한 듯하지만 전혀 다릅니다. 그 점에서는 우에노 선생이 이 영화를 보고 '근대영화'라는 걸 직관적으로 느낀 것은 옳았다고 생각합니다. 어쨌든 영화만으로 『나라야마부시코』를 '근대주의'라고 단정하지 말고 가까운 시일 안에 꼭 후카자와 시치로의 원작소설을 읽어보십시오.

우에노 선생으로부터 어려운 공이 되돌아왔다는 것은 다음 두 가지와 관계가 있습니다. 하나는 성적 욕망 혹은 감각의 리비도는

지의 리비도(지적 호기심)나 지배의 리비도(권력욕)와 달리 나이를 먹으면 약해진다고 보는 것 같은데 정말로 그렇게 생각하느냐는 물음입니다. 이런 이야기가 되면, 아무래도 나 자신을 드러내지 않을 수가 없습니다. 전부터 생각하고 있던 것, 내 몸으로 느끼고 있는 것을 쓰기로 하지요.

최근 몇 년 동안 욕망론이 성행하게 되었고 일반적으로 동물적인 자연의 산물로서의 욕구와 인간 특유의 문화적 산물로서의 욕망을 구별하게 되었습니다. 인간의 경우에 좀 성가신 것은 양자가 중복되는 방식으로 욕망을 형성하고 있다는 점입니다. 동물적·본능적인 욕구 쪽은 자연적·생리적 나이에 좌우되는 면이 크고, 따라서 나이가 들면서 눈에 띄게 쇠약해집니다. 이에 비해 인간적·문화적인 욕망 쪽은 관념이나 이미지에 의해 힘들여 생겨나고 유지되기 때문에, 직접적인 형태로 자연적·생리적 나이에 좌우되지는 않습니다. 그래서 개인차나 경우의 차이가 크게 작용하게 되는 것이라고 봅니다.

인간의 성적 욕망이 이러한 것이라고 한다면, 이에 비해 권력욕(지배의 리비도)이나 지적 호기심(지의 리비도)의 경우는 어떨까요. 프로이트가 리비도의 근원을 성적 욕망에 두었다면 아들러는 그것을 권력욕에 두었다는 것은 잘 알려져 있습니다. 그만큼 권력욕 역시 삶의 근원과 관련되어 있고, 동물적·본능적 욕구에 기초를 두고 있다고 말할 수 있겠지요. 이 권력욕과 관련하여 놀라운 사실은 이른바 정치가의 경우가 아니라 대학이나 학회관계의 여러 조직에서 우연히 간부가 된 사람이 그때까지는 주위사람이나 정작 자신도 알지 못했을 정도로 엄청난 능력과 정열을 쏟아서 관리·지배의 직무를 수행하는 경우가 많다는 것입니다.

이처럼 권력욕도 역시 동물적·본능적인 욕구에 기초를 두고 있다고는 하지만, 성석 욕망에 비하면 그 관계가 잘 보이지 않습니다. 따라서 여기에는 관념이나 이미지가 작용할 여지가 한층 더 크다고 할 수 있겠습니다. 정치의, 다시 말해서 타인을 지배하고 움직이는 즐거움은 일단 맛보면 결코 잊을 수 없다고 하더군요.

마지막으로 지적 호기심 말입니다. 이 지적 호기심(지의 리비도)은 동물적·본능적인 욕구와의 관련성이 가장 간접적이고, 따라서 관념이나 이미지에 의해 생기고 유지되는 경우가 가장 많습니다. 프로이트가 인간의 학문활동이나 예술활동을 성적 에너지의 승화라고 파악한 것도 이와 같은 간접성, 단절성을 인식한 다음에 다시 한번 성적 에너지와 연결시키려고 했기 때문이라고 생각합니다.

이렇게 생각해 본다면 마찬가지로 리비도라 하더라도 감각 혹은 성의 리비도, 즉 성적 욕망과 지배의 리비도(권력욕)와 지의 리비도(지적 호기심)는 자연히 다른 특징을 갖고 있다는 것을 알 수 있습니다. 그리고 지적 호기심이라 하더라도 특별히 그것 자체만으로 완전히 자립해 있는 것이 아니라 신체적·생리적인 기초 위에 성립해 있고, 따라서 실제로는 성적 욕망으로 환류하는 면이 있다는 것이지요.

　　그런데 우에노 선생은 나이가 들면 성적 욕망이 약해진다는 것은 일종의 고정관념이 아닐까, 신화에 불과한 것이 아닐까, 그렇지 않은 사례를 너무나도 많이 알고 있다고 하셨지요. 분명히 '늙음의 섹슈얼리티'에 대해서는 지금까지 정당하게 고찰되는 경우가 많지 않았습니다. 늙음이란 시드는 것이고 늙음의 아름다움은 시들어버린 아름다움에 있다고 간주해 버리는 풍조가 강했다고 말할 수 있습니다. 어쨌든 일본어의 '가레루'(枯れる)에는 "인격이나 예술에 겉치레나 군더더기가 없어지고 원숙미나 차분함을 가지는 것"이라는 의미도 있을 정도이니까요. 그건 그렇다고 치고, 우에노 선생도 좀 경계하고 있는 바와 같이 앞에서 언급한 신화를 뒤집어보는, 즉 반(反)신화도 상당히 횡행하고 있는 것 아닐까요.

　　인간은 누구나 얼마간 허영심과 자기과시욕을 지니고 있으며 특히 성(性)적 능력은 곧바로 생명력 자체와 이어져 있기 때문에 쇠약함과 약함을 타인에게 보이고 싶어하지 않는 편입니다. 더욱이 노쇠의 어떤 형태에는 생명력의 부분화·단편화가 관념의 고착화와 연결된 결과에 따른 성적 욕망의 증진에 있다는 사실이 의학적으로 밝혀지고 있습니다. 『섹시걸 대연구』(光文社)의 저자인 우에노 선생은 아마도 "요즘의 반(反)신화를 걱정할 것이 아니라

기성 신화의 파괴를!"이란 전략을 취하고 있다고 여겨지지만, 오늘날의 일본에서는 해방이라고 착각하고 있는 '성의 범람'이 실로 에로스를 너무나 심하게 희석시켜서 희박하게 만들고 있는 것은 아닌가 하는 생각이 듭니다.

내가 "해방으로 착각하고 있는 '성의 범람'"이라고 말했을 때 염두에 둔 것은 샐러리맨을 대상으로 한 주간지나 여성주간지, 전철역에서 파는 석간지, TV 심야프로, 포르노 비디오 종류들입니다. 새삼스럽게 이와 같은 것들이 윤리나 도덕 면에서 발칙하다든가 단속해야 한다는 따위의 말을 하려는 것은 아닙니다. 오히려 내가 문제로 삼고 싶은 것은 이런 종류에서 성을 다루는 방식이 지나치게 부분화되고 국소화되어 유머를 결여하고 있다는 사실입니다. 지금 이렇게 쓰다 보니 문득 떠오른 것인데, 서양의 중세의학에서 유머는 원래 체액(體液)을 의미했다고 하더군요. 그러나 여기서 체액이란 오늘날 항간에서 회자되고 있는 것을 가리키는 게 아니고, 어느 누구도 대신할 수 없는 인간 개개인의 전체적인 기질에 관한 것이었습니다.

내가 보기에는 성이나 체액도 부분화되고 국소화됨으로 해서 그 표현 또한 너무나도 거칠고 서글프게 변질되어 버렸습니다. 이는 성의 상품화와도 밀접한 관계가 있다고 생각합니다. 다시 말해서 어떤 의미에서 인간은 부분화되지 않으면 물체로서나 상품으로서 매매의 대상이 될 수 없기 때문입니다. 인간에게는 양도

(alienate)할 수 없는 것이 있고, 바로 그것이 개개인을 전체적으로 참 인간답게 하는 것이라는 점은 홉스나 루소가 근본적으로 가지고 있던 인간관이었습니다. 이것은 단순히 근대적인 인간관에 국한된다기보다 좀더 넓게 통용되는 중요한 원리라고 할 수 있습니다. (조금 전에 내가 섹스에 대하여 감히 에로스라는 말을 꺼냈던 것도 섹스가 부분적이고 국부적인 데 비해, 여기에서 말하는 에로스는 온몸에 해당되는 것이기 때문입니다. 미야사코 치즈루(宮迫千鶴)[1] 선생과 함께 그 이름도 『다형도착』(多型倒錯)라고 붙인 장편대담을 하신 우에노 선생에게 이런 말을 한다는 것은 석가모니에게 설법을 하는 격이 되겠지만 말입니다.)

그런데 다음으로 문제가 되는 것이라고 할까, 우에노 선생에게 대답해야 하는 것은 성·지배·지의 리비도, 이 세 가지 리비도는 상호 어떤 관계가 있는가 하는 것입니다. 특히 노년기에 이 세 가지 리비도는 서로가 서로를 보강해 주는가, 아니면 어느 것이 강해지면 다른 것은 약해지는가 하는 문제입니다. 확실히 무척 어려운 문제입니다. 나 자신의 문제이기도 해서 마음에 걸렸던 것은 분명하지만, 특별히 곰곰이 생각해 본 적은 없었습니다. 이런 종류의 문제는 개인차가 크고 일반적인 답이 쉽게 나오기 어렵거니와, 설령 깊이 생각을 하여 어떤 결론을 냈다고 하더라도 그대로 자신이 행동할 수 있

1. 1947~ . 화가. 회화작품활동과 더불어 저술활동도 하고 있다.

는 것도 아니기 때문입니다.

그렇다고 하더라도 생각해 볼 가치는 아주 큰 문제이므로 이 기회에 생각해 보기로 하지요. 나 자신에게도 어떤 좋은 실마리가 주어질지도 모르기 때문입니다. 학문을 하고 있는 한 사람으로서 예전부터 궁금하게 여기던 것이 있었는데, 바로 학승(學僧)이라는 존재와 제도입니다. 학승은 불교에도 있지만, 독신을 관철한다는 것으로 제도상 철저한 것은 카톨릭의 학승입니다. 일반사람의 경우에는 젊은 시절에 오로지 학문에 몰두하려고 하면 결혼생활이 번잡스럽게 여겨지는 일이 종종 있습니다. 이런 면에서만 본다면 카톨릭의 학승은 매우 능률적으로 되어 있다고 할 수 있습니다.

학승으로서 독신을 관철하지 않는다고 하더라도, 어떤 의미에서 학승에게는 금욕이 필요하다는 것은 부정할 수 없겠지요. 그러나 또한 금욕적인 생활뿐이라면 창조의 뿌리를 시들어 버리게 하는 결과를 가져옵니다. 창조가 이루어지기 위해서는 감각적 혹은 성적인 리비도의 도움을 빌릴 필요가 있지요. 학자와 대비하여 말하자면, 일반적으로 예술가는 금욕보다 방탕에서 얻는 바가 크다고 생각되는 것도 바로 이런 점을 나타내고 있습니다. 나 같은 사람은 정신을 차려보니까 감각이나 연극 등의 영역에서 철학을 하고 있어서 논리주의적인 철학의 전통에서 보면 그야말로 방탕자로 보였는지도 모르겠습니다.

이러한 방식으로 이야기를 하다 보면 한이 없으므로, 문제의 핵심에 접근하기 위하여 작년 어느 대학병원의 '인간도크'에 들어갔을 때 받았던 성인병과 노화방지 팜플렛에 씌어져 있는 상당히 유쾌한 통계 이야기를 한번 해보겠습니다. 그 팜플렛에 의하면 남자에게 나이 마흔은 하나의 도달점이자 출발점이라고 합니다. 20대는 "아직 진짜 인생이 아니고", 30대는 "사회적 신분이 안정되는 시기"이며 "마음의 내부에 존재하는 소리 없는 소리가 표면화되고… 권력이나 압력에 신경을 곤두세운다"고 씌어져 있었습니다. 이에 비해 40대는 "이것이 예전에 내가 꿈꾸던 것이었던가?"라고 생각하는 "모순의 자각, 반성과 실망, 체념과 재출발"의 시기에 해당한다고 합니다.

20대, 30대, 40대를 이와 같이 파악하는 방식은 아마 미국의 일반독자를 대상으로 하는 의학서 같은 데서 인용한 것이겠지만, 나름대로 기준이 되는 것을 나타내었다고 생각됩니다. 그렇지만 내가 '유쾌한 통계'라고 말한 것은 이 대목이 아닙니다. 그 팜플렛의 끝부분에 "뇌기능을 유지하기 위하여"라는 항목이 나오는데, 다음의 다섯 가지를 순서대로 효능이 있다며 권장하고 있는 점입니다. ① 걸 헌트(girl hunt) ② 악기(연주) ③ 창작 ④ 음악(듣기, 노래하기) ⑤ 돈벌기 순이더군요. 이 역시 미국에서 직수입한 권장사항이라는 것은 영어발음 그대로 '걸 헌트'라고 씌어진 데서 분명히 드러납니다. 굳이 일본어로 번역하자면 '여자와 놀기' 정도가 되겠지요.

그건 그렇다 치고 이 권장사항은 한마디로 감각적 혹은 성적 리비도의 자극이 지(知)의 리비도를 강화한다는 것을 보여주고 있습니다. '걸 헌트' 다음으로 나오는 ②와 ④는 음악에 의해 감각의 샘에 잠기는 것이고 ③은 손으로 만드는 도예나 기타의 일을 가리키는 것이겠는데, 마지막 다섯번째로 돈벌기가 나온다니 그야말로 걸작입니다. 하기는 '걸 헌트'에서 시작하여 돈벌기로 끝나는 매뉴얼은 일본의 성인병 적령기(?) 사람들이 이미 실천하고 있는 바이지요. 아니, 더 정확하게 말한다면 ①과 ⑤ 사이에 골프와 테니스 같은 운동이 들어가겠고 여성이라면 에어로빅(?) 같은 것이 들어 있겠지요.

또 이야기가 횡설수설해졌습니다. 나의 한정된 지식과 경험에서 본다면 이런 말을 할 수 있을 것 같습니다. 즉 자연적·본능적인 기초와 결합하는 데 직접적인 성적 리비도(성적 욕망) 쪽이, 결합이 간접적인 지의 리비도(지적 호기심)에 비해 나이를 먹으면서 쇠약해지는 것은 어쩔 수 없는 일이라는 것입니다. 그렇지만 양자는 감각 혹은 감수성에 의해 서로 결합되어 있는 이상, 한쪽이 완전히 없어진다면 다른 쪽은 매우 빈약해진다는 것이지요.

답변의 방식이 양적으로 약간 불균형을 이루게 되었는데, 우에노 선생이 제기하신 두번째 물음에 답하는 것으로 대신하겠습니다. 두번째 물음은 이것이었습니다(솔직히 말하면 이 문제 역시 상당히 힘든 공이 날아온 것입니다). 나이가 들어서 치매가 되는 것은 바람직한 일은 아니고 "살아 있는 한은 아무튼 건강하고 정신이 흐려지지 않고 자신의 일에 정열을 쏟고 싶다"는 것은 나 스스로도 가능하다면 그랬으면 싶지만, "살아 있는 존재로서의 인간이 불가피하게 경험하는 쇠약이 '늙음'이라면, 심신의 쇠약을 그대로 긍정하는 사상을 받아들일 수도 있지 않을까" 생각합니다.

이 "정신이 흐려진 노년 또한 괜찮은 것이 아닌가" 하는 문제는 사실 서로 잘 아는 정신의학자 야마나카 야스히로(山中康裕) 선생님도 제기했던 것입니다만, 내가 네번째 편지를 쓸 때도 이 점을 염두에 두고 있었습니다. 야마나카 선생님은 「노인의 내적 세계: 노화만성병동의 이야기」(『日本人の深層分析』 11, 有斐閣)에서, 뇌졸중 후유증으로 정신장애를 앓아 장기입원을 하고 있던 윤 씨라는 환자의 거짓과 진실이 뒤섞여 있는 언동을 세밀하게 관찰하여 훌륭한 삶의 방식을 완수한 한 사례로 들고 있습니다. 그러면서 선생님은 융이 말하는 '노현자'(老賢者)만이 인간적인 삶의 방식이 아니라 그 반대쪽 끝에 있는 '노인치매' 즉 노망상태를 거쳐서 죽는 것도 하나의 훌륭한 삶의 방식이 아닌가 하시며, 스위스 융학파의 분석가 구겐부르(Guggenbuhl)의 사고에서 시사점을 얻어서 서술하고 있습니다.

나는 야마나카 선생님의 이 글을 읽고 감동을 받으면서도, 나 자신의 일과 관련해서는 이와 같은 생각에 간단히 승복하지 말아야지 하고 마음먹었습니다. 그것은 타인의 그러한 삶의 방식에서 생명력의 불가사의한 현상을 파악해 내고 여러 가지로 받게 되는 괴로움을 허용하는 것은 괜찮다고 하더라도 자신에 대해서 그것을 인정하는 것이 오히려 불손한 게 아닌가 하는 생각이 들었기 때문입니다. 그리고 지금의 '노인치매'는 과거의 노망과 달리 자연적인 것이 아니라, 명백하게 의학·의료의 불균형 속에서 생긴 것이라고 생각합니다. 물론 그렇다고 하더라도 이러한 한계상황의 문제가 되면, 자타의 관계는 쉽게 전환될 수 없습니다. 그 다음에는 종교의 문제가 되겠는데, 지금은 거기까지 문제를 확대시킬 의도는 없습니다.

아무튼 이상으로 우에노 선생이 던진 두 가지 물음에 대략 대답한 셈이 되므로, 이 편지의 첫머리에서 언급한 '어떤 일'에 대하여 쓰기로 하겠습니다. 처음에도 말했듯이 좀 말하기 어려운 이야기입니다만, 이 편지에서는 피해 갈 수가 없을 것 같습니다. 과연 제대로 잘 쓸 수 있을지는 모르겠지만 해보기로 하지요.

9월부터 10월에 걸쳐서 우리 집에 전혀 예상하지 못했던 일이 일어난 것은 앞에서 쓴 대로입니다. 우리 집도 마침내 암에 걸리는 일이 생긴 것입니다. 이야기는 올 여름 7월 말에 우리 부부가 함께한 대학병원의 '인간도크'[1]에 들어간 데서부터 시작됩니다. '인간도크'에 들어간 것은 어떤 자각증세가 있어서가 아니라, 여름휴가를 아무 걱정 없이 즐기기 위해 일년에 한 차례 우리는 자진해서 검사를 받으러 가기 때문입니다. 종합검진의 결과는 작년과 거의 비슷하였고 두 사람 다 이상이 없는 것으로 보였습니다. 각 항목의 검사결과는 전체적으로 집사람(이런 호칭이 우에노 선생에게는 저항감을 줄지 모르겠으나 세대차이로 봐주길 바랍니다)은 좋은 편이고 내가 건강관리를 좀 소홀히 한 것으로 나타났습니다.

다만 두 사람 다 만약을 위해 검사를 해두면 좋은 점이 있으므로 가을쯤 되면 검사를 받으러 오라고 하더군요. 그러나 집사람도 나도 건강에는 자신이 있는 편이어서 거의 신경 쓰지 않고 예년과 다름없이 여름을 보냈습니다. 왠지 몸이 좀 나쁜 것 같아도 대수롭지 않게 여기며 무시해 버리고 있었습니다. 두 사람 다 부모님은 이미 돌아가셔서 안 계셨으나 암으로 돌아가신 것도 아니거니와 도무지 암 같은 것은 우리 집과 인연이 없다고만 생각했었지요.

그래서 9월이 되어 우리 둘이 정밀검사를 받으러 대학병원에 갈 때만 해도 만의 하나 어떤 일이 생길 수도 있다는 생각이 막연하게 들기는 했으나 거의 걱정을 하지는 않았습니다. 그런데 의사가 나보고 이렇게 말하더군요. 위에 뭔가가 있는데 폴립일 우려가 있으므로 위내시경을 입으로 넣어보자고요. 그 정도라면 뢴트겐 촬영으로도 알 수 있을 텐데 굳이 위내시경 검사를 하자니, 좀 지나치다 싶은 생각이 들긴 했으나 한번 정도 위내시경을 해

1. 단기간에 신체 각 부분의 정밀검사를 받기 위한 시설

보는 것도 경험이다 싶어 검사를 받기로 마음먹었습니다.

나의 검사결과는 며칠 후에 나올 예정이었고 위내시경을 넣었을 때 세포조직을 채취하지 않았으면 그런 대로 악성 폴립의 염려는 없겠지 했지만, 그래도 검사결과를 알기까지 며칠 동안은 이런저런 친구들의 예상 밖의 선례도 있었기 때문에 정말 여러 가지 경우를 생각하게 되었습니다. 요 10여 년 동안 모아둔 서류를 정리해야겠다고 마음먹은 것은 신변을 정리할 필요를 느꼈기 때문이라기보다는 이럴 때라면 과감하게 정리할 수 있을 것 같았기 때문입니다. 만약 악성 폴립이라면 어떻게 할지 자신을 돌아다 보니, 그다지 허둥지둥거리지는 않겠지만 역광선 속에서 나의 삶의 실루엣을 보는 듯한 기분이 들었습니다.

건강을 믿고 오로지 앞뒤 돌아보지 않고 살고 있을 때는 보이지 않았던 것이 보이기 시작했기 때문입니다. 이쪽 편의 빛에 의해서는 오히려 감추어져서 의식하지 못했던 것이 저쪽 편의 빛에 의해 떠오르게 된다고 할까요. 살아 있다는 것이 얼마나 일방적으로 딱 부러지게 행동하고 있는 것인가를 반대편의 빛 속에서 분명히 깨닫게 됩니다. 산다고 하는 마이너스 엔트로피의 작용에는 그와 같은 일종의 억지가 필요한 것 같네요. 이 일은 나 한 사람의 문제가 아니라 머지않아 집사람의 문제와도 얽혀서 더 한층 통감하게 되었답니다.

재검사를 하고 며칠 후에 결과가 나와서 나의 악성 폴립 우려는 완전히 풀렸습니다. 의심스럽게 여겨졌던 부위에 아무것도 없었다고 하더군요. 어휴 살았다, 하고 아주 잠시 동안 해방감에 잠겼습니다. 그런데 산 넘어 산이라고나 할까, 나쁜 일이 뒤에 기다리고 있더군요.

나와 같은 날 정밀검사를 받았던 집사람에게는 유선증이 우려된다고 하였던 터라 처음에는 집사람도 그렇고 나도 낙관하고 있었습니다. 집사람은 오히려 나를 걱정하였지요. 다만 검사를 할 때 그 부분의 세포를 채취했다는 점과 결과를 알기까지 2주일 걸린다는 이야기를 듣고 어쩌면 암일지도 모른다는 생각이 우리 머리를 스치긴 했습니다. 그러나 집사람은 건강에 자신이 있었고 평소에 주의를 하고 있었기 때문에 설마 하는 생각을 했던 듯합니다. 집사람은 그다지 끙끙거리지 않는 성격이므로 결과를 알기까지의 2주일 동안에도 크게 불안해하지 않고 지냈습니다.

그럭저럭 지내다 보니 정밀검사의 결과가 나오는 날이 되었습니다. 그날이 9월 26일입니다. 내가 서재에서 일을 하면서 결과를 기다리고 있는데, 집사람이 전화를 걸어서 약간 불안한 목소리로 "역시 유방암이었대" 하고 말하더군요. 역시 그랬구나 하는 마음에 긴장이 되기는 했으나 본인이 그다지 당황한 기색이 아니었기 때문에 안도하는 편이었습니다. 그러고는 집사람이 이렇게 말했습니다. "가능하면 빨리 수술을 하는 것이 좋으므로 곧 입원수속을 하라고 하니까 내가 직접 수속을 해놓고 가려고 해요." 그리 큰 충격을 받지 않은 줄 알고 다행이라고 생각하면서도, 이럴 때는 혼자서 병원에 가게 해서는 안 될 것 같았습니다.

다음은 집사람이 병원에서 돌아와 한 이야기입니다. 외과교수인 F선생님이 "제가 수술을 해드리겠습니다" 하고 시원시원하게 말해 주어서 '저 의사 선생님이라면 믿고 맡겨도 괜찮겠다'는 생각이 들었다고 했습니다. 집사람은 의사선생님에게서 유방암이라는 말을 듣고도 크게 비관하지도 않고 차분한 태도로 있으니까 오히려 의사선생님과 간호사가 놀랐다고 하더군요. 그래도 F선생님은 "남편분이 상세한 얘기를 듣고 싶어하신다면 언제라도 오십시오"라고 말했답니다. 이 경우에는 별로 본인에게 감출 일도 아니라고 생각하긴 했지만 아무튼 나는 며칠 후 F선생님에게 병세를 여쭈어보러 갔습니다. F선생님은 나의 얼굴을 보며 "사모님께 들으셨습니까?" 묻기에 "물론 들었습니다"라고 했는데, 아무래도 부부가 다 암이라는 말에 충격을 받지 않은 듯하자 좀 이상하게 여기시는 것 같았습니다.

우리도 암이라는 병이 다름아닌 우리 자신에게 닥쳐온 데 대해 충격을 받지 않은 것은 아니었습니다. 그러나 원래 '인간도크'에 들어간 것은 손쓰는 때를 놓치지 않도록 병을 발견하기 위해서였다는 점, 현재 유방암은 치료법이나 약이 발달하여 치유율이 높다는 사실을 알고 있다는 점, 전후(戰後) 이제까지 40년 넘게 살아올 수 있었던 것은 횡재한 것이라고 둘 다 평소에 막연하게나마 생각하고 있었다는 점 등으로 그다지 많이 동요하지는 않았던 것 같습니다.

집사람이 병원에 입원한 것은 10월 5일, 수술한 날은 12일이었습니다. 수술도, 그 후의 경과도 순조로웠으나 빨라도 11월 중순 무렵까지는 퇴원을 바랄 수 없을 것 같습니다. 그렇지만 토요일과 일요일은 치료가 없어서 주말에는 집에 돌아와 있습니다. 주말에 집에 돌아오는 것은 좋지만, 병원에서 환자들과 함께 있을 때와는 달리 집에서 목욕을 하면서 거울을 보거나 하면 비교적 낙천적인 집사람도 "왠지 모르게 슬퍼져요" 하더군요. 평소에 그런 것에 거의 집착하지 않는 것 같았는데, 역시 여성에게 한쪽이라도 유방을 상실한 슬픔은 큰가 봅니다. 더욱이 신화에서나마 용감한 여성족으로 알려진 아마존족(아마존이란 유방이 없는 여성을 의미한답니다)에서는 여성들이 화살을 쏘는 데 편리하게 하기 위해 자진해서 유방을 불로 지져서 없앴다고 하지요. 아마존족과 같은 자세는 여성에게 어떤 의미를 가질까요?

앞에서도 언급했듯이 잠깐 동안이라고는 해도 신변에서 죽음과 마주하고, 나는 우리들의 삶이 맞은편으로부터의 빛 속에, 즉 역광 속에 보인다는 생각이 문득 들었습니다. 집사람의 유방암 수술과 관련하여 말해 보면, 이 일은 내 마음속에 마녀 란다의 가면의 존재를 강하게 떠올리게 하는 계기가 되었습니다. 우리 집 현관에 장식으로 걸어둔 가면입니다. 구태여 집사람의 이번 병이나 수술이 란다의 탓이라고는 여기지 않지만, 커다란 유방으로 '그레이트 마더'(great mother)임을 나타내는 마녀 란다가 집이라는 우주를 통치하는 여주인, 유방을 갖고 있는 여주인과 상징적인 차원에서 서로 맞지 않는 데 대하여 내가 배려하지 않았다는 사실이 새삼 마음에 걸렸습니다.

역광 속에서, 맞은편에서 오는 빛 속에서 삶을 본다는 것은 삶을 죽음의 저편에서 직시하는 것이지만, 이는 또한 일상생활 속에 있는 삶의 세세한 부분을 실용적인 관심과는 다른 관점에서 스쳐 지나지 않고 파악하는 것이기도 합니다. 그렇기 때문에 일상생활에서는 부자연스럽거나 이상하게 보여도 오히려 우리의 삶에 새로운 발견을 가져다주는 계기가 됩니다. 사실 이런 과정을 통해서 우리의 삶은 보통 때보다도 더욱더 사랑스럽고 밀도 있고 에로틱해 보이기까지 한다고 할 수 있습니다.

이번에 우리 집의 경험은 요즈음 세상에서는 그다지 드문 일도 아니거니와 별로 과장하여 들먹일 만한 일도 아닐지 모릅니다. 그러나 집사람도 나도 지금까지는 거의 큰 병에 걸린 적이 없었기 때문에 맑은 하늘에 날벼락 같았던 것은 분명합니다. 이번에 살아 있는 것 자체에 대하여 두 사람 모두 한꺼번에 충격을 받았다고 할 수 있습니다. 지금까지 순조로운 생활을 해온 우리에게 이번 일은 미처 생각하지 못한 곳에 놓여 있는 덫이었고 매우 드문 경험이었습니다. 그래서 반쯤은 개인적인 일까지도 이 편지에 적기

109

로 마음먹었답니다.

아무튼 이러한 사정으로 해서 이번 나의 편지는 후반부가 상당히 변칙적인 것이 되었는데, 나로서는 우리의 편지 취지에 그다지 벗어나는 것은 아니라고 생각합니다. 또한 이 부분에 대해서는 답장을 쓰기도 어려울 것입니다. 우에노 선생에게 답변을 구하는 것이 아니라 거의 예기치 못했던 곳에서 날아와 뒤통수를 친 셈이된 듯한 이번 일을 나 나름대로 어떻게 언어화할 수 있을까 하는 시도라 할 수 있습니다. 이런 뜻으로 보아달라는 것이려니 하고 이해해 주십시오. 잘 들어줄 만한 사람이 아니면 쓰기 어려운 일이었을 겁니다.

이번 일에 휘둘리면서 진작부터 예정되어 있던 일을 계속 집필하는 것이 고작이었습니다. 이렇게 신문도 제대로 읽지 못하고 하루하루 지내다 문득 정신을 차려보니까 가을이 완연히 깊었습니다. 지금 나는 하나의 파도를 헤치고 빠져나와서, 주위의 세계가 신선해 보이는 그런 기분입니다. 다행히도 나의 생명력은 아직 낮아지지 않아서 새로운 경험에 눈을 뜨게 된 모양입니다.

이제 괜찮아졌으니 안심하십시오. 다음에는 자세를 공격적으로 바꾸도록 하겠습니다.

나카무라 유지로

어린아이의 시간

나카무라 유지로 선생님

이런 것을 뭐라고 말하면 좋을까요? 아침에 눈을 떠 커튼을 열었더니 도쿄는 온통 눈세상입니다. 고층호텔 유리창으로 내다보이는 시야 한가득 눈이 소담스럽게 내리고 있습니다. 예년보다 3주일이나 빨리 내리는 첫눈입니다.

따르릉, 따르릉… 전화 벨소리가 제 귓속에서 쓸쓸하게 울려 퍼지고 있습니다. 나카무라 선생님께 전화를 걸었는데 받아주는 사람이 없어 허공으로 사라져 버리는 듯한 불안감이 제 가슴을 답답하게 하고 있습니다.

사모님 — 시즈에 씨라고 하셨지요? 제 어머니 이름은 시즈코입니다 — 이 유방암이라는 것을 아시고 수술을 받으셨다고요. 제 어머니도 유방암입니다. 저는 10년 정도 어머니의 유방암 발병과

111

재발, 재수술 과정을 옆에서 지켜봤습니다. 그리고 인간이 서서히 그러나 확실하게 죽어간다는 사실을 계속 생각해 왔습니다.

그럼에도 이런 일이 자신의 몸에서 일어나는 것과 다른 사람──부모도 자신과는 별개의 신체를 가진 사람임에 분명합니다──의 몸에서 일어나는 것은 같은 일이 아닐 겁니다. 뿐만 아니라 부모는 나보다 먼저 죽어가는 생명입니다.

저는 우리의 이 왕복서간이 끝나는 것에 두려움을 느끼지 않을 수 없습니다. 나카무라 선생님과 사모님이 이번에 경험하신 '사건'을 나카무라 선생님이 어렵게 언급하신 용기 있는 태도──물론 그것은 나카무라 선생님이 이 사태에서 사색자로서의 자신을 놓치지 않으려는 각오의 표출이겠지요──에 경의를 표하면서 공개되는 편지 안에서 자신의 삶을 실시간으로 살아내고 있다는 사실에 저는 몸이 떨리는 것을 느꼈습니다.

치바 아츠코 선생이 『아사히 저널』에 「죽음으로 가는 준비일기」를 연재하실 때, 확실히 우리 독자들은 삶과 죽음을 실시간으로 경험하고 계시는 치바 선생님께 절실함과 커다란 흥분을 느꼈습니다. 「죽음으로 가는 준비일기」가 그분이 돌아가신 다음에 발간되었다면 우리의 감동은 좀더 거리를 두게 되지 않았을까 싶습니다. 우리는 자신의 죽음이라는 경험까지 사색의 대상으로 언어화하여, 굳이 말하자면 취재의 대상으로 삼는 그분의 '저널리스트의 혼'에 큰 감명을 받았던 것입니다. '준비일기'는 '더 나은 죽음'

을 향해서 과감하게 나아가는 한 인간, 용기 있는 여성의 기록일 뿐 아니라 자신의 죽음까지도 개인적인 경험으로 환원하지 않는 지성의 투쟁기록이었기 때문에, 단순히 구경꾼 같은 재미를 뛰어넘어서 우리에게 호소하는 힘이 있었다고 생각합니다. 치바 선생님께는 '잘 죽는 것'이 그대로 하나의 사회비판이었던 것이지요(이를 『아사히 저널』의 이토 마사타카(伊藤正孝) 편집장은 "죽음까지도 상대화한 여성"이라고 야유인지 애도인지 분명치 않은 애매한 말로 표현하였지요).

왕복서간이라는 방식을 선택한 데 대해 선생님과 저는 후회 반 흥분 반을 거듭하고 있는 것 같았는데, 이런 기분이 이번에 한층 더 깊어졌습니다. 단 한 사람의 수신인을 향한 친밀한 대화. 그러나 그 대화는 공개되는 것입니다. 사적인 깊은 곳에 이르면서도 그것을 일반화하는 자장(磁場)에 놓여 있는 말. 더군다나 이번의 사적인 '사건'을 쓰신 나카무라 선생님은 이로부터 도망치려고도 숨으려고도 하지 않으셨다는 것을 저와 독자들에게 보여주셨음에 틀림없습니다.

재미있는 일입니다. 이 방식이 우리들 안에 있는 내밀한 것을 정작 자신도 채 알지 못하는 가운데 끌어냅니다. 저는 우리의 왕복서간에서 다른 어떤 문체에서도 보이지 않았던 얼굴을 보이고 있습니다. 그리고 나카무라 선생님이란 친밀한 귀. 그 귀에다 대고 저는 그 어디에서도 말한 적이 없는 화제를 가지고 이야기하기 시작하였습니다. 그리고 이처럼 저도 나카무라 선생님에게 '친밀한 귀'가 될 수 있다면 얼마나 좋을까 하는 바람을 가지고 있습니다. 철학자이신 나카무라 선생님은 언젠가 어디에서든 '아내의 유방 암'이란 경험을 정리하여 쓰시게 되겠지요. 좀더 추상도가 높은 사고에서 나온 스타일로 말입니다. 하지만 저는 문체가 달라지면 나타나는 모양도 다르다고 믿습니다. 제가 나카무라 선생님이 겪으신 일을 실시간으로 들어주는 '친밀한 귀'가 될 수 있다면, 이 왕복 서간은 커다란 역할을 다하게 되는 것이라고 생각합니다(그리고 이렇게 쓰는 것은 저 자신을 이 '현재'에서부터 도망가지 못하게 하기 위함이기도 합니다).

'역광으로 내리쬐는 빛'이라고 나카무라 선생님이 쓰셨지요. 죽음에 의해서 비추어진 삶──실로, 어떻게 우리는 자신이 죽음으로부터 그리 멀지 않은 곳에 있다는 사실을 잊어버리고 지낼 수 있는 것일까요. 생각해 보면, 어른이 된 다음보다는 어린아이였을 때가 죽음에 더 가깝지 않았나 싶습니다. 실제로 죽음을 골똘히 생각했었고, 무엇보다 죽음을 아주 가깝게 느끼기도 하였습니다. 구로키 가오루(黒木香)가 최근에 펴낸 책(『타락에도 정도가 있다』, 文藝春秋) 끝부분에서, 오싹 소름이 끼치는 대담의 상대역을 하고 있는 수수께끼의 남성은 오카다 유키코(岡田有希子)와 그 뒤를 따라서 자살한 소년소녀 팬들을 증인으로 내세워서 "아마 저 아이들에게 삶과 죽음의 경계울타리는 아주 낮았을 거야" 하고 말합니다. 특별히 이 소년소녀들만이 그러한 것은 아닙니다. 소녀시절 누구에게나 '삶과 죽음의 경계울타리'는 아마 좀더 낮게 느껴졌을 것입니다. 그 실존적 감각이 언제 없어지게 되는 걸까요. 어느새 '삶과 죽음의 사이를 가르는 담'은 쉽게 넘을 수 없을 정도로 높다고 생각하는 만큼, 우리는 그 감각에서 손을 떼어버린 것이지요.

며칠 전에 여성극단 '파랑새'의 공연을 보러 오사카에 갔습니다. 공연한 연극은 〈삶은 달걀〉이었는데, 어린 시절 소풍 갔을 때 삶은 달걀을 둘러싸고 일어난 그렇고 그런 추억을 '파랑새'극단 나름대로 유머러스하고 초현실적으로 표현해 내고 있었습니다. 달 속의 토끼를 연상시키는 헝겊인형 같은 의상을 입은 힛코리, 핫코리, 홋코리, 얏코리, 앗코리 이렇게 다섯 명이 "여기가 어디다냥?" "모르지롱" 이런 식으로 어느 세상인지 알 수 없는 이상한 어투를 사용하며 —— 달나라는 너무나도 맑은 곳이어서 모든 소리가 웅웅 울리기 때문이래요 —— 이 세상의 것이라고는 생각할 수 없는 순수한 시간과 공간을 만들어내었습니다. 무대 위에서 만들어낸 순수한 시간이 너무나 위태롭게 느껴져 저도 모르게 눈물을 흘리고 말았습니다.

그래요, 그녀들이 〈삶은 달걀〉이라는 난센스(무의미) 속에서 창조해 낸 것은 '어린아이의 시간'에 한없이 가까운 것이었습니다. '파랑새'의 무대는 저 어딘가 깊은 상실감과 연결되어 있었으며 —— 그리고 보면 '파랑새'라는 이름 자체가 '어디에도 없는 새'를 나타내고 있습니다——그녀들을 보고 있으면 그녀들의 시간은 저 어디에서 '어린아이의 시간'인 채로 고정되어 있는 것처럼 여겨집니다. 더구나 놀랍게도 그녀들 속에서는 '어린아이 시간'이 그대로 어른의 시간을 건너뛰어서 늙음과 죽음으로 직접 연결되고 있다는 인상을 풍깁니다. 사실 그녀들의 '어린아이 시간'은 죽음의 그림자를 짙게 깔고 있습니다. 이것을 보고 있노라면 '어린아이라는 사실'은 죽음에서 가장 먼 것이 아니라 오히려 '삶과 죽음의 경계 울타리'가 낮았구나 하는 생각이 문득 머리를 스치게 됩니다.

한 여성이 저에게 이렇게 말하더군요. "임신하여 출산을 결심했을 때 나는 어린아이였을 때의 고통스러움을 한 순간 잊어버렸습니다." "왜 잊어버렸을까요" 하고 묻자, 그 여성은 만사를 생각할 겨를이 없었다는 표정을 지었습니다. 저는 그녀의 더할 수 없는 솔직함에 감동 받아서 무심코 "나는 기억하고 있어요" 하고 말해 버렸습니다(그후로 저와 그녀는 뭐라고 말로 표현할 수 없는 우정으로 맺어졌습니다). 지금도 저는 제 자신이 애를 낳지 않은 것은 저 스스로 '어린아이의 시간'에 머물러 있고 싶었기 때문이 아닐까 하는 의문을 가끔 품곤 합니다. 저는 '조숙한 아이'였고 지금은 '어린애 같은 어른'입니다.

놀랍게도——전혀 놀랄 일이 아닐지도 모르겠습니다만——'어린아이의 시간'은 그대로 '늙음'과 '죽음'에 직접 이어져 있습니다. 어린아이는 그것을 **알고** 있습니다. 어른은 다만 그것을 **잊어버리**

고 있을 따름입니다.

사회학에는 가족주기론이라는 것이 있는 것 알고 계신지요? 결혼하여 자식이 태어날 때까지의 가족주기 제1기를 시작으로 해서, 출산에서 미취학 자녀가 있는 기간이 제2기, 막내아이의 취학 때부터가 제3기, 아직 독립하지 않은 자녀가 있는 기간이 제4기 그리고 다시 부부만의 '빈 둥지'로 돌아가는 제5기, 그리고 부부 중 한쪽의 죽음, 자신의 죽음으로 이어집니다. 자식이 없는 저는 오랜 기간 동안 가족주기의 제1기에 머물러 있는 셈이었는데, 요즈음 어느 순간부터 2, 3, 4기를 훌쩍 뛰어넘어서 가족주기 제5기에 들어가 버렸다는 것을 실감하고는 쓴웃음을 금치 못했습니다.

차를 운전할 때나 신칸센이나 비행기를 탈 때, 저는 자주 죽음을 생각하곤 합니다. 무섭지는 않습니다. 80 내지 100킬로의 스피드로 달리면서, 이러다 충돌하면 죽음이 확실한 스피드라고 느끼면서 달리는 것은 독특한 긴장감입니다. 그럴 때면 저는 자식을 둔 사람이나 자식을 키우고 있는 사람들과 달리 저에게는 어떻게 해서든 계속 살지 않으면 안 되는 이유가 없다는 걸 깨닫게 됩니다. 그것은 일종의 평정과 자신의 눈앞에 전개되는 것을 모두 받아들이고자 하는 긍정성에 가득 찬 경험입니다. 선승(禪僧)이라면 평상심이라고 할는지요.

이렇게 하여 '현재'를 이어가면서 살다가 어느 날 문득 육체가 병들어서 쓰러져 죽음을 맞아들일 수 있게 된다면, 하고 생각하니다. 죽음에 의해 의미가 부여되는 것은 아니겠지만, 죽음에 의해 비추어지는 한 순간(찰나)의 삶. 그것을 잊지 않을 수 있다면 그 빛이 발 밑을 비추어주는 한가운데로 자신 없어하면서 순진무구하게 걸어갈 수 있으련만.

우리는 왜 그것을 잊고 지낼 수 있을까요. '역광으로 내리쬐는 빛'이라고 나카무라 선생님이 말씀하셨지요. 지금의 우리에게 그것은 거의 요행과 진배없다고 나카무라 선생님은 말씀하고 싶으신가요?

설령 그렇다 하더라도⋯ 나카무라 선생님은 당사자인 부인이 아니시고, 저는 어머니를 대신할 수 없습니다. 우리가 할 수 있는 일이라고는, 당사자의 기분이 동요하는 데 따라 위안이 아닌 위로와 격려를 하는 정도뿐입니다. 암이 치유 가능한 병이 되었고 또 환자에게 자신이 어떤 병에 걸렸는지 알릴 수 있게 된 것이 얼마나 다행인지 모릅니다. 가족 중에 암환자를 둔 사람들이 무엇보다도 안타까워하는 것은 사랑하는 사람을 잃는다는 고통과 괴로움을 정작 당사자와 함께 나눌 수 없다는 것이라고 합니다. 또 환자는 환자대로 위로하는 가족들과 자신의 불안과 절망을 함께 나눌 방법이 없습니다. 때로는 암이라는 사실을 알게 되었을 때 그 충격이 당사자보다 오히려 주위사람에게 더 강하게 다가갈 수도 있습니다. 저는 어머니가 유방암에 걸렸다는 것을 알고 더 당황해하시던 아버지의 모습을 보고 그런 생각이 들었습니다. 죽음은 누구에게나 언젠가는 찾아오는 것이라고 해도, 죽음을 맞닥뜨린 한 사람 한 사람에게는 왜, 지금, 내가, 라는 '부조리'가 끝내 대답될 수 없는 채 남아 있게 됩니다. 만약 나라면── 왜, 지금, 내가, 라는 부조리에 울부짖을지도 모릅니다. 그때는 그 부조리에 왜, 지금, 네가, 하고 함께 울어줄 타인의 존재가 깊은 위로가 되겠지요.

*

제 답장이 좀 늦어졌습니다. 오히려 선생님께서는 제게 편지를 쓰실 여유가 없으실 만큼 큰 '사건'을 느닷없이 만났으면서도 편지에서 보여주신 평상심(平常心)에 놀랐습니다. 그래요, 『나라야마부시코』에 대한 저의 오해에 관한 것이었지요. 말씀하신 대로 서로 엇갈렸습니다. 나카무라 선생님이 논하신 것은 후카자와 시치로의 『나라야마부시코』였고, 제가 언급한 것은 이마무라 쇼헤이 감독의 영화 〈나라야마부시코〉였습니다. 뵐 낯이 없습니다.

최근 들어서 이런 일이 종종 있습니다. 같은 제목의 작품에 대해 이야기를 하고 있는 셈이었는데, 한쪽은 원작 다른 한쪽은 만화로 된 것밖에 몰랐던 적도 있습니다. 그리고 아동용 '세계명작'이란 것이 문제가 있습니다. 그림(Grimm)의 옛날이야기나 안데르센의 동화가 결말이 잔혹하다든가 구원이 없다는 이유로 완전히 해피엔드로 수정하여 개작되기도 합니다. 저는 중학생이 되어 안데르센의 동화를 '이와나미(岩波)문고판의 원작으로 읽을 때까지는 안데르센이 그토록 서정적이고 투명한 절망감을 짊어진 작가라는 것을 알지 못했으며, 대학에 들어가서 그림의 동화를 독일어로 읽고 처음으로 그림의 세계가 민속적인 잔혹함과 블랙유머로 가득 차 있다는 것을 알았습니다. 그래도 아동용 '명작'이나 만화영화로 일단 보고 나면, 이미 다 알고 있다고 생각해 버리기 일쑤이지요. 다른 사람의 일에는 불평을 하면서도, 저 자신 역시 예외가 아니라는 뜻에서 드리는 말씀입니다. 지금 평판이 자자한 『겐지이야기』(源氏物語)의 만화영화도 그런 의미에서는 걱정스럽습니다. 많은 사람들이 이 만화영화를 보고는 "겐지는 말이야" 하고 얼토당토않은 말을 주고받을 테니까요. 그래도 이 만화영화는 그런 대로 괜찮을지도 모릅니다. 쇼와(昭和)시대에 나온 다른 판이라고 생각하면 되니까요. 그 대신 요사노 겐지(與謝野源氏)나 다니자키 겐지(谷崎源氏)와 같이 다른 판의 경우에는 그 작가의 이름을 붙이는 것처럼, 만화영화 겐지라든가, 세기말 겐지 등과 같은 식으로 한정하는 편이 좋겠지요 ——아무리 그렇다더라도 만화영화 〈겐지〉를 문부성이 추천했다는 말을 듣고는 웃음을 터뜨렸습니다. 『겐지이야기』가 세계에 자랑할 만한 국민문학이기 때문일까요. 별 대수로운 내용도 아니고 남녀의 성교가 이어지는 성애소설의 고전인데 말입니다. 세기말의 일본은 문부성도 무척이나 대범해졌다는 생각에 쓴웃음을 금할 수 없었습니다. 초등학생과 중학생들이 단체로 우르르 몰려가 관람이라도 한다면 재미있겠는데요. 천황제의 실상이며 혼인제도의 역사, 일부일처제의 기만성, 다채로운 성애의 모습 등을 알게 되어 아주 교육적일 겁니다.

━━✻

치매에 대해서는 좀더 생각해 보아야겠습니다. 치매성 노인을 상대하는 일부 의사들이 말하는 것처럼, 치매노인을 어린아이와 똑같이 여기는 데는 찬성할 수 없습니다. 치매노인은 어린아이가 아닙니다. 정신과 치료의 일환으로 환자가 하는 말에 귀를 기울이고 그 내적 세계의 논리에 따라 당사자의 현실감을 재구성하려는 움직임은 비록 시작된 지는 얼마 안 되었지만, 정신과 치료에 대한 시각을 획기적으로 바꾸어놓는 일대 전환점을 이루었습니다. 의사는 환자를 이상상태라고 받아들일지 모르지만, 환자 자신은 반드시 그렇게 생각하고 있다고 단정해 버릴 수 없을지 모릅니다. 그와 마찬가지로 어떤 종류의 사람들에게는 치매노인이 어린아이와 똑같이 보일 수도 있겠으나, 정작 그 노인은 자신이 어린아이라고 생각할 리 없습니다. 지금까지 치매노인의 내적 세계의 현실성(reality)에 대해 당사자의 말을 따라서 귀를 기울이려고 노력한 치매노인 연구자가 단 한 사람이라도 있었습니까? 치매노인은 단지 보호받아야 하는 대상이고 대책이 세워져야 하는 객체 이외에 그 어떤 존재였던 적이 있습니까?

저는 정신병자의 병력(病歷)기록 읽기를 좋아합니다. 그들의 망상 속에 있는 그들 나름의 필사적인 논리구성을 좇아가기를 좋아합니다. 자식의 얼굴조차 알아보기 어려운 치매노인의 지리멸렬한 내적 세계의 논리에 귀를 기울인다는 것은 당치도 않은 일이라고 생각될지도 모릅니다. 그래도 예를 들어 남편의 이름은 잊어버렸어도 첫사랑이었던 사람의 이름은 기억하고 있는 치매노인들에게는 그들 나름의 절실한 현실성이 있음에 틀림없습니다. 임상 의료인들의 인내심 강한 면접과 통찰력 풍부한 이해 덕분에 정신의학의 지식이 최근 20~30년 사이에 비약적인 수준에 이른 것과 마찬가지로 노년학 분야에서도 치매노인에 대한 임상의료인들의 인내심 강한 면접을 바탕으로 한 풍부한 통찰력의 고찰이 나오기를 고대합니다. 그때까지는 우리가 치매노인에 대하여 이야기할 수 있는 것이라고는 억측 이외에 별로 없을 듯합니다.

*✳

당사자 스스로 자신이 놓여 있는 상황에 대해 자기정의를 내리는 것, 바로 이것이야말로 페미니즘이 지향하는 바였습니다. 여성에 대해서 자기정의를 내릴 수 있다면, 어린아이에 대해서도, 장애자에 대해서도, 노인에 대해서도 그리고 정신병자나 치매노인에 대해서도 똑같이 말할 수 있을 것입니다. 이들은 다만 우리와 다른 현실(reality)을 살고 있고 그 현실에 다다르는 회로를 우리가 잃어버리고 있을 뿐인지도 모릅니다.

얼마 전 교토에서는 현대풍속연구회의 설립 10주년 및 사단법인 설립을 위한 총회가 열렸습니다. 구와바라 다케오(桑原武夫)[1] 선생님의 기념강연에 이어서 제가 "이문화(異文化)로서의 노인"을 주제로 하여 기조강연을 하는 막중한 역할을 맡게 되었습니다. 더구나 내가 내년 현대풍속연구회의 기조테마로 노인풍속에 관한 연구를 하자고 제안했기 때문에, 의견을 내어놓은 사람으로서 책임을 지지 않을 수 없었지요. "튀어나온 말뚝은 맞게 되어 있다"는 정도가 아니라 "튀어나온 말뚝은 이용당한다"는 말이 딱 어울릴 법한 현대풍속연구회, 아무튼 이렇게 해서 저는 진흙탕 속에 빠져서 발을 뺄 수 없게 되었습니다. 아이쿠, 무서워라. 그래도 제안하고 내친김에 한동안은 인터뷰며 관찰, 정점(定点)관측 등을 포함해서 '유쾌한 노인탐험'에 나서보려고 합니다. 노인이라는 이문화, 알고 있는 듯하지만 사실은 잘 모르지 않나 하는 생각이 들었기 때문입니다.

총회의 마지막은 간사이(關西)[2] 풍의 경조부박(輕佻浮薄)의 본보기가 되었습니다. 거창한 것을 심각한 척하지 않는 해학정신이 간사이 특유의 맛입니다. 이런

1. 1904~88. 문학자. 『제2 예술론』 『예술론집』 등의 저서가 있다.
2. 교토 · 오사카를 중심으로 한 혼슈의 서쪽 지방

것이 바로 문명이라는 생각이 듭니다. 구와바라 선생님은 문화훈장을 받으셨을 때의 에피소드를 말씀하셨습니다. 인터뷰를 하러온 젊은 신문기자가 "선생님, 이제부터 무엇을 하실 것입니까?" 하고 물어서 선생님께서는 이렇게 답변하셨답니다. "나는 말이야, 83세의 노인이오. 이제부터 무언가를 해야겠다고 말할 나이가 아니지요. 그런 질문을 해서 노인을 괴롭히지 말아주시오." 이 말을 듣고 청중들은 웃음을 터뜨렸습니다. 70세가 되어도 80세가 되어도 아직 의욕이 충천하고 젊음이 넘치십니다 하는 식의 틀에 박은 찬사가 이어짐직한 질문을 구와바라 선생님은 가볍게 살짝 받아넘겨서 이제부터는 아무것도 할 일이 없어도 괜찮지 않은가라는 대꾸로 통쾌하게 지금의 노인관을 비판하셨습니다. 이처럼 언제나 변함없이 장난꾸러기와 같은 풍모를 잃지 않는 큰 노인을 보면서 저는 과연 달인이시라고 느꼈습니다.

올해도 다 저물어가고 있습니다. 사모님은 무사히 퇴원하셨다니, 부디 두 분 함께 좋은 새해를 맞으시길 바랍니다. 저도 미국에 가있던 동생부부가 연말에 2년 반 만에 일본으로 돌아옵니다. 이번 1월은 오랜만에 가족들이 다 모일 예정입니다. 매우 드문 일이지요. 그래서 1월은 가족과 함께 보낼까 합니다.

그러면 건강하세요. 사모님의 건강이 회복되시길 진심으로 빌겠습니다.

첫눈 오는 날 도쿄의 호텔에서
우에노 치즈코

현실과의 생명적 접촉

우에노 치즈코 선생님

일곱번째 편지의 맨 마지막 부분에서, 우에노 선생이 지금까지 진지하게 이야기하던 태도를 경쾌하고도 절묘한 간사이식 분위기로 바꾸어서 평소의 모습으로 돌아오니 정말로 좋았습니다. 나의 이야기를 한다면, 신변에서 일어난 그 '사건'을 우리의 왕복서간에 끌어들인 데 대해 사실 내심으로는 두 가지 기분이 공존하고 있었습니다. 다시 말해서 주저하면서도 감출 것까지는 없다는 상당히 다급해진 기분이 있었던 것은 사실이었지만, 또 한편으로는 이런 문제를 우에노 선생이라면 어떻게 받아들였을까 하는 좀 심사가 뒤틀린 기분도 있었답니다.

그런데 우에노 선생이 '사건'을 과분할 정도로 진지하게 들어주었을 뿐 아니라 그 문제로 인해서 생겨난 무거운 기분을 마지막까지 질질 끌어가지 않고 솜씨 좋게 경쾌하고 절묘한 간사이식 분위기로 바꾸어준 편지를 읽고 과연 재주가 뛰어나다고 탄복했습니다. '교토의 여성'(가나자와 출신이라는 건 알고 있습니다만 이제는 교토를 대표하신다고 해도 실례가 되지 않겠지요)에 대항하여, 감히 '도쿄의 남성' 혹은 에도(江戸) 토박이연하면서 말하자면 나는 '사건'을 다루는 데 있어서 이른바 우둔하다 싶을 정도의 '기세'로 도전하였던 셈입니다.

그런데 다섯번째 편지에서 우에노 선생 쪽에서 질문으로 던진 '노인치매' 문제에 대해서는 조금 다른 의견이랄까 생각을 밝혔기 때문에 어떤 반론이 나올지 기대했는데, "조금 더 생각해 보아야 겠습니다"라고 문제를 보류하셨습니다. 이 말에 맥이 좀 빠지기도 하였지만 솔직히 말하면 안심하였습니다. 왜냐하면 자신에 대한 각오의 수준과 삶을 완수하는 자세의 수준이 미묘하게 어긋나 있는 것을 깨달았기 때문입니다. 그래서 이 문제에 대해서는 내 쪽에서도 좀더 생각해 보기로 하였습니다.

'파랑새' 극단이 공연한, 어린 시절의 소풍을 주제로 한 연극 〈삶은 계란〉을 오사카에서 보셨다고요. 연극을 보면서 '어린아이의 시간'이 상실감과 함께 위태로우리 만큼 순수한 형태로 그려지고 있다는 감상과 '어린아이의 시간'을 사회학의 '가족주기론'과 결부시킨 논의는 아주 스릴 만점이었습니다. 가족주기론은 부부를 단위로 해서 미혼기, 결혼, 출산, 육아, 자녀의 독립, 부부 둘만의 생활 등의 시기 혹은 단락으로 나눈다고 하셨죠. 이 가족주기론은 개인을 단위로 하여, 태어나서 성장 · 성숙 · 노쇠 그리고 사망까지의 일생을 나이를 가지고 몇 단계로 나누어서 파악하는 라이프사이클 이론과는 좀 다르면서도 훨씬 구체성을 띠고 있네요. 그리고 이 구체성이 출산, 육아, 자녀의 독립이라는, 주로 여성 혹은 부인의 입장과 연관성을 가진다는 것도 간과할 수 없는 점이군요.

그러나 내가 스릴 만점이라고 표현한 것은 우에노 선생이 "'어린아이의 시간'은 그대로 '늙음'과 '죽음'에 직접적으로 연결되어 있습니다. 어린아이는 이것을 알고 있습니다. 어른은 다만 잊어버리고 있을 뿐입니다"라고 지적하신 대목 때문입니다. 앞의 라이프사이클 이론과는 조금 다른 것인데, 전부터 나는 13세와 19세라는 생물적이면서도 사회적인 연령의 구분이 참으로 궁금했습니다.

열세 살이라 하면 지금의 학교제도에서는 중학교 1학년 전후의 나이지요. 그런데 임상심리학자 가와이 하야오 선생님께 언젠가 여쭈어본 바에 의하면, 이 나이의 어린아이들의 자살이 매우 높은 편인데 그 원인이 이 나이가 되면 인간은 생물적으로 하나의 완성형태에 이르기 때문이라고 하였습니다. 사춘기가 되면 인간인 어린아이도 애벌레가 나방이 될 때와 마찬가지로 기분 나쁠 정도의 변태를 하게 되는데, 이 변태를 하기 전에 하나의 완성기가 있어서 완성의 극치에서 위기를 맞는다는 것입니다. 변태 그 자체가 일종의 죽음과 재생을 포함한 영위이기 때문이겠지요.

민속학에서 우리나라의 대표적인 통과의례인 '성인식'(남자에게는 훈도시 축하, 여자에게는 속치마 축하가 있지요)을 과거에는 주로 열세 살이 되는 해에 치렀는데, 바로 이와 같은 위기를 잘 알고 있었기 때문일 겁니다.

그런 한편으로 열아홉 살의 경우가 있는데, 이 나이를 줄곧 문제삼은 사람은 문예평론가 아키야마 슌(秋山駿)[1] 선생입니다. 그는 최근의 책 『연애의 발견』(小澤書店)에서도 열아홉이라는 나이에 신경을 아주 많이 쓰고 있습니다. 이 책에서는 뭐랄까, 연애와 범죄가 중첩되어서 논해지고 있습니다. 이 점은 다음의 말에서 단적으로 나타납니다.

"어떤 사람이 느닷없이 나에게는 네가 필요해라고 하면서, 보이지 않는 손을 내밀어 상대방과 악수를 하려고 한다. 그것이 연애입니다. 이쪽은 어느 날 불시에 너무나도 자기 마음대로 나에게는 그놈이 필요하다고 말하며 보이지 않는 손을 내밀어 상대방의 목을 조른다. 이것이 이유 없는 살인입니다. 이 두 가지, 연애감정을 품거나 이유 없이 살인과 같은 범행을 저지르는 때는 이상하게도 18세나 19세입니다."

그런데 왜 열아홉 살일까. 그것은 사람이 성인이 되고 사회인이 되기 바로 직전의 나이이기 때문이며 이 시기에 사람

1. 1930~ . 문예평론가. 도쿄농공대학 교수. 저서 『노부나가』(信長)로 마이니치출판문화상을 수상하였고 각계에 큰 반향을 일으켰다.

은 일종의 자신의 '내적인 죽음'을 경험하고 그것에 이어서 '나'를 발견하기 때문이라고, 아키야마 선생은 말합니다. 다시 말해서 열아홉 살이 될 때까지 살아온 자신은 부모, 형제, 가정, 동네라는 공동체와 더불어 있는 자신이지만, 열아홉이 되면 공동체로부터 떠나서 혼자만의 자신임을 발견하고 생존의 의미를 묻지 않을 수 없게 된다는 것입니다. 이렇게 하여 또 한 사람의 인간 혹은 타자를 연애 또는 살인의 형태로 강하게 원하게 된다고 합니다.

현재의 일본에서는 일단 20세가 되면 맞이하는 '성인식'이 있지만 유명무실해져서 '내적인 죽음'은 거의 파악되지도 않거니와 13세의 위기는 방치되어 있습니다. 그렇지만 이 '내적인 죽음' 혹은 위기가 두 개로 분열된 채로 이에 관한 어떤 유효한 문화적 장치가 만들어져 있지 않은 사회는, 어떤 의미에서 가장 중요한 '문화'가 결핍된 사회가 아닐까요.

이렇게 본다면 우에노 선생은 '어린아이의 시간'이 '늙음'이나 '죽음'과 직접적으로 연결되어 있다고 말하면서 성인용 비디오의 여왕이라고 일컬어지는 구로키 가오루의 자전적 소설 『타락에도 정도가 있다』의 끝부분에 나오는 대담에서 상대역을 하는 수수께끼 남성의 말을 인용하고 있네요. "아마 저 아이들(오카다 유키코와 그를 뒤따라 자살한 소년소녀 팬)에게는 삶과 죽음의 경계울타리가 아주 낮았을 거야." 그러고는 "소녀시절, 누구에게나 '삶과 죽음의 경계울타리'는 아마 좀더 낮게 느껴졌을 것입니다. 그 실존적인 감각이 언제 없어지게 되는 걸까요"라고 우에노 선생은 덧붙이셨지요.

처음에 그 부분을 읽었을 때 나 역시 '정말 그렇구나' 생각했습니다만, 나중에 돌이켜보니 왠지 마음에 걸리는 부분이 있었습니다. 어린아이가 쉽게 생명을 버리는 것은 그 어린아이가 현재도 '삶과 죽음의 경계울타리'에 대한 실존적 감각을 가지고 있기 때문이라기보다는, 할머니 할아버지를 곁에서 간호하면서 죽음에 대해 배울 기회가 없는 상태에서 죽음에 대한 실감이 결여되었기 때문이라고 생각합니다. 이렇게 말하는 것은 무엇보다도 문제는 E. 밍코프스키(Minkowsky)가 『살 수 있는 시간』에서 말하고 있는 '현실과의 생명적 접촉'이 존재하는가 그렇지 않은가에 있다고 보기 때문입니다.

밍코프스키는 '현실과의 생명적 접촉'이란 "주위의 생성에 침투하여 그와의 일체감을 느끼면서 그와 함께 조화를 이루고 전진하는 능력"이며 이 능력은 우리와 주위의 관계 이전부터 존재하고 있던 틈새를 메우는 작용을 한다고 말합니다. 그리고 '현실과의 생명적 접촉'을 생생한 방법으로 실현하고 있는 것은 다름아니라 말의 어원적 의미에서의 '공감'(共感)이다, 이 공감에 의해서 우리는 타인의 기쁨과 슬픔을 자신의 것으로 할 수 있다고 그는 말하고 있습니다.

'현실과의 생명적 접촉'을 아주 간단하게 중층적인 현실에 대한 싱싱한 감수성이라고 해도 괜찮습니다. 아무튼 이 능력을 잃은 어린아이들은 자기 자신뿐 아니라 타인에 대해서도 '삶과 죽음의 경계울타리'를 느끼지 못하게 됨으로써 쉽게 자살하거나 사람을 죽이는 일이 생기게 됩니다. 그리고 그 점에서는 어른의 경우에도 똑같다고 말할 수 있습니다.

그런데 앞에서 언급한 아키야마 슌의 『연애의 발견』을 보면 1958년 8월에 발생한 고마츠가와(小松川) 고등학교를 다니던 여학생의 살해사건이 나옵니다. (우에노 선생이 아무리 조숙했다 해도 아마 기억을 못하겠지만) 이 사건은 제2차 세계대전 이후에 우리나라에서 일어난 최초의 '이유 없는 범죄'라고 일컬어지고 있습니다. 범인으로 밝혀진 18세의 이진우(李珍宇) 소년도 다음과 같은 말을 글로 남겼습니다. "나는 두 가지 사건을 저질는데, 만약 체포되지 않았더라면 기회 있을 때마다 또다시 사람을 죽였을 것은 분명합니다. …나는 사람을 죽인다는 것에 아무런 느낌도 없습니다." 그리고는 "(사형을 앞두고) 할 수 있다면 공포를 맛보고 싶다"면서 자신이 죽음에 대해 별로 실감하지 못함을 탄식하였다고 합니다.

아키야마 선생은 이진우 소년의 말에 다음과 같은 의견을 붙였습니다. 이진우 소년은 자신의 삶과 자신의 현실 사이에 어떤 어긋남 혹은 단층이 있는 지점에 줄곧 서 있었다. 그때 감각적인 직접성이 자신과 자신이 발판으로 하고 있는 현실 사이에서 어긋나버려서 자연적인 연결고리가 없어져 버렸다. 살인범행은 이 두 개를 일치시키기 위한 행위였다고 말입니다. 상당히 적확하면서도 날카로운 지적이었지요.

그런데 구로키 가오루의『타락에도 정도가 있다』말입니다. 이 책은 소문보다 훨씬 뛰어나며 만만치 않은 훌륭한 책이었습니다. 읽어보고 놀랐습니다. 그녀는 요코하마 국립대학 철학과 학생이라(이었다?)고 들은 적이 있습니다만, 어쨌든 삶과 죽음이라든가 재생, 절대라는 용어를 쓰면서도 들떠 있지 않습니다. 도쿄 야마노테의 중류계급 가정에서 자랐고, 자폐증이 있지만 성적으로 조숙한 여자아이가 대학생이 되었고 이탈리아에 가서 종교미술사를 연구하기 위해 유학자금이 필요했다. 그때 우연히 모델 아르바이트를 권유받았고 그것이 계기가 되어 성인비디오 배우가 되면서 헤어나기 어려운 궁지에 처하게 되자 "이젠 할 수밖에 없다"고 결심하고는 뒤도 돌아보지 않고 당당하게 그 길에 몸을 던진 여자배우로 매진해 나간다는 내용이지요.

이와 같은 모습을 "…이옵니다" 조로 1인칭으로 써내려간 이 책은 놀라울 정도로 깨어 있는 시선으로 자신을 응시하면서 여성을 친친 얽어매어 온 갖가지 금기를 역으로 이용하고 온몸으로 공격하여 쳐부수는, 실로 박력이 넘쳐나는 그 표현에 압도된다고 할 수 있겠습니다. 삶과 성(性)의 근원에 관련된 금기는 오히려 여성에 비하면 남성이 덜한 편이기 때문에 (작가라 할지라도) 이 정도의 박력을 내기란 매우 어려울 겁니다.

그러고 보니 나는 이 책을 읽고, 파리에서 본 프랑스영화 〈O양의 이야기〉를 떠올렸습니다. 하지만 O양의 경우는 스스로 자진해서 마조히즘적으로 성적 예속을 즐기면서 받아들이고 동물에 가까운 형태로 조련되어 가는 여성의 모습을 남성감독이 그린 영화로서, 겉으로는 비슷해 보이지만 제시하는 방향은 오히려 반대입니다. 그러면서도 의외의 면에서 혹은 오히려 정말로 근원적인 곳으로부터 불가사의하게 지적인 여성파워가 표출된다고 할까요. 자신이 여성으로서 성을 팔면서 거기에 남성의 욕망을 얽어매고 나아가 그 관계 혹은 구조를 객관화시켜 표현하고 있다고 말해도 괜찮을까요.

다만 나는 『타락에도 정도가 있다』를 읽고 궁금해진 것이 있었습니다. 뭐랄까, 그녀의 고독한 행위를 지탱시켜 주고 있는 것은 다름아니라 렌즈 저쪽 편에 있는 사람들의 시선이었다는 점입니다. 그녀는 너무나도 굴욕적인 장면을 촬영할 때 차라리 포기할까 생각하다가도 간신히 버텨내면서 이렇게 쓰고 있습니다. "이 카메라의 외눈 렌즈 저쪽 편에는 수천, 수만의 눈동자가 나를 향해 있습니다. '보여짐'을 통해서, 난생 처음 사회적 존재가 되는 계기를 얻었던 내가 '보여짐'을 거부하고 이 예술의 무대에서 스스로 내려간다면 꼴사납고 지린내 나고 자폐증세가 있는 여자아이로 되돌아가는 길밖에 없을 것입니다."

게다가 그녀는 타자의 시선을 온몸으로 받으면서 사는 것이야말로 사람으로 살아가는 것이라면서 '24시간 영업'이라는 가면에 충실하겠다고 단언하기까지 합니다. 구로키 가오루와 같은 존재는 1980년대 페미니즘에서도 상당히 만만치 않은 상대라고 생각되지만, 우에노 선생의 입장에서는 어떻게 평가를 하시는지요? 적까지는 아니라 하더라도 간단하게 아군이라고도 말할 수 없지 않을까 싶은데, 어떠십니까? 어쩌면 내 편과 적이라는 이항대립으로는 도저히 다룰 수 없을지도 모르겠습니다만.

80년대 페미니즘이라 하면, 70년대 여성해방운동의 투사 다나카 미즈(田中美津) 씨와 우에노 선생님의 장편대담 『미즈와 치즈코에 관한 모든 것』을 흥미진진하게 읽었습니다. 거리의 무녀와 같은 지금의 다나카 씨에게 다방면으로 입을 열게 하여 현재의 지적 세계 광장으로 그녀의 말을 끌어내려고 하는 우에노 선생의 눈물겨운 노력에 힘입어, 약간의 틈새가 있긴 하지만 그런 대로 호흡이 잘 맞는 약동하는 대담이 되었지요. 70년대 여성해방운동에 거의 관심도 없었고 지식도 없었지만, 이 책을 읽고 우에노 선생을 매개로 해서 그 위상을 매우 잘 알게 되었습니다.

아니, 그 이상으로 다나카 미즈라는 인물의 진솔한 삶의 방식이 놀랐습니다. 일본 여성해방운동에 커다란 돌파구를 만든 후 맥시코로 건너가서 혼자서 아이를 낳고 뜻한 바 있어 동양의학의 침구술을 공부하기 위해 일본으로 다시 돌아오지요. 그리고 침구술로 생활을 해나가는 한편으로 환자 한 사람 한 사람의 몸에 활력을 불어넣음으로써 사회나 세계와 관계를 맺으려고 한다지요. "왜 여성해방운동을 했었나요?"라는 물음에 대한 대답이 인상적이었습니다. "내가 하는 일에 대해 이러니 저러니 하는 말을 듣고 싶지 않았고 나 자신에게 마음껏 얽매이고 싶었다, 나 자신의 인생에. 그렇기 때문에 했다고 느끼는 정도지요, 뭐." 또 "나는 언제나 신선하게 분노를 느끼는 사람"이라든가 "다만 그저 오로지 모든 것을 탐욕스럽게 맛보고 싶어서 살고 있다"고 말하는 데서 문자 그대로 삶을 살고 있다는 느낌을 받았습니다.

그럼 이번에는 우에노 선생이 제기하셨던 '어린아이의 시간'과 연관된다고 보이는데, 최근에 나를 놀라게 한 일 하나를 이야기해 보겠습니다. 좀 느닷없는 일이기도 하지만, 중학교나 고등학교의 '교칙'과 관련된 이야기입니다.

바로 얼마 전에 나는 어떤 이유로 해서, 이제까지 될 수 있으면 나가지 않으려고 했던 교육문제 간담회에 나가게 되었습니다. 내가 이른바 '교육문제'를 의식적으로 멀리하고 있는 것은 결코 교육문제가 중요하지 않다고 생각해서가 아니라 오히려 교육 자체가 중요하다고 생각하면 할수록 인간을, 특히 아이들을 어설프게 건

드리는 것은 좋지 않다고 판단하기 때문입니다. "무능한 사람이 아무리 궁리해도 명안은 떠오르지 않는다"는 속담이 있지만, 아무 것도 하지 않고 가만히 있는 것보다 더 나쁜 경우가 많아요. 교육 문제라는 것은 (세세한 기술적인 문제는 차치하고도) 좁게 이른바 '교육문제'로서가 아니라 사회문제·문화문제로서 고찰해야만 한 다는 것이 나의 지론입니다.

그런데 그 간담회에 나가서, 오늘날 일본교육이 강한 권위주의 와 무사안일주의에 사로잡혀 있다는 것을 새삼 느꼈습니다. 왜 학 교와 교사가 각자의 책임범위를 한정지어 놓고 그 다음은 학생의 자주성이나 가정, 사회에 맡겨두지 않는 것일까, 다시 말해 아동의 교육을 이것저것 다 넘쳐날 정도로 떠맡으려 하는지, 나로서는 이 해할 수가 없었습니다. 이런저런 이야기를 들어본 결과, 이것이 학 교나 교사의 권위를 지키려는 권위주의와 또 이 권위주의와 결부 되어 있는 무사안일주의에서 비롯되었다는 사실을 알게 되었습니 다(역시 가끔씩은 마음이 내키지 않는 분야에도 얼굴을 내밀고 볼 일이더군요).

잘은 모르겠지만 요즈음 중학교나 고등학교 상당수가 클럽활 동을 위해 아이들을 저녁 늦게까지 학교에 붙잡아두고 있는가 본 데, 그토록 열심히 할 수 있는 클럽이 있다는 것은 바람직하다고 생각했는데 실상은 그렇지 않은 모양입니다. 이른 시간에 학생들 을 교문 밖으로 내보내 집으로 돌아가게 하면, 집에 가다가 혹은 집에 도착한 다음에 이런저런 교칙에 위반되는 행동을 한다거나 사건을 일으킬 우려가 있다. 그러므로 부모들의 요청도 있고 해서 가능하면 학생들을 오랫동안 학교에 붙잡아두게 되었다고 합니다. 이제 우리 집에는 고등학생이나 중학생이 없어서 이와 같은 사정은 잘 몰랐는데, 그 이야기를 듣고는 무사안일주의도 웬만해야지 이토록 심각해서야 하는 생각이 절로 들었습니다.

학생들에 대한 학교의 권위와 관리를 나타내는 대표적인 것이 '교칙'입니다. 그건 그렇다고 치고 그럼 교칙이 제대로 지켜지고 있는가 하면 이 또한 돌아가는 형편이 참으로 요상한 듯합니다. 이른바 진학에 치중하는 엘리트학교에서는 대체로 교칙은 있어도 쓸모가 없다고나 할까, 교복이니 규율 등을 학생들의 자주성에 맡겨놓은 곳이 많아서 실질적으로는 교칙이 있으나 마나 하다고 합니다. 그런 한편으로 이른바 열등생들이 많은 학교에서는 학교측이 아무리 엄격하게 교칙에 따라 감독을 하려 해도 학생들이 걸핏하면 교칙을 어겨버리곤 한다는군요.

따라서 어느 경우이든 이미 교칙은 거의 무용지물이나 마찬가지가 된 셈입니다. 이런 이야기를 듣고 놀라워하고 있는데, 교칙에 대하여 더 깜짝 놀랄 일이 있었답니다. 현재 학교에서 이 교칙이라는 것을 누가 만들고 있는지, 우에노 선생은 알고 계십니까? 학생들이 아닌 것은 물론이거니와 학생과 교사가 함께 만드는 것도 아니며 교사들이 만든 것도 아닙니다. 그러면 도대체 교칙은 누가 만들까요?

아무리 그렇다 하더라도 다 이렇지는 않겠지 생각하지만, 아무튼 상당히 많은 학교에서 교칙은 학습기자재 업자가 만든다고 합니다. 다시 말해서 교칙은 학교기준법에 근거해서 만들어져야 한다는 사고방식에 따른다면, 주요한 문제점에 관한 방침의 몇 가지 실례가 생기겠지요. 그와 같은 실례를 업자가 만든 다음에 학교측의 희망사항을 반영하여 그에 맞는 내용을 집어넣어서 학생수첩 등에 인쇄하여 학교에 납품하는 절차를 밟고 있다고 합니다.

이 정도만 해도 말도 안 된다고 생각되겠지만, 놀랄 만한 일은 여기서 끝나지 않습니다. 이러한 방식으로 교칙이 만들어진다는 사실을 중학교, 고등학교의 교장선생이나 교원조합의 집행위원장들에게 전해도 이 사람들은 별로 놀라지도 않을 뿐더러 오히려 도대체 그것이 놀랄 만한 일인가 하며 언뜻 이해가 되지 않는다는 얼굴을 하기 때문입니다. 현재의 일본사회에서 '현실과의 생명적 접촉', 즉 중층적인 현실에 대한 생생한 감수성의 결여는 제도가 경직되어 있는 곳이라면 거의 모든 곳에서 어김없이 볼 수 있는 현상이지만, 특히 학교가 가장 선명하게 드러나는 곳인가 봅니다.

나는 이와 같은 현재의 상황에 질려버려서 한 발 더 나아가서 "교칙을 한번 폐지해 보면 어떻겠냐"고 제안해 보았습니다. 교칙을 폐지한다면 학생들 사이에서 어떤 형태로든 "역시 최저한의 교칙은 필요하다"는 분위기가 형성될 것이기 때문입니다. 학생들 가운데서는 교사의 의중을 미리 알아채는 우등생 영합파가 나올지도 모르고, 또 정말로 자주적인 교칙이 만들어질 때까지 많은 우여곡절이 있을지도 모릅니다. 그러나 그래도 좋다고 생각합니다.

우에노 선생이 현재도 '어린아이의 시간'에서 유지되고 있는 낮은 '삶과 죽음의 경계울타리'에 대한 실존적인 감각을 성인이 되면 잃어버린다는 것을 강조하셨다면, 이번 편지에서 나는 어린아이들까지 포함해서 현대인은 '현실과의 생명적 접촉' 감각이 결여되어 있는 게 하닌가 하는 의견을 내놓았습니다(우에노 선생이 말하는 '어린아이의 시간'과 '늙음'이나 '죽음'의 직접적인 연결도 이런 감각이 있음으로 해서 비로소 성립된다고 봅니다).

나 역시도 현대와 같이 사물의 의미가 확산되고 다분히 제도와 정보가 환경을 만들고 있는 시대에서는 '현실과의 생명적 접촉'이 목가적으로 존재할 수 있다고는 물론 생각하지 않습니다. 현실을 둘러싸고 있는 제도나 정보의 균열 혹은 피막을 통해서만이 접촉이 가능할 수 있다고 말해야겠지요. 극단 '파랑새'의 〈삶은 달걀〉에서 표현되었던 삶의 위태로움도 이와 같은 곳에서 생겨나고 포착된 것 아닐까요. 그리고 꼭 강조하고 싶은 말인데, 무대 위에서 삶의 위태로움을 표현하기 위해서는 잘 조절된 강렬한 생명력이 필요합니다.

편지 말미에서 밝히신, '현대풍속연구회' 창립 10주년 대회에서 우에노 선생이 기조강연을 하기로 했다는 「이문화로서의 노인」은 재미있을 것 같군요. 큰 어르신이신 구와바라 다케오 선생의 기념강연 다음 순서로 그런 이야기를 한다는 것도 유머 넘치는 절묘한 조합이네요. 역시 교토에는 지혜로운 분들이 모여 있군요. 그 준비로 '유쾌한 노인탐험'에 나서기로 했다니, 더한층 설레게 하는 이야기입니다. 우리가 주고받고 있는 편지에도 그 성과를 반영해 주시리라 기대하고 있습니다.

이번 편지는 갈수록 태산으로 긴장이 풀어진 탓일까, 좀체 술술 써지지 않아서 해를 넘기고 말았습니다. 오늘이 1월 6일, 어젯밤 몹시 춥다 했더니 아침에 일어나 보니 정원에 눈발이 흩날린 흔적이 남아 있군요.

나카무라 유지로

다극화하는 자아

나카무라 유지로 선생님

여기는 빈입니다. 나카무라 선생님의 답장을 받고 도발해 버릴 것만 같습니다. 역시 나카무라 선생님께서 저의 도발을 유도하셨던 거지요? 도저히 걸려들지 않을 수 없게 말입니다.

다름이 아니라 성인비디오의 여왕 구로키 가오루 씨의 일입니다. 앞의 편지에서 그녀를 언급하실 때, 너무나도 쓰고 싶어 안달이 나다 보니 ─ 그럼 여기서부터는 돌연히 구로키 가오루 식으로 진행시켜 볼까요 ─ 저는 그야말로 완전히 흥분되어서 촉촉이 젖어 있었는데 장소를 가리지도 않을 만큼 신중치 못하다고 꾸중을 들을 것을 예상하고 안달이 난 성기를 달래고 당장이라도 비밀스러운 곳에 도달할 듯한 손을 진지한 쪽으로 돌려놓아, 죽음과 늙음의 이야기를 계속하였던 것이었습니다. 그렇다고 해서 섹스가 죽음과 표리부동의 관계에 있다는 것을 잘 아시는 선생님을 상대로 저의 쓸데없는 사양은 여자의 얕은 지혜라고 말씀드려야 할는지요. 여기서 한 가지, 성기의 주름살, 아니 생각의 주름살을 하나하나 샅샅이 보여주겠다는 직업적인 사명감을 가지고 '1980년대 페미니즘과 구로키 가오루'라는, 덥석 안고 싶어지는 장면을 연기하기로 결의하였던 것입니다….

아무리 그렇다고 해도 나카무라 선생님, 정말 너무 하시네요. 지난번 편지에서는 제 반응을 시험해 보시려고 '조금 짓궂은 감정'이 있었다고 말씀하셨지요. 이번 편지에서는 '페미니즘에서 보는 구로키 가오루'라는 그럴듯한 주제를 미끼로 던져서 저를 놀리면서 도발하게 해보겠다는 심정이신 거지요!? 저는 보기 좋게 걸려들었습니다. 남이 만들어놓은 씨름판에 들어가 보는 것도 설레는 경험이니까요. 더욱이 '무대'가 오직 나만을 위해 만들어놓은 것이라면 더욱더 그렇지요. 이렇게 된 김에 무대에 오르지 않을 수는 없겠지요.

그 옛날 저는 '메트로'라고 불리었습니다. 파리의 지하철을 멋지게 부르는 메트로(métro)가 아닙니다. '메스(암컷) 트로츠키주의자'의 약자였던 모양입니다. 부끄럽게도 그 무렵의 저는 트로츠키[1]를 단 한 줄도 읽은 적이 없었던지라 메트로라고 불린다는 것 자체가 포

1. Leon Trotskiy, 1879~1940. 러시아의 혁명가. 소비에트의 10월혁명에 가담하였고 외무인민위원(외무장관)이 되었다. 스탈린과 대립하여 1929년 국외로 추방되었고, 1940년 멕시코에서 암살당했다.

복절도할 노릇이었지만, 아무튼 이렇게 불리는 데는 나름대로 근거가 있었습니다. 왜냐하면 트로츠키주의자의 속성이 '도발에 놀아난다'는 것이기 때문이라고 합니다. 그 말을 듣고 납득하였습니다.

생각해 보면 이제까지 제 행동을 결정해 온 세 가지 원칙이 있습니다.

하나, 도발에는 기본적으로 응한다.

둘, 싸움을 걸어오면 맞서준다.

셋, 올라탄 배에서는 내리지 않는다.

덕분에 고통스러운 꼴을 어지간히 많이 당하기도 했습니다. 물론 그에 못지않게 유쾌한 일도 많았지요.

이러한 저의 행동양식을 나카무라 선생님께서는 필경 알고 계시겠지요. 그렇다면 보기 좋게 걸려들어 보겠습니다.

그런데 구로키 가오루 이야기인데요, 아시는 바와 같이 1980년대 페미니즘은 상당히 다양해서 제가 페미니즘을 대표하는 것은 아닙니다. 제가 무언가를 이야기하면 "1980년대 페미니즘이…"라는 말을 듣는 것은 페미니즘으로서도 또 저에게도 좀 곤혹스러운 일입니다. 저는 제 자신이 구로키 가오루의 성적(性的) 자전(自傳)을 읽고 어떻게 느꼈는지를 이야기할 수 있는 정도에 불과하지요.

구로키 씨의 『타락에도 정도가 있다』──가까스로 '정도가 있다'라고 썼습니다――를 읽고 처음 느낀 감상은 자신을 냉정하고도 철저하게 분석해 내고 있는 무서우리만큼 총명한 정신병자의 병상일지를 읽고 있는 듯하다는 것이었습니다. 병자는 누구보다도 자신의 상태를 잘 알고 있기 때문에, 바야흐로 어떤 치료사나 정신분석가도 도달하지 못할 정도의 자기분석의 극치에 달해 있습니다. 논리는 완벽하고 일관성이 있고, 일어난 일에는 당연히 있어야 할 의미가 부여되어 있으며, 억제되고 격조 있는 문장… 정말 구로키 자신이 말한 대로, 이 '철벽'의 구로키 가오루 초상에는 어떤 사람도 개입하기란 불가능하고 단지 공허하게 남근을 치켜세우고 그 주변을 조깅할 수밖에는 없을 것입니다.

제가 놀란 것은 이 '철벽의 논리'가 구성하고 있는 시나리오가 너무나도 알기 쉽다는 점이었습니다. 마치 그대로 그림을 그려놓은 듯이 근대주의 시나리오와 똑같아서 프로이트주의자라면 'K양의 증세' 연구에 달려들고 싶어질 터이고, 너무나도 진실 같아서 오히려 꾸며낸 이야기가 아닐까 하는 의문을 강하게 품을 정도였습니다. 여기에는 엘렉트라 콤플렉스,[1] 억압적인 부르주아 성도덕, 강간당하고 싶어하는 심리, 마조히즘… 등등의 재료가 모조리 다 갖추어져 있습니다. 너무 많아서 차고 넘칠 정도입니다. 오늘날 아직도 이렇게 '고전근대'를 체현한 듯한 아가씨가 있다니, 솔직히 놀라움 그 자체입니다. '고전근대'가 '포스트모던'의 미디어

1. 여자아이가 아버지를 따르고 어머니에게 반감을 느끼는 경향을 일컫는다.

상황을 역이용하는——잘못된 접합과 어긋남이 이러한 이상하리만큼 슬픈 한 시대의 히로인을 낳은 것이겠지요. 동시대를 사는 좀더 나이를 먹은 여성으로서 제가 보기에도 총명한 이 아가씨가 미디어가 만든 이미지를 눈속임으로 이용하면서 당차게 그 상황을 빠져나가, 구로키 가오루는 어디에도 없어요, 구로키 가오루는 당신들의 남근이 광원(光源)으로 삼는 브라운관의 이미지 속에만 있다오, 하며 저 멀리서 요염한 미소를 띠고 있기를 바랄 따름입니다. 가능하다면 상처 입지 않기를.

　그녀의 성적 자기형성 역사는 많은 사람들에게 '근대'가 아직 연명하고 있었던가 하는 안도감을 가져다주는 것이었지요. 예를 들면 초경의 경험 같은.

　"자연의 섭리에 의한 기쁜 육체의 성장을 어머니가 환영해 주지 않았던 것은 나에게 깊은 상처를, 그리고 교훈을 주었습니다."

　예컨대 치한한테 당한 경험. 여기에는 성적 치욕을 당한 피해자가 자신이 더럽혀졌다고 느끼고 부끄러워해야 한다는 가부장제 심리를 역으로 투사하는 메커니즘이 전형적으로 드러나고 있습니다. "누군가가 내 몸을 만졌다는 것을 주위사람들이 알게 해서는 안 돼. 소리를 지른다는 것은 당치도 않고 사람들에게 알려지는 것이야말로 부끄러운 일이라고 생각했던 거지요."

　자기를 버린다는, 남권(男權)적인 '연애' 연습.

　"누군가가 갖고 노는 장난감이 되고 싶어. 인격을 갖지 않은 일개 사물로 취급되고 싶어."

"생각해 보면 S와의 연애는 남자와 여자의 관계성 문화의 초보 단계를 공부한 것과 같은 것이었습니다. '일본여성은 사랑스럽고 순종적이고 세계에서 제일 인기 있다'는 속설이 반드시 수상쩍기만 한 것은 아니라고 여겨질 정도로, 그 세련된 문화의 집적은 참으로 대단하다고 생각을 고쳐먹게 되었습니다. 그 문화에 의해서 가슴 두근거리는 사랑이야기가 생겨나고 사람들 모두가 평등하게 행복에 푹 빠질 수 있기 때문입니다."

가부장제 근대의 '사랑' 시나리오는, 남자 쪽에서 보면 여자에게 이러한 '연애연습'을 주입시켜 주는 좋은 조련사가 될 터이고, 여자에게는 좋은 조련사를 만나는 게 되겠지요. 이러한 '연애연습'이 완성되면 '머리는 모자라지만 사랑스러운 여자'와 믿음직한 남자의 '행복한' 짝짓기가 된다는 줄거리입니다. 구로키의 글을 읽고 있으면 그렇구나, 나의 불행은 우수한 '조련사'를 만나지 못했던 것이구나라는 생각이 들 정도입니다. 그러고 보니 갑자기 생각이 났습니다. 옛날에 어떤 남자가 너무나도 원통한 듯이

"너는 네 자신을 압도할 만큼 정말로 강한 남자를 만난 적이 없었지"

하고 막말을 내던졌던 것이. 그의 말투는 "내가 그런 남자가 아니어서 유감스럽지만"이라는 분함이 넘쳐 흘렀습니다. 그의 말 속에는 "그래도 세상에는 그런 남자도 있단 말이야" 혹은 "남자란 원

래 그런 존재란 말야. 그리고 나는 그 종족에 속해 있단 말이야"
하는 억지가 배어 있었습니다. 괘씸하게도 저는 무릇 남자에게는
(여자에게는) 약한 면이 있다고 생각하는 여자였던지라 "그렇게
보면 그렇기도 하네"라며 선선히 그의 말에 동의하고는 그 다음부
터 문득 "어쩌면 반드시 어딘가에 있을 '정말로 강한 남자'를 만나
지 못한 것은 나의 불행 아닐까" 걱정하기도 했습니다. 다시 말해
서 저는 '자기포기'라는 궁극적인 '여자의 행복'을 아직 맛보지 못
한 셈이지요.

그러나 '연애'가 어차피 문화적 시나리오를 공부하는 것에 지
나지 않는다는 것을 알고 있을 정도로 총명하고 조숙한 아가씨는
허울만 그럴듯한 문화에 속아넘어가 버리는 미녀는 아닙니다.

"그렇지만 문화는 문화이고. 누구나 바보스럽고 귀여운 여자
로 타고나는 것은 아니므로 그런 재주를 부린다는 것은 지독하게
도 피곤한 일이기도 합니다."

이 남성 중심의 사회에서 자신의 존재조차 '죄'와 '부정'(不淨)
이라고 믿어버림으로써, 자신이 있을 곳을 찾을 수 없는 여자에게
는 '자기포기'가 여자로 사는 주체적인 선택이 됩니다.

"자기의 사적 소유권을 던져버리고 타자가 전적으로 소유하게
하는 것. 그것이야말로 실로 지상에서 거주할 권리를 얻는 것이며,
동시에 내가 이 세계를 획득하는 방법이기도 합니다. 나는 S에게
점거당해 S의 여자가 됨으로 해서 비로소 나를 계속 소외시켜 왔

던 '세계'를 가까스로 손에 넣을 수 있었습니다."

이 '자신을 던져버리는 것'은 주체적인 선택입니다. 저는 자진해서 남자에게 종속당하는 강한 의사를 가진 여자들을 알고 있습니다. 반대로 남자에게 자아를 양도할 수 없는 여자는 '제멋대인 여자' 혹은 '자기주장이 강한 여자'로 보이기 쉽지만, 갈등을 안고 있는 가녀린 자신에 대해 괴로워하고 있다는 것도. 때때로 저는 '자기를 던져버리는 것'——흔히 '그 남자를 따라간다'고 표현되지요——을 주체적으로 선택하는 여자의 또 다른 강인함에 감탄하고 그 여자가 자기를 내던져버리는 대상이기에는 전혀 어울리지 않는 상대방 남자의 취약함에 어이없어 하면서, 이어 이토록 강인한 여자에게 자기를 내던져버리고 '따라가게 한' 상대방 남자의 무거운 부담을 생각하며 남의 일이지만 걱정이 되곤 합니다. 도대체 어떻게 해서 일본 남자들은 이 중압감에 대해 "너의 인생까지는 책임질 수 없어" 하고 비명 지르지 않을 수 있는 거죠?

구로키의 글을 옮겨 쓰다 보니 가슴이 아파옵니다. 문화적 시나리오가 한 인간, 총명하고 성실한 여자아이를 친친 얽어매어 출구가 없는 덫에 걸려들게 한 것을 생각하니.

그래도 이 소녀는 자신이 떨어진 덫의 저 밑바닥에서 목숨을 건 전략을 선택했습니다. 시나리오를 주체적으로 살아나감으로써 시나리오를 역이용하는 것. 시나리오를 100%, 아니 120% 이상으로 삶으로써 시나리오의 맞은편까지 초월해 버리는 것.

"어느덧 나는 '형이하(形而下)에서의 패자는 패배를 수용함으로써만이 승자에 대항해서 형이상(形而上)의 승리를 손에 넣을 수 있다'는 법칙을 발견하기에 이르렀습니다. 다른 위상에서의 승리, 이거야말로 바로 SM의 진수였습니다."

가부장제적인 '성애' 시나리오를 내면화한 여자에게는 마조히스트가 되는 것만이 진정으로 '사랑하는 사람'에게 이르는 길입니다. 여자는 남자와 함께 SM(sado-masochism)놀이를 '연기'하지만, 그와 동시에 상대방에게는 자신이라는 '함께 연기할 사람'이 반드시 있어야 한다는 사실도 이미 간파하고 있습니다. 그리고 그 역할을 더할 나위 없이 완벽하게 연기해냄으로써 '성의 정치학'(sexual politics) 안에 '역전의 승리'가 있다는 것도. 그렇습니다, 성의 정치학은 남자와 여자의 '힘의 정치학'(power politics)인 것입니다.

이 힘의 정치학의 원동력이 되는 것이 나르시시즘이라는 것을 냉정하게 자각하고 있다는 점에서도 저는 구로키 가오루라는 젊은 여성에게 혀를 내둘렀습니다.

그녀가 성인용 비디오 체험을, 자학과 자긍이 격렬하게 교차하는 극한을 "세차게 흔들어서 분리되어 버린 드레싱 소스"라고 표현한 것은 압권이었습니다. 그 독창적인 표현의 리얼함과 적확함에, 저도 모르게 미소지었습니다.

"드레싱 소스에서 식초와 기름은 결코 뒤섞여버리지 않습니다.

그러나 격렬하게 흔들면 각각은 절대 융화되지 않고 자잘한 분자 상태가 되어 뒤얽혀버립니다. 식초를 이성, 기름을 욕망이라고 바꾸어놓으면, 마구 흔들린 드레싱 소스는 그때의 나 자신이었던 것입니다. …성인용 비디오 촬영이라는 행위가 불러일으키는 폭력적인 '힘'이 나를 격렬하게 휘저어서 분자상태의 이성과 욕망이 고속으로 뒤범벅되어 전혀 알 수 없는 미지의 세계로 내달리게 했던 것입니다."

저라면 '식초'를 자학으로, '기름'을 자긍으로 바꾸어놓았겠지요. '드레싱 소스'라는 탁월한 비유는 여자의 자기애가, 자긍이 깨져버린 자학에서만 완수될 수 있는 역설의 한가운데 있다는 것을 나타내고 있습니다. '결코 서로 섞이지 않는 식초와 기름'의 비유는 동시에 자긍과 자학이 결국은 화해할 수 없는 양립 불가능한 것임을 나타내는 것이기도 합니다.

항문섹스(anal sex)의 고통을 견디어내면서 그녀가 "더, 더, 더 '힘'을 줘! 나는 진짜 '초인'이 되지 않으면 안 되었다"고 표현한 대목 등, 이 자긍과 자학의 논리를 훌륭히 드러내고 있습니다. 항문섹스와 '초인'의 조합이라는 것은 니체도 놀랄 정도의 얼토당토않은 뒤범벅——아, 죄송하옵니다, 웃음거리가 되겠지만 이것은 그녀의 심리적 현실성을 잘 표현하고 있습니다.

구로키 가오루의 새로움은 이 나르시시즘이 미디어를 사이에 두고 비디오 카메라 맞은편에 있는 익명의 시선을 매개로 해서 성립된다는 점입니다. 구로키 가오루는 '모든 남자'의 욕망의 대상으로 자신을 기꺼이 내놓으면서 역설적으로 누구에게도 종속되지 않고 '모든 남자'에게 군림하는 '여왕'이 된 것입니다. 이것이 '승리'가 아니면 무엇이겠습니까.

1985년 6월에 나온 『논노·Boys 백서』(제2호)에서 "결혼하고 싶지 않은 여자" 최악 3인(worst three) 목록에 1위 이시하라 마리코(石原眞理子) 다음으로 2위에 구로키 가오루의 이름이 올랐다는 것은 '매혹적인 성적 오브제'로서의 그녀에 대한 남자들의 이중적 태도를 잘 보여주고 있습니다. 이시하라 마리코에 대해서는 바람기 있고 제멋대로인 여자에게 남자아이들이 애를 먹고 있는 모습이 엿보이지만, 구로키 가오루의 〈SM 즐기기〉를 볼 듯한 남자아이들도 그 안에 있는 그녀의 만만치 않음과 공격성에 두려움을 가지고 있는 것이겠지요.

이런저런 쓰고 싶은 말이 더 많지만, 이쯤에서 'K양의 증세사례 연구'는 줄이기로 하겠습니다. 제가 굳이 '증세사례'라고 쓴 것은, 뭐랄까 그녀가 병적이라고 말하고 싶기 때문은 아닙니다. 그녀의 병은 우리의 병입니다. 그녀는 우리 시대의 병을 증폭시켜 눈앞에 보여주기 때문에 우리는 매혹당하면서도 눈을 돌리고 싶은 마음을 금할 수 없는 것이지요.

아, 그런데 구로키 가오루가 1980년대 페미니즘의 '적'인가 '아군'인가 하는 절박한 질문에 답을 해야겠네요. 그래요, 그녀는 80

년대 페미니즘에서 보면 든든한 아군입니다. 이런 요조숙녀가 나타났다는 것이 듬직할 따름입니다. "있어야 하는 것을, 당연히 있을 수밖에 없는 것을, 없는 것처럼 처신하는 이상한 상태의 우스꽝스러움이란!" 하고 내뱉는 이 겨드랑이털의 여왕의 말씀을 들은 뒤로는, 저는 거울 앞에서 팔을 들어올려 겨드랑이털을 깎을 때마다 제 자신의 한심스러움을 부끄러워할 따름입니다.

오늘 아침에 신문 투고란을 읽고 있는데, 대마초사건으로 체포된 가수 오자키 유타카(尾崎豊)[1]에게 보낸 18세 소녀의 '편지'가 실렸더군요(1988년 1월 31일자 『아사히신문』 오사카판). "오자키 씨 만약 이 글을 읽고 있다면 부디 잊지 말아주세요" 호소하면서 소녀는 이렇게 쓰고 있습니다.

"…계속 살아야 한다는 것은 죽는 것보다 괴로운 절망이긴 하지만, 또한 희망도 거기에서 시작되는 것입니다. …제발 부탁이오니 살아주세요. 나는 당신의 노래를 기억하고 있습니다."

불쑥 눈앞이 흐려져 저는 더 이상 읽어 내려갈 수가 없었습니다. 신문기사를 보고 이런 심정이 되는 것은 매우 드문 일

1. 1965~92. 대중음악가수. 15세에 가수로 데뷔하였고 1980년대에 청년의 반항적 정서를 노래해서 선풍적인 인기를 모았다. 26세에 요절했는데 사후에도 인기는 계속되고 있다.

입니다(갑자기 음조가 마이너로 바뀐 것을 용서해 주세요. 날짜를 바꾸지 않으면 구로키 가오루론의 매혹에서 다른 화제로 바꿀 수가 없었습니다). 18세 소녀의 입에서 "계속 살아야 한다는 것은 죽는 것보다 괴로운 절망이긴 하지만"이라는 말이 나오게 된 것은 도대체 어떤 연유일까요? 제가 구로키 가오루에 관해 논하다가 느닷없이 이 소녀의 말을 끄집어내는 것은 아닙니다. 소녀와 똑같이 열여덟 살인 구로키 가오루 양도 같은 내용을 적고 있습니다.

지난번 제 편지에서 말씀드렸던 여성과 저는 '요즘 아이들'이 우리가 어렸을 때 이상으로 쓰라린 삶의 어려움을 느끼고 있는 모양이라는 이야기를 나눈 적이 있습니다. 또 어떤 어머니는 "아이가 견뎌내고 있는 괴로움을 보고 있으면 어찌하여 이 세상에 태어나게 했을까, 한없이 미안한 생각만 든다"고 했습니다. 그러면서 그녀는 "우리들의 시대에도 어린 시절의 괴로움은 있었지만 이 아이들만큼 심각하지는 않았다"고 말하더군요.

'현실과의 생명적 접촉의 상실'이라고 나카무라 선생님은 표현하셨지요. '요즘 아이들'은 '현실과의 생명적 접촉의 상실'로 괴로워하고 있는 것일까요.

이와 같은 생각은 '제가 어렸을 때'의 기억을 떠올리게 합니다. 30년 전 어린아이였던 저는 '현실과의 생명적 접촉'을 가지고 있었을까요. 저에게는 '내가 아이였던 시절'의 괴로움과 '요즘 아이들'이 느끼는 괴로움이 별로 거리가 없다고 생각됩니다. 만약 '요즘 아이들'이 '현실과의 생명적 접촉의 상실'로 괴로워하고 있다면 30년 전의 저도 마찬가지로 괴로워했을 테고, 반대로 당시의 제가 '현실과의 생명적 접촉'을 가지고 있었다고 한다면 그와 같은 정도의 접촉을 '요즘 아이'도 가지고 있으리라 봅니다. 저는 지방도시의 비교적 혜택받은 중산계급의 딸이었습니다. 그러나 중산계급에게는 중산계급 나름의 불행이 존재합니다. 또한 당사자에게는 그 불행이 타인과 비교할 수 없으리 만큼 절실하게 느껴집니다. 마찬가지로 도시에서는 도시대로, 시골에서는 시골대로의 괴로움이 있습니다. '옛날아이'는 혹은 '시골아이'는 '현실과의 생명적 접촉'을 가지고 있었다고 생각한다면, 지나치게 목가적인 생각이 아닐까요.

'사회학자'이기도 한 저는 최근까지만 해도 어린아이의 자살이나 집단 괴롭힘은, 예를 들어 주변에서 가까운 사람의 죽음에 임종한 경험이 없거나 생명과의 관계가 희박한 데서 비롯된다는 설을 지지하였습니다. 물론 어린아이를 포함하여 현대인이 '현실과의 생명적 접촉'을 상실하고 있다는 입장은 그 근거로서 몇 가지 '사회학적' 이유를 제시합니다. 첫째는 도시화에 따라 인간이 '자연'으로부터 멀어졌다는 점, 둘째는 핵가족화에 따라 혈연·지연을 포함한 두터운 인간관계를 상실했다는 점, 셋째는 정보화에 따라 인간이 이른바 '2차 환경'이라고 일컬어질 만한 인위적인 장치 체계 속에서 생활하고 있다는 점이지요. 만약 제가 100% '사회학자'라면 이 설명에 전면적으로 동의했을 겁니다.

그러나 생각해 보면 '사회학적' 수준에서조차 이 설명에 대해서는 하나하나 반론을 펼 수 있습니다. 첫째로 '자연' 안에 있는 인간이 언제든지 '현실과의 생명적 접촉'을 가지고 있다고 할 수 있을까 하는 것인데요, 보호지구에 있는 인디언이나 원주민 그리고 지난날 전쟁 때 마을에서 소개되어 피난을 갔던 아동들은 '자연'의 한가운데 있었음에도 뿌리 없이 허공에 매달린 삶의 희미함에 괴로워했을 터이지요. 둘째로 가족관계입니다만, 과거 대가족의 인간관계가 오히려 의례적인 역할연기에 지나지 않았다는 것, 현대의 밀실적 가족관계가 훨씬 더 무정형적이고 또 감정이 잘 제어되지 않고 분출됨으로 해서 갈등을 일으킨다거나 그와 반대로 서로 상처 주는 것을 두려워하여 지나치게 배려한 나머지 '가족'게임의 당사자들이 지쳐버렸다는 느낌이 듭니다. 학생들이 부모-자녀관계를 이야기할 때의 표정을 보면, 중압감에 풀이 죽어 있습니다. 이토록 큰 심리적 부담이 이 아이들에게 가해질 정도라면 차라리 옛날처럼 기껏해야 경제적인 부양의무 정도의 '효행'이 요구되는 편이 훨씬 나았다고 생각될 정도입니다.

셋째로 '2차 환경'에 대해서인데요, 아이들이 연필도 제대로 못 깎고 대나무잠자리도 못 만들지만 컴퓨터나 신디사이저에는 몇 시간씩 몰두할 수 있는 것으로 보아 하이테크(high-tech) 시대의 아이들에게 로테크(low-tech)의 노하우를 잃었다고 책망하는 것은 좀 심하다고 생각합니다. 언젠가 한번 신디사이저나 컴퓨터 전시장에 간 적이 있었습니다만, 이것들의 작동장치를 파악할 능력이 없었던 저는 곧 질려버렸을 뿐 아무리 애를 써도 시간을 보낼 수 없었던 것을 기억하고 있습니다. 하지만 초등학교나 중학교에 다니는 아이들은 그 전시장에서 헤드폰과 스크린에 푹 빠져서 시간 가는 줄 모르고 몇 시간씩 잘도 지냅니다. 이런 아이들의 입장에서 본다면, 같은 공간에서 무료하게 배회하고 있는 어른들이 얼마나 무능해 보이겠어요.

그래서 저는 '옛날사람'이나 '시골사람'이 현대인보다 '현실과의 생명적 접촉'을 유지하고 있었다고는 쉽사리 생각되지 않습니다. 거칠게 일반화해서 말해 버린다면, 삶을 파악하는 범주와 현실 사이에 틈새가 생길 때, 삶은 희미하게 느껴지는 게 아닌가 싶습니다. 예를 들어 죽음을 눈앞에 둠으로 해서 빛나던 삶에서 갑작스럽게 패배로 내던져진 미시마(三島) 소년의 삶의 희미함처럼 말입니다. 역사의 과도기에는 낡은 범주가 새로운 현실성에 잘 들어맞을 수 없기 때문에 많은 사람이 허공에 붕 떠 있는 듯한 삶의 감각에 괴로워하는 것 아닐까요. 그렇다면 현재는 낡은 범주가 삶을 파악하는 힘을 상실하면서 아직 새롭고 힘있는 범주가 나타나지 않은 과도기에 해당합니다.

범주와 현실이 일치할 때 인간은 '충실감'이나 '분명한 반응'을 느낄 수 있습니다. 그러나 ──이렇게 여기서는 지적인 곡예를 해

볼까 합니다 ─ 범주와 현실이 일치하는 것이 정말로 '좋은' 것일까요?

인간은 '개념'(concept)의 동물이므로 ─ 미개인, 정신병자, 어린아이를 보고 있으면 이 사실을 잘 알 수 있습니다 ─ '개념'을 떠나서 생생한 '자연'과 접촉하고 있는 것은 아닙니다. 범주와 현실이 일치하면 그 혹은 그녀는 '확실한 어른' 혹은 '완전한 남자'혹은 '모성적인 어머니' 혹은 '아이다운 아이' 그리고 또 '경건한 크리스천'이나 '건실한 혁명가'가 됩니다. 주부증후군을 앓는 부인이나 한직으로 밀려난 샐러리맨이 호소하는 허탈감은 지금까지 그 혹은 그녀가 '충실감'을 느꼈던 범주가 적용될 수 없게 된 현실에 직면하여 그 어긋남을 호소하고 있는 것 아닐까요.

범주와 현실이 일치하는 상태란 달리 표현하면 범주가 현실을 틀 속으로 밀어넣는 데 성공했다는 것을 의미합니다. 사회학적으로 말하면, 이것은 '역할'에 과잉 동조하는 것이기도 합니다. 예를 들어 '여성스러움'이라는 범주와 여성의 현실이 어긋나버린 현대의 여성들은 자신이 누군가의 아내 혹은 어머니인 것을 의문으로 느끼지 않았던 어머니세대의 여성들과 같은 '어머니'로서, '아내'로서의 '충실감'을 가질 수가 없고 자신을 정의할 수 없는 현실에 항상 불안을 느끼지만, 그러면서도 정의된 현실을 살아가는 것이 너무나 싫기도 한 것입니다.

범주와 현실의 어긋남 그 이면에는 단순히 현대가 낡은 범주와 새로운 범주의 사이인 과도기라는 점만 있는 것이 아니라, 현실을 간단하게 범주화할 수 없게 되었다는 현실적 측면의 변용 또한 있습니다. 나카무라 선생님, 현대의 젊은이들은 '성인'의 마디를, 그 속에서 죽음과 재생이 연출되는 성인식 의례를 통과하기가 점점 어려워지고 있다고 지적하셨지요. 그리고 아키야마 슌 선생의 『연애의 발견』을 인용하여 "불쑥 나에게는 네가 필요해 하고 말하면서 보이지 않는 손을 내밀어 상대와 악수하려는" 점에서 연애와 범죄가 비슷하다는 것과 이와 같은 현상은 어른이 되기 '일보 직전의 나이'인 열아홉 살에 자주 일어난다는 데 주의를 환기시키셨죠.

'19세'가 '어른이 되기 일보 직전의 나이'가 된 것은 아주 최근의 현상에 불과하다는 점, 이와 같은 절실함을 가지고 타자가 폭력적으로 필요하다고 여기는 '청춘'은 오늘날에 비추어볼 때 너무나 고전적인 근대의 청춘상으로 생각된다는 점(과연 『내부의 인간』을 쓰신 비평가다운 고전근대성입니다), 연애가 '둘도 없는 당신'과의 한 쌍이라는 환상에 기반하고 있다는 데 비해 여기에서 아키야마 선생이 거론한 범죄의 예가 특정한 상대를 대상으로 하지 않은 '이유 없는 살인'이라는 사실의 비대칭성 그리고 이 비대칭성이 느닷없이 수면으로 떠오르는 것은 연애 또한 그 대상으로 지목된 상대에게는 청천벽력과 같은 '이유 없는 관계의 폭력'에 불과한 점… 등에 대해서는 일단은 접어두기로 하겠습니다.

다만 저는 '연애'도 '범죄'도 모두 역사적인 것이고 '어느 시대나 청춘은…'이라고 보편화될 수 있는 것은 아니라고 말씀드리고 싶습니다. 아키야마 선생이 말하는 '연애'도 '범죄'도 경험하지 않고…라는 것은, 달리 표현하면 어른이 되기 위한 죽음과 재생의 성인식을 제대로 경험해 보지 않고 어른이 되어가는 젊은이들이 많다는 것이지요. 아키야마 선생이 말씀하는 의미에서 볼 때 이런 젊은이들은 '어른'이 되지 않았다고 해야겠지요. 그렇지만 저라면 한마디 덧붙이겠어요. 아키야마 선생이 말하는 '고전근대'적 의미에서의 어른은 되지 않았다고 말입니다.

하지만 이들은 다른 방식으로 '사회인'으로서 세상을 살아가고 또 늙어갑니다. 이들은 성인식에 의한 단절을 경험한 적 없이 어린아이의 꼬리를 늘어뜨린 채 조금씩 조금씩 어른의 생활로 들어가며 생리가 가져다주는 자연에 따라서 짝짓기를 하고 부모가 되고 시간의 강제와 함께 늙어갑니다. 이들을 칭하여 '성숙'을 경험하지 못한 한심스러운 '어른아이'라고 부를 수도 있겠지요.

거의 제 자신의 일을 말하고 있는 듯한 생각이 듭니다. '성숙의 과제', 이 말은 제 속에서 마치 협박같이 울려퍼지고 있습니다. 그렇지만 차라리 과감하게 말해 버릴까요. 아사다 아키라(アサダ ア キラ)[1] 군처럼 '어린아이인 채로 있는 게 왜 나빠' 혹은 '어른아이(라는 말썽꾼)'인 것이 왜 나빠' 하고 정색을 할 수는 없을까요.

1. 1957~ . 철학, 사상, 예술, 문학, 건축 등 다양한 분야에서 비평활동을 하고 있다. 「구조와 힘」 「도주론」 등의 저서가 있다.

요시모토 다카아키 선생님이 작가 다자이 오사무라든가 고바야시 히데오를 논한 작가론『비극의 독해』에서 '생리가 강요하는 성숙'이라고 반복하여 쓰신 대목을 마치 저를 두고 하신 말씀 같아 가슴 아파하며 읽었던 것이 어제 일처럼 떠오릅니다. 물론 요시모토 선생님은 아시아의 한 귀퉁이에 있는 이 작은 나라에서 '성숙'이라는 과제를 달성하기가 얼마나 어려운지 개탄하신 것이겠지만 말입니다. 그렇지만 오히려 '생리가 강요하는 성숙'을 '밝히는 것이나 체념하는 것'으로 보며 세상을 살아가는, 노숙해진 어린아이들의 경쾌한 발걸음을 떠올려볼 수는 없을까요. 제가 이렇게 말씀드리는 것은 '아이'에서 '어른'으로의 이행과제를 완수한 성실한 어른일수록 그후 '노인'으로 이행하는 과제를 완수할 때 심하게 고통을 느끼는 듯하다는 것을 깨달았기 때문입니다. 어른아이는 그 상태대로 조금씩 조금씩 한심스럽게 애어른으로 이행해 가고 아무런 단절 없이 그대로 어린아이 같은 노인으로 연착륙할 것 같아 보입니다. 그렇게 된다면 제대로 어른이 되지 않는 것이 갖가지 기이한 행동을 하면서 인생 80년 시대를 연명해 나가는 이상적인 모델이 된다는 '역전승!'이라는 것도 아주 터무니없는 일은 아닙니다.

이런 생각을 하게 된 것은 저보다 나이는 좀 위이지만 친구로 지내는 제가 존경하는 카피라이터 다하라 신(田原晋) 씨가 제가 쓴 「노인문제와 노화문제의 낙차(落差)」(『늙음의 패러다임』, 강좌 '늙음의 발견' 제2권, 岩波書店)를 읽고 다음과 같은 모델(〈그림 1〉)

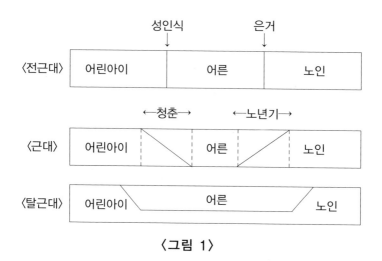

〈그림 1〉

을 만들어주었기 때문입니다.

　전근대에서 근대로 넘어오면서 '노후'에 대한 시각이 어떻게 변화했는지를 서술한 제 논문의 뒤를 이어서 탈근대까지 끌어 올려준 것은 다하라 씨의 독창력입니다. 그에 의하면 아이덴티티에 있어서 모든 사람이 똑같은 과정을 거친다는 데 구애되지 말고 단절을 경험하지 않은 채 어른아이에서 조금씩 조금씩 노인이 되어가는 것이 가장 좋다고 합니다. 그의 모델을 보면서 저는 무릎을 치며 박장대소하였습니다. 애어른의 장난기를 잃지 않은 다하라 씨는 "나 같다고 해서 뭐가 잘못됐지" 하고 말했던 거지요.

　다만 이렇게 삶을 살아가는 방식이 불안정하고 확실성이 결여되었다는 점, 자아의 분열이나 의지할 데 없다는 것을 견뎌내야 한다는 점 혹은 이와 같은 삶의 방식을 표현하는 범주가 전혀 나타나지 않았다는 점은 분명하겠지요. 하지만 만약 이러한 삶의 방식을 선택하는 대가로 '현실과의 생명적 접촉'을 포기해야 한다면 저는 그렇게 할 겁니다.

죄송합니다. 나카무라 선생님의 '현실과의 생명적 접촉'이라는 말에 자극을 받아서 이른바 고의로 제멋대로 읽으면서 아전인수 격으로 노인론으로까지 끌고 와버렸습니다. 오직 제가 말하고 싶었던 것은 어느 시대의 아이나 그 시대의 '현실'을 살아가고 있으며 그것을 단순히 '생명적 접촉'의 크고 작음으로는 비교할 수 없거니와, '요즈음 아이들' 역시 삶에 대한 아픈 감각을 가지고 있으며 그것은 그들이 정해진 범주 안에서 편안히 ──어른처럼은── 살 수 없기 때문이라는… 것입니다.

이제 편지를 끝내야 할 것 같습니다. 나카무라 선생님과 히타카 신(日高晋) 선생님, 히노 게이조(日野啓三) 선생님이 함께 나누신 대담 『이상한 반세기』(創樹社)를 읽었습니다. 일단 읽기 시작하자 책을 놓을 수가 없더군요. 하룻밤에 다 읽어버렸습니다. 무척이나 시각이 광범위해서, 사회과학적인 동시에 한없이 문학적인 시각을 가지고 계신 세 분의 정담을 읽고 너무나 흥분하였습니다.

정말로 말씀하신 대로 쇼와 60년은 '이상한 반세기'였습니다.

　마지막 부분에서 뜻밖에도 세 분이 "자아의 복잡화라든가 다극화·상대화를 견뎌낸다… 오히려 그것을 즐긴다"(히노) "성실한 적당주의"(히타카) "적당이라는 것은 알맞은 조절인 것이지요"(나카무라)라는 결론에 이른 것도 인상적이었습니다. 나카무라 선생님은 이 대담에서도 매개자 역할을 하시더군요. 헤르메스[1]로서의 나카무라 선생님에 대해서 말씀드린다면 "정념론이라는 영역은… 합리주의자만 다루고 있군요" "그냥 내버려두면 비합리주의로 휩쓸려가 버리는 사람이 분석주의적인 이론을 신봉하는 경우가 많습니다" 하신 역설적인 지적도 갑자기 눈앞이 확 트이는 듯했습니다. 이를테면 나카무라 선생님의 파토스론의 이면에는 유럽적인 합리주의의 뼈대가 확실히 자리잡고 있음을 알 수 있습니다. 저 자신은 어떨까요? 저는 그냥 내버려두면 한없이 너절한 감상 속으로 빠져버리는 자신이 무서워서 이론 속에서는 그 어떤 애매함도 참을 수 없어하는 타입 같다는 생각이 듭니다.

　히노 선생님은,

　"자신의 다양화와 다층화를 살아야만 한다면 이제부터 괴로워지겠네요. 개개인이 살아가는 일이 괴롭겠네요."

　　　　　　　　　하고 말씀하셨습니다. 히노 선생님의 이와 같은 폐허의 감각이 젊은 사람들에게 받아들여지고 있는 작가이지만, 그분 역

_____
1. 그리스 신화에서 목축, 상업, 행운, 음악, 경기 등을 관장하는 신들의 사자.

시 '폐허의 불안과 자유'의 대가로 '현실과의 생명적 접촉의 상실'을 선택해야 한다면 그쪽을 택하지 않을까요.

무엇보다 나카무라 선생님 스스로가 '자아의 다극화, 상대화'를 긍정적으로 살아가시는 분 아니십니까. "어떤 장소 속의 개인이라는 것이 자아(self)가 된다" "장소가 없는 개인은 에고(ego)가 된다"(아키야마 슌의 '내부의 인간'은 문맥을 초월하고 있다는 점에서 에고에 한없이 가깝다고 생각합니다)는 말씀을 하셨지요. 나카무라 선생님이 '파토스로서의 지(知)'나 '공통감각론'에서 반복하여 말씀하신 것도 이 토포스(topos)[1] 속의 자아 아닌가요. 마지막으로 나카무라 선생님을 다시 한번 잘못 독해하는 일이 없고자 한다면, 자아의 위상적(topological) 변화가 그대로 '현실과의 생명적 접촉'을 가져오는 그런 유의 방식, 우리는 그 방식을 찾아서 악전고투하고 있다고 말해야 되겠지요.

'늙음'을 논하는 편지가 옆길로 새어버려서 죄송합니다. 아무튼 우리가 아주 좋아하는 섹슈얼리티에 관한 이야기였으므로 너무나도 참을 수가 없었답니다. 그래도 저는 옆길이 결국 원래의 길에 이르는 우회의 길이었다고 생각하지만, 나카무라 선생님께서

---

1. 일반적으로 사용되는 개념, 표현을 일컫는다.

고소를 금치 못하시는 얼굴이 떠오릅니다. 이런 것도 덫에 걸려버린 제가 아니라 덫을 놓으신 나카무라 선생님의 책임입니다. 아무튼 나카무라 선생님은 지적 호기심을 촉발시키는 데는 이름 높은 달인이시니까요.

　답장은 제발 부드럽게 해주시길.

따뜻한 겨울날 교토에서
우에노 치즈코

자유 속의 부자유

우에노 치즈코 선생님

새 해가 시작되었구나 생각했는데, 어느덧 2월도 다 가서 2·
26사건[1]이 일어난 2월 26일도 지나버렸습니다. 올해 겨울
은 도쿄도 좀 기분 나쁠 정도로 따뜻했습니다만, 그래도 2월 하순
이 되면 땅바닥의 냉기가 몸 속까지 스며든다고 하지만 분지인 교
토하고는 비교할 수 없겠지요. 51년 전 2·26사건의 그날에는 도
쿄에 많은 눈이 내려서 초등학교 6학년이었던 나에게는 큰 눈이
내렸다는 흥분과 엄청난 사건을 알리는
호외의 떠들썩한 소리가 강한 인상으로
남아 있습니다. 올해는 이제 더 눈이 오지
않으려나 보다 생각했는데, 그 이튿날 아
침에 일어나 보니 밖은 온통 백색 세계였

1. 1936년 2월 26일부터 29일까
지 일본 도쿄에서 육군 청년장교
가 국가개혁을 목적으로 부대를
이끌고 쿠데타를 꾀한 사건이다.
27일 도쿄에 계엄령이 선포되었
고, 28일 반란부대는 원대복귀
하라는 명령이 내려졌다.

습니다.

요즈음 들어서 2 · 26사건에 그리 관심을 기울이지 않게 되었는데, 웬일인지 올해는 이상하게도 신경이 쓰였습니다. 아마 여러 가지 면에서 제2차 세계대전의 전전(戰前)과 전시 시대에 대한 재검토를 하지 않을 수 없게 되었기 때문이겠지요. 1930년대(쇼와 12년은 1937년)로부터 50년 이상 지나서 당시와 시간적으로 거리가 생겼기 때문에 사태를 냉정하게 새로 파악할 수 있게 되었지요. 또 쇼와의 마지막이 가까워오고 있음을 누구나 실감하게 되었고 게다가 가령 '포스트 모던'과 같이 정신을 차리고 보니 당시와 마찬가지로 위상의 문제가 새삼스럽게 나타나고 있기 때문이기도 하지요.

그러고 보니 마침 2월 26일 밤에 한 모임에서 경제사상사가이신 야마노우치 야스시(山之內靖) 선생님을 만났습니다. 유럽과 미국 사회과학 분야의 현황을 세세히 알고 계시는 야마노우치 선생님의 말씀으로는, 현재 이 분야에서도 근대의 원리를 체현한 제2차 세계대전 전승국들의 그후의 쇠퇴를 비롯하여 이와 대비되는 독일이나 일본의 약진의 비밀을 '포스트모던'과 결부시켜서 고찰하려는 움직임이 일고 있다고 하더군요. 그렇다면 바야흐로 현재는 전세계적으로 대전환기를 맞고 있는 것 같습니다. 우리가 주고받는 편지에서 어떤 문제를 다루더라도 바로 그 시대 속에서 일어난 일이라고 나 스스로에게 주지시키고 있습니다.

그리고 아홉번째 편지('다극화하는 자아') 잘 읽었습니다.

우에노 선생의 편지문장, 드디어 시동이 걸린 것 같군요. 나도 도발을 유도한 보람이 있었던 셈입니다. 그렇다고 해도 우에노 선생이 구로키 가오루론에 대해 그토록 마음껏 응대해 주리라고는 미처 생각하지 못했습니다. 솔직하게 말하면, 그 퍼포먼스의 대단한 박력에 압도되어 버렸습니다. '메트로'(암컷 트로츠키)에 대한 이런 식의 도발 유도가 더할 수 없이 적중했다는 흡족함도 없지 않지만, 그보다는 지금까지 오고 간 편지에서 드러나지 않았던 우에노 선생의 과격한 면을 생생하게 드러내 보여주었다는 것이 여간 기쁘지 않았습니다. 그리고 한 순간 나의 머릿속에서 '역시 구로키에 대하여 일종의 라이벌의식이 있나' 하는 중얼거림이 스쳐지나갔습니다. 이것이 도대체 칭찬하는 말인지 아니면 괘씸한 말투가 되는지 잘 모르겠습니다만.

구로키 가오루 자신의 "K양 증세사례"의 자기분석도 훌륭하였지만 그에 대한 우에노 선생의 코멘트는 단연 한 수 위를 달리더군요. 특히 내가 감탄한 대목은 다음 두 군데입니다. 먼저 그 하나는,

"(그녀가 처음으로 프로이트주의의 성관념을 체현했다는 의미에서) '고전근대'가 '포스트모던'의 미디어 상황을 역이용하는— 부조화와 어긋남이 이상하고도 슬픈 당대의 히로인을 낳고 있는 것이겠지요. 동시대를 사는 좀더 나이를 먹은 여성으로서 제가 보

기에도 총명한 이 아가씨가 미디어가 만드는 이미지를 눈속임으로 이용하면서 당차게 그 상황을 빠져나가, 구로키 가오루는 어디에도 없어요, 구로키 가오루는 당신들의 남근이 광원으로 삼은 브라운관의 이미지 속에만 있다오, 하며 저 멀리서 요염한 미소를 띠고 있기를 바랄 따름입니다. 가능하다면 상처 입지 않기를."

(얼마 전에 '부조화'라는 말을 처음 듣고 도대체 그것이 어떤 의미냐고 묻자 나의 이 우둔한 물음에 한 젊은 여성이 그것은 딸기찹쌀떡과 같이 의외성이 있는 절묘한 결합이라고 가르쳐주더군요. 과연 똑같은 방식을 사용하는군요.)

또 하나는,

"이 남성 중심의 사회에서 자신의 존재조차 '죄'와 '부정'이라고 믿어버림으로써 자신이 있을 곳을 찾을 수 없는 여자에게는 '자기포기'가 여자로 사는 주체적인 선택이 됩니다. … 가부장제적인 '성애'의 시나리오를 내면화한 여자에게는 마조히스트가 되는 것만이 진정으로 '사랑하는 사람'에게 이르는 길입니다. 여자는 남자와 함께 SM놀이를 '연기'하지만, 그와 동시에 상대방에게는 자신이라는 '함께 연기할 사람'이 반드시 있어야 한다는 사실도 이미 간파하고 있습니다. 그리고 그 역할을 더할 나위 없이 완벽하게 연기해 냄으로써 '성의 정치학' 안에 '역전승'이 있다는 것도."

여기에 인용한 우에노 선생의 문장은 둘 다 매우 날카롭습니다. 뿐더러 바로 이런 장면에서 문화이론이나 철학이 가장 잘 시험되므로, 우리나라 철학자들도 그저 안전권 안에서만 발언하지 만 말고 이러한 문제——어쩔 수 없이 자신의 이성이나 감성이 드러날 수밖에 없는 문제——에도 맞서 대항하는 자세를 보고 배웠 으면 좋겠다고 생각하였습니다. 이 점과 관련하여 내가 좋아하는 말이 있습니다. 마르키 드 사드[1]가『악덕의 번창』에서 주인공 줄리 엣의 입을 빌려 이렇게 말합니다. "틀림없는 진실이 자연의 신비 를 폭로했으니 아무리 인간을 부들부들 떨게 하더라도 무슨 상관 있겠습니까. 모든 것을 말해야만 하는 것이 철학이라는 것입니 다."(물론 여기에서 말하는 '자연의 신비'는 욕망, 특히 성적 욕망 입니다.)

이러한 문제에 대한 우에노 선생의 접근태도는 솔직하고 유연 하면서도 날카로워서 탄복하였습니다. 그러면서도 나로서는 첫번 째 인용문에서 남성들의 성적 욕망을 광원으로 하여 그들의 눈길 에 의지하여서 브라운관 속에 이미지로 존재하는 그녀에게 "가능 하다면 상처받지 않기를 바란다"고 말하고 있는 점과 또 두번째 인용문에서는 '소외로부터의 회복'이라는 도식이 너무나도 명쾌한 것이 다소 불만입니다. 전자에 대해 말하자면 우에노 선생답지 않 게 '구로키 가오루'를 지나치게 이상화하고 있다는 생각이 듭니다.

또 후자에 대해서 말한다면 SM놀이에서 마조히즘의 쾌락은 궁극적으로 '소외로부 터의 회복'으로 이르는 길이 아니기 때문

1. Marquis de Sade, 1740~ 1814. 프랑스의 작가, 사상가.

입니다.

후자와 관련하여 나는 타자를 지배하고자 하는 공격적 욕망이 타자에게서 자기 자신으로 반전될 때 거기에서는 오히려 '비인칭의 흉포한 주체'가 나타나게 된다는 점을 말하고 싶습니다.

라캉[1] 역시 논문 「칸트와 사드」에서 이렇게 말하고 있습니다. 일반적으로 타인에 대한 우리의 욕망은 타인으로 하여금 자신의 욕망을 인정하게 하고 싶다는 욕망이며, 타인이 품고 있는 이미지를 지배하고 싶다는 의지인 것입니다. 그런데 여기서 타인의 이미지란 자기 자신의 이미지를 반영하고 있습니다. 따라서 타인에 대한 의지의 지배, 즉 공격성은 전도되어서 자기 자신에 대한 공격성으로 되고 이렇게 해서 자기의 주체는 사라져 버리고 결국에는 비인칭의 흉포한 주체만 남게 된다고 말합니다.

요컨대 라캉에 의하면, 사도-마조(sado-maso)적인 관계 속에서는 단순히 주체 상호간의 지배·피지배의 항쟁이 있는 데 그치지 않고 양자는 비인칭의 흉포한 주체 혹은 주체 없는 욕망의 희롱이 그들 육체를 상처 입히고 가혹하게 괴롭히는 것에 더할 수 없는 쾌락을 느끼게 된다는 것입니다. 나는 굳이 라캉 식의 사유 방식이 옳다고는 생각하지 않지만, 여기서는 지배나 소외의 문제가 제기되고 있을 뿐 아니라 오히려 욕망의 희롱이나 쾌락의 문제쪽이 더 크다고 보고 있습니다.

나 역시 구로키 가오루의 냉정한 자기

1. Jacques Lacan, 1901~81. 프랑스의 정신병리학자

174

분석과 여간한 수단으로는 도저히 해내기 어려운 자기표현에 혀를 내두릅니다만, 그럼에도 알리바이가 너무나도 딱 들어맞아서 아무래도 잘 만들어진 '완전범죄'가 아닌가 하는 느낌을 떨칠 수 없습니다. 아마 내가 우에노 선생보다 의심이 많은 모양입니다(또한 약간 당돌하지만 여기에는 '파시즘' 문제도 있다고 생각합니다).

이번 우에노 선생의 답장에서는 지난번 화제가 되었던 '어린아이 자살'의 원인으로 내가 제기한 '현실과의 생명적 접촉'에 대하여 화려한 반론이 있었습니다. "나카무라 선생님의 '현실과의 생명적 접촉'이라는 말에 자극받아서 이른바 고의로 그것을 제멋대로 읽으면서 급기야 아전인수격으로 노인론으로까지 끌고 와버렸습니다"라고 말씀하셨지만, 나는 그렇게 '제멋대로 읽었다'고도 '아전인수'라고도 생각하지 않습니다.

이 또한 나 자신이 지난번 편지에서 현재는 목가적인 '현실과의 생명적 접촉' 같은 것은 도저히 성립할 수 없음을 인정하고 있기 때문입니다. 뿐만 아니라 우에노 선생이 편지 말미에서 오히려 내가 말하고 싶었던 것을, 역사성을 지닌 '범주'와 '현실'의 어긋남 문제에 관해 나보다 훨씬 파고들어서 다시금 제대로 파악해 주었기 때문입니다(우에노 선생이 말한 '범주'는 나의 용어로 표현하자면 '보이지 않는 제도' 혹은 '문화의 형태'가 됩니다). 그러므로 그점에 관해서는 이제 더 이상 이러쿵저러쿵 말하지 않기로 하고,

그 앞에 전개하고 있는 '성숙'과 '노년기로의 이행'의 새로운 이해 방식에 대한 나의 소감을 쓰기로 하겠습니다.

우에노 선생은 이렇게 말했지요. 예전과 같이 어른이 되기 위한 죽음과 재생의 성인식을 제대로 경험하지 못하고 어른(고전근대적인 라이프사이클에서 어른에 해당하는 것)이 되어가는 젊은 이들이 많다. 그러나 그들은 다른 방식으로 '사회인'으로서 세상을 살아가고 또 늙어간다. 그들은 아이의 꼬리를 늘어뜨린 채 아주 조금씩 어른의 생활로 들어가고 생리가 가져다주는 자연에 따라서 짝짓기를 하고 부모가 되고 시간의 강제와 함께 늙어간다. 그렇지만 여기서 '생리가 강요하는 성숙'을 의지적으로 계속 단념해가면서 세상을 살아감으로써 늙음을 이룬 아이들의 발랄한 발걸음을 머릿속에 그려볼 수는 없을까.

'아이'에서 '어른'으로 이행하는 과제를 성실하게 달성한 어른일수록 나중에 '노인'으로 이행하는 과제를 달성할 때 고통을 강하게 느끼는 것 같기 때문이다. 어른아이는 그대로 아주 조금씩 한심스럽게 아이어른으로 이행해 가고 그대로 단절 없이 어린아이 같은 노인으로 연착륙할 것 같은 생각이 든다. 그렇다면 "제대로 어른이 되지 않는 것이 여러 가지 이상한 행동을 하면서 인생 80년 시대를 연명하는 이상적인 모델이 된다는 '역전승!'이라는 것이 아주 터무니없는 것은 아닙니다."

이와 같은 우에노 이론은 아주 명쾌하고 신선하며 상당히 설득력이 있습니다. 더구나 어른아이가 그대로 아주 조금씩 아이어른으로 이행하여 그대로 단절 없이 어린아이 같은 노인으로 연착륙한다는 라이프사이클의 구상은 지금까지의 통념이나 상식을 뛰어넘는 매우 독특한 사고방식이군요.

다만 돌이켜 생각해 보면 어른아이에서 아이어른으로 나아가는 코스는 굳이 우에노 선생만이 아니라 옛날부터 연예인, 예술가, 괴짜 학자 등 자유업자나 반(半)자유업자들 대부분이 거쳐온 코스가 아닐까요. '배우아이'라든가 '학자아이'라는 용어가 남아 있는 데서도 그런 것을 엿볼 수 있거니와, 이와 같은 유아성이나 유희 심리가 없어지면 호기심이나 창조성 또한 사라진다는 것은 익히 알려져 있는 바입니다.

그리고 나서 '아이'에서 '어른'으로 이행하는 과제를 달성한 성실한 어른일수록 나중에 '노인'으로 이행하는 과제를 달성할 때 강하게 고통을 느낀다고 지적하셨습니다. 이 경우에 고통을 강하게 느끼게 되는 이유를 말하자면, 전자의 이행에는 그럭저럭 어떤 정형(혹은 범주)이 있었던 데 비해 후자의 이행에는 새로이 인생 80년 시대를 맞이하여 '늙음'이 연장되기에 이른 오늘날 아직 그 정형이 없기 때문이기도 하므로, 굳이 전자의 이행과제를 성실하게 달성했기 때문이라고 강조하여 말하지 않아도 되지 않을까요.

그리고 연예인, 예술가, 괴짜 학자 등 자유업자나 반(半)자유업자가 평범한 생활인이 아닌 이상 라이프사이클에서 죽음이나 재생의 제도적(의례적) 성인식을 겪지 않고 아주 조금씩 이행한 것에 대해 이제까지와 같이 꺼림칙하게 생각할 필요는 없다고 하더라도 이것이 평범한 생활인의 정형이 되기는 어려울 겁니다. 또한 전자의 사람들이 제도적 성인식을 겪지 않고도 살아갈 수 있음은 일상생활 속에 죽음과 재생의 성인식이 미분화되어 존재하고 있기 때문이라고 생각합니다.

화제가 좀 바뀝니다만, 얼마 전에 신문광고를 보다고 재가(在家)불교 잡지 『대법론』(大法輪, 1988년 3월호)이 "지금 늙음 · 죽음을 어떻게 맞아들이는가?"라는 특집으로 종교 · 의료계 등 여러 사람들의 의견을 모아서 실은 게 눈에 띄더군요. 그 사람들이 뭐라고 대답하고 있는지 관심이 가서 곧 잡지를 사서 읽어보았습니다.

특집은 다음과 같은 취지에서 50여 명의 사람들에게서 구한 의견으로 구성되어 있습니다. "오늘날 의술의 진보 덕택에 많은 사람들이 장수를 누릴 수 있게 되었지만, 다른 한편으로 치매나 거동이 불가능한 노인이 증가하는 사태가 생겨났다. 또한 인공호흡기에 의지하는 뇌사를 둘러싸고 죽음의 판정이라든가 장기이식 문제가 물의를 빚고 있다. 오늘날 이러한 문제가 속출하고 있는 고령화사회에서 어떻게 '늙음'을 살고 '죽음'을 맞이할 것인가… 하는 질문을 던져보았다."

상당히 쟁쟁한 사람들의 의견을 모아놓았습니다만, 전체적으로 볼 때 신선한 의견은 그리 눈에 띄지 않았습니다. 그만큼 어려운 질문이라는 것을 새삼스레 느꼈습니다. 그중에서 내가 과연 그렇겠구나 생각한 의견 몇 가지를 열거해 보면 다음과 같습니다.

먼저, 종교학자 다마키 고시로(玉城康四郎)[1]는 이렇게 말하고 있습니다. 오늘날에는 65세부터 노인에 속한다고 생각하고 있다. 나 자신은 이미 일흔셋이 되었으므로 노경에 들어간 게 되지만, "본능적으로는 그 무리에 속하는 것이 싫다는 느낌이 나에게는 강하다." 왜 그런지 반성해 보면 "나의 저 심층 뿌리에는 유아기 상태 그대로인 부분이 아주 두텁게 자리잡고 있는 듯하다. 이것을 마이너스로 볼 것인가, 플러스로 볼 것인가. 플러스이기도 하고 마이너스로 나타나기도 한다." 그래서 늙음이나 죽음에 대하여 달관할 수 없다. 다만 선정(禪定)에 들어가 있을 때만 망상이 흩어져 날아가는 기분이 든다고 말합니다. 상당히 솔직한 의견이라고 생각됩니다.

작가 스기우라 민뻬이(杉浦明平)[2]나 극작가 이자와 다다스(飯澤匡)로 가면 더 솔직합니다. 예를 들어 스기우라 민뻬이는 이렇게 말하고 있습니다. "늙음과 죽음을 어떻게 맞을까. 농담이 아니다. 나는 조금도 환영할 마음이 없었는데 늙음이 이미 와버렸고 죽음도 곧 들이닥칠 것 같은 형세이다. 둘 다 싫다고

1. 1915~ . 일본의 불교학자. 1995년에 자서전 『불교에서 배운다』를 간행하였다.
2. 1913~ . 르네상스 연구, 번역, 문예비판 등 다양한 분야의 활동을 하였고 기록문학과 역사소설도 남긴 다재다능한 지식인으로 인정받고 있다.

진작부터 생각하고 있었다." 그리고 "늙음 쪽은 늙음의 즐거움이라든가 평온함 같은 경지와 인연이 없고… 예상하고 있었던 것보다 훨씬 불유쾌하기 짝이 없는 세계였으며 지금도 그러하다." "죽음에 대해서도 깨달음 같은 것이 있을 리가 없다. 세상은 한없이 재미있지만"이라면서 늙음과 죽음이 싫은 것임을 분명히 밝히고 있습니다.

또 이자와 다다스는 "(예전의 할복자살 이래) '죽음'의 평상화가 이루어지고 있는 나라에서 '죽음'에 대해 진지하게 논하는 것 자체가 해학"이며 "오래 전부터 나는 헌체론자(獻体論者)로서 죽음을 낭만적으로 받아들이는 데 반대해 왔다." 늙음에 대해서도 죽음에 대해서도 자신은 끙끙거리며 생각하지 않기로 했다면서, 헛된 고민에 빠지는 어리석음을 거부하고 있습니다.

두 사람의 이와 같은 태도는 언뜻 보면 정반대인 듯하지만, 늙음과 죽음에 대하여 느끼거나 사고하는 훈련이 되어 있다는 점에서는 똑같다고 할 수 있습니다. 그 밖에 종교가 마츠바라 다이도(松原泰道)의 "사물을 사유하는 방식이나 사물에 대해 말하는 방식, 노인 나름의 몸에 밴 행동이 대단치는 않지만 젊은 사람들에게 뭔가 힌트가 된다면" 이것만큼 늙은 보람이 있는 일은 없다는 의견과 의사 히노하라 시게아키(日野原重明)가 인용하고 있는, 스즈키 다이세츠가 젊은 비서에게 던진 "자네도 장수하게나. 장수하지 않으면 결코 알지 못하는 것이 있으니까" 하는 말이 그나마 늙음의 가치를 파악하고 있다고 생각되었습니다.

특집 "지금 늙음·죽음을 어떻게 맞아들이는가?"에 실린 여러 전문가의 의견을 읽고 새삼스럽게 느꼈지만, 늙음이나 죽음을 이 특집에서처럼 드러내놓고 파악하거나 고찰하려고 하면 아무튼 많은 경우에 평소와 달리 목소리에 힘이 들어가게 된다든지 혹은 어둡고 우울한 이야기가 되어버리곤 하지요. 그리고 이와 관련하여 또 한 가지 생각나는 것이 있는데, 재작년에 출판된 스타지오 아누 편의 『가족?』(晶文社)을 보면 몇 사람인가가 생생한 이야기를 들려주고 있습니다.

이 책은 한마디로 표현하자면 "평범한 남녀 100명이 말하는 '일본의 가족'의 현재와 미래"라 할 수 있습니다. 특별히 늙음의 문제를 다루고 있지는 않습니다만, 가자기 자신의 라이프 스타일을 가지고 살아가고 있는 사람이기 때문에 일반론에서는 해결하기 어려운 늙음의 문제를 생각하는 데 많은 힌트를 얻을 수 있습니다.

예를 들어 동북지방 농가에 사시는 95세의 다카하시 스에(高橋すゑ) 할머니 이야기입니다. 이 할머니는 신경통을 치료하는 데 온천 하는 것이 좋다는 사실을 아시고는 당신 방에 온천을 만드는 것이 가장 손쉬운 방법이라고 생각하시고 이를 곧 실행에 옮기셨다고 합니다. 대단하지 않습니까. 손자부부에게 양해를 구하여 공사에 들어갔는데, 인부들이 "이 집의 증조할머니는 누구도 하지 않는 일을 먼저 하시는 분이다"고 말했답니다. 이럴 정도로 옛날

부터 늘 어느 누구도 하지 않는 것을 해오셨다고 합니다. 집 안에 우물을 파고 부엌을 개조한 일도 마을에서 제일 처음 하셨습니다. 그리고 "이 온천이 나의 마지막 장난이야" 하시며 태연한 표정을 지으셨답니다.

그 다음으로, 아들과 이혼한 전 며느리와 함께 사시는 84세의 가도노 무네오(門野宗雄) 할아버지 이야기입니다. 이미 남남이 되었지만 할아버지는 집안 일을 거들어주면서 며느리와 함께 살고 계십니다. 며느리였던 야스코 씨는 할아버지에 대하여 이렇게 말하고 있습니다.

"할아버지가… 이곳에서 살기로 결정했을 때 솔직히 말하면 큰일났다, 귀찮은 일을 떠안게 되었다는 생각밖에 없었지요. 그런데 요즘에는 저에게 할아버지는 없어서는 안 될 존재가 되었습니다. 전화도 받아주시고 비가 오면 빨래도 걷어주시고 밥도 해주십니다. 저와 딸아이도 깨워주시니 자명종시계가 필요 없습니다. 여든이 넘은 분이 이렇게 여러 가지 일을 할 수 있다니 도대체 어떻게 된 일일까, 할아버지 개인의 능력일까 아니면 인간의 보편적인 생명력일까 하는 생각이 들어요."

야스코 씨도 할아버지를 어려워하지 않고 해야 할 말은 서슴없이 하며 가르쳐드리고, 할아버지도 자립하려고 하시면서 익숙지 않은 집안 일을 열심히 하신답니다. 그 결과 "[남편과] 이혼하고 난 뒤로 할아버지와 가족이 되었다는 느낌"이 든다고 야스코 씨는 말합니다. 또 "공존공영이지요, 가족은. 시중을 들거나 보살펴주는 관계가 아니에요. 그것을 메이지 시대에 태어난 남자가 실현할 수 있다고는 생각지 못했어요. 놀랍기도 하고 너무 기쁩니다"고 합니다.

이 두 가지 사례가 특수하다면 특수한 경우이고 또 일반적인 의미에서는 서로 공통성이 없어 보이지만 세상의 고정관념에 얽매이지 않고 자기 주변에서 자신의 독자적인 라이프 스타일을 자기 것으로 만들어간다는 점에서는 공통점을 가지고 있습니다. 늘어난 늙음을 살아가게 하는 생활유형(우에노 선생이 말하는 범주)이 그 시대 자체 내에는 없다면 밝고 긍정적으로 혹은 이리저리 궁리하여 자기 나름의 생활 스타일을 자기 것으로 만들어가는 길밖에 없다고 생각하는 것이지요.

현재 일본에서 늘어난 늙음에 대한 대응방안이 부족한 것은 평균수명이 급속하게 길어졌다는 이유뿐 아니라 일반적으로 지금까지 일본인의 라이프 스타일이 획일적이고 내용적으로 빈약했다는 점에 기인하는 바가 크지 않을까요. 이 『가족?』이라는 책에서, 일본인 회사원과 결혼한 미얀마 여성 테레사 이케타니(テレサ 池谷, 37세)는 상당히 뼈아픈 말을 하고 있습니다.

일본이라는 국가는 발전해 있다. "그렇지만 일본인의 마음은 발전해 있지 않습니다. 그래서 나는, 마음을 비교해 보면 일본은 아시아에서 가장 발전하지 않은 나라일지도 모른다는 생각을 했습니다." 오늘날 일본에서는 노인문제가 논의되고 있다. 하지만 노인문제는 "국가의 문제가 아니다, 가족의 문제이죠." 일본사람들은 곧잘 이렇게 말한다. "미얀마는 사회주의 국가라면서요. 하고 싶은 말을 할 수 없는 나라라죠. 우리나라는 정말로 그렇습니다. …그렇지만 일단 집으로 돌아오면 달라요. 모두 인간답게 살고 있어요. 일본은 그렇지 않아요. …(미얀마는) 알맹이는 소련과 같아요. 윗사람이 귀가하지 않으면 아랫사람은 집에 가지 못합니다. …어느 누구도 나서지 못합니다."

또 화교부녀 양경성(楊慶盛, 67세)과 양옥란(楊玉蘭, 34세)이 나누는 대화에서도 아버지는 이렇게 말합니다. "이제 일본은 낡아버렸어! 낡았어! 낡았어! 아직도 봉건제가 이어지고 있다구! 우리는 뭐든지 할 수 있어. 거지 노릇도 할 수 있고, 부자도 될 수 있고, 자유롭다구."

이 사람들의 말을 빌린다면, 오늘날의 일본에서는 본질적인 면에서 '벗어나는' 것, '자유로워지는' 것이 사라지고 있다고도 말할 수 있을 것 같군요.

이 『가족?』이라는 책을 출판되었을 당시에는 못 보고 지나쳤다가 나중에 읽었습니다만, '망할 놈의 부부애' '할머니의 사랑' '여인 4대' '호모 커플' 등도 실려 있어 참 재미있고 자극적인 책입니다. 혹시 읽지 않으셨다면 한번 읽어보라고 권하고 싶군요.

3월 1일에 미타 무네스케 선생님이 참석하는 심포지엄의 사전

협의를 겸해서 도쿄에 오셨지요. 마침 나는 얼마 전부터 예정되어 있던 모임 때문에 나가지 못했습니다. 그때 만나지 못해 섭섭했습니다. 3월 하순에 열리는 그 심포지엄에 함께 나가기로 되어 있으나, 우리의 이 왕복서간은 다른 장면에서의 만남이나 관련성과는 일단 분리하여——그렇다 해도 분리하는 것에 크게 구애받지는 않습니다——가능한 한 자유로운 스타일로 이어나가는 게 좋겠다고 생각합니다.

이제부터 이야기가 어떤 문제 혹은 어떤 방향으로 전개될지, 즐거운 기대를 하고 있습니다.

올해는 우리 집 정원의 가지를 축 늘어뜨린 매화가 아주 예쁜 꽃을 피웠습니다.

나카무라 유지로

시대의 기분은 노인성

나카무라 유지로 선생님

사실을 말씀드리자면, 예정대로라면 지금쯤 홍콩에서 미식여행을 하고 있었을 겁니다. 그럴 형편이 못 되어서 전부 다 내팽개치고 호텔에서 새로 집필하는 책의 원고를 쓰고 있습니다. 거의 writing machine이랄까 공장노동자가 된 기분입니다. 언젠가 밤에 호텔을 빠져나가서 기온(祇園) 신사의 벚꽃을 보러 갔습니다. 마루야마(円山) 공원에 가지를 늘어뜨린 벚나무는 아직 봉오리가 단단하여 꽃망울을 터트리지도 않았지만, 불빛에 비친 벚나무는 붉은 빛을 머금어 마치 열을 품은 듯 밝았습니다. 벚나무는 꽃이 피기 직전에 붉은 빛이 가장 진하고 꽃을 피우면서 색이 엷어져 활짝 다 피면 거의 무채색처럼 하얗게 됩니다. 한창 때가 조금 지나 겹쳐진 꽃 그림자의 농담(濃淡)이 묵화처럼 떠오를 때면 참으로 아름답습니다.

함께 간 이가 "이런 것은 좋아지면 끝장이로군요" 하고 말하기에 저는 되묻듯 대꾸하였습니다. "그래서 뭐가 잘못됐지요?"

서른이 넘어서부터 갑자기 벚꽃이 제 눈에 들어오기 시작하였습니다. 이 변화가 너무나도 갑작스러운 변화라서, 그전에는 아무리 벚꽃이 피어 있어도 눈에 들어오지 않았다는 것을 깨달았습니다. 그후로는 한 해 한 해, 저는 말 그대로 '봄을 아쉬워하게' 되었습니다. 아아, 올해도 벚나무를 볼 수 있었습니다. 내년은 어떨지.

―그 나이에, 하시며 웃으시겠지요? 여든 살 할머니 같은 말투로군, 하시면서 말입니다. 실제로 나이를 먹은 사람이 기분상 나이보다 더 늙은 티를 낼 수 없는 것과 마찬가지로, 나이가 젊더라도 노인과 같은 감회를 느낄 수 있습니다. '~다움'의 기준이 동요하고 있는 시대입니다. '나이에 걸맞음'이라는 말도 무의미해져 버렸습니다.

저는 지금도 시즌이 지난 바겐세일 상품을 살 수가 없습니다. '다음 시즌'이라는 발상이 불가능하답니다. 그런 앞으로의 일 따위를! 내가 어떻게 되어 있을지도 모르는데 말입니다. 나이를 먹어가면서 시간주기가 점점 짧아졌습니다. "질 좋은 물건을 오래도록"―10년 앞을 내다보고 물건을 산다는 것은 생각만 해도 오싹해집니다. 오직 지금 쓸 수 없는 것을 지금 산다, 이러한 느긋한 기다림이 전혀 느껴지지 않기 때문입니다. 이런 것을 현실주의가 아니라 **현재주의**라고 말합니다. 며칠 전에 기무라 빈(木村敏) 선생님을 뵈었는데 민코프스키가 정신분열증을 '현실과의 생명적 접촉의 상실'이라고 정의한 데 대해, 경계사례(borderline synd-rome, 사회생활에 지장은 없지만 정신병 스트레스가 있는 사람)는 오히려 '현실과의 생명적 접촉의 과잉'이라고 정의할 수 있다고 하시더군요. 그런데 그 증세 한 가지가 기다림을 허용하지 않는 '현재'주의입니다. 기무라 선생님의 말씀을 들으면서 흡사 제 경우를 말하는 듯한 생각이 들어 쿡쿡거리며 웃음을 참느라 안간힘을 썼습니다.

'미래가 없다'는 것은 '나이를 먹으면 점점 성급해진다'는 노인성증후군인지 아니면 무턱대고 속도가 빠른 조루 경향의 시대 분위기인지, 어느 쪽인지 잘 모르겠습니다. 아마 양쪽 다 해당되는 것 아닐까요. (그렇다면 시대 분위기는 **노인성**이 되지 않겠습니까? 그렇게 되면 시대는 노인&젊은이의 것이다, 하고 말하고 싶어집니다.)

'현재'주의의 한 가지 특징은 앞도 없지만 뒤도 없다, 다시 말해 미래와 마찬가지로 과거 또한 없다는 것입니다. 노인은 과거를 살아간다는 것은 거짓말입니다. 노인은 '현재'주의자입니다. 미래도 없지만 과거도 없습니다.

간사이 지방에서 치매노인을 돌보고 계시는 한 의사선생님께서 치매야말로 인생의 마지막에 주어진 은총이라고 하시는 말씀을 들었습니다. 치매노인은 기억을 잃어서 미래도 없지만 과거도 없는 '현재' 속에서 꿋꿋이 살고 있기 때문입니다. 무엇보다도 치매노인의 비참한 현실을 생각하면, 이렇게라도 받아들이지 않으면 너무나 암울하다는 역설적인 태도변화도 있을 수 있겠지요. 그래도 이 주장에는 귀담아들을 만한 점이 있다고 여겨집니다.

이와 마찬가지로 어린아이는 미래를 살아간다는 것 역시 거짓말입니다. 어린아이도 위대한 '현재'주의자입니다. 아이에게 미래가 있다고 생각하는 것은 어른 쪽에서 자기 마음대로 믿어버린 것일 뿐, 정작 당사자는 미래도 없지만 과거도 없는 오직 '현재밖에 없는' 시간 속에서 열심히 놀고 있는 것이지요. 말을 하다 보니 한가지 생각나는 게 있군요, 3월 말에 아오야마(靑山)에 있는 서점 크레용하우스에서 10대 여자아이들이 중심이 된 '소녀선언 페스티발'(10대 소녀들을 인터뷰한 내용을 다룬 같은 제목의 책이 기타무라 도시코(北村年子)의 편저로 장정사(長征社)에서 나왔습니다)이라는 이벤트가 열렸습니다. 소녀들이 내건 주제는 '지금밖에 없다'이고요. 이 이벤트에 아주머니 응원단으로 우정 출연한 저는 싫은 소리만 하고 왔지만 말입니다. "10대인 여러분이 지금밖에 없다는 말을 하면 여러분의 곱절 정도 산 나는 어떻게 되나요." 그렇지만 '지금밖에 없다'는 감각은 소녀들이 실제로 느끼는 감정이기도 하겠지요. 거기에 "앞일을 생각하면"이라는 어른의 논리가 덧씌워집니다. 그런 의미에서 볼 때 '미래가 있다'고 하는 것은 어른들뿐입니다. 어른들은 10년 후에 집을 지을 미래를 생각하고 자식을 키우는 미래를 위해 열심히 노력하고 정년이 되었을 때 퇴직금은 얼마나 될까 하며 미래를 계산합니다. '미래를 위해서' 쾌감원칙을 현실원칙으로 억누를 수 있는 것 또한 어른이며, 그럴 수 있게 된 사람만을 어른이라고 부르는 것이겠지요.

이야기가 옆길로 좀 빠집니다만, 작년에 잡지『사람』(ひと, 太郎次郎社) 176호에서 "상상을 뛰어넘는 10대의 성(性)"이라는 특집을 기획하여 그에 관한 원고청탁을 받았습니다. 저는 "상상을 뛰어넘는 어른들의 억압"이라는 제목의 글을 썼습니다. 이제 10대의 성행위가 예외적인 일이 아니어서 10대의 임신 혹은 임신중절이 아무리 늘어났다 하더라도, 북유럽이나 미국에 비하면 아직도 비교도 안 될 정도입니다. 미국에서는 최근에 태어난 신생아 5명 중 1명이 '미혼모'의 아이라는 통계도 있습니다. 국제수준에서 살펴본다면 일본의 10대는 성적 행동이 그리 활발하다고 할 수 없습니다. 그 이유가 무엇일까요? 물론 부모의 통제나 교사의 눈도 있겠지만, 그 못지않게 10대 남녀 아이들은 어른들의 협박성 말을 고스란히 내면화하고 있는 점, 바로 여기에 열쇠가 있다고 생각됩니다. 협박성 말이란, "그런 데 정신 팔리면 입시에 절대 합격할 수 없어"라는 현실원칙입니다. 도쿄대학의 한 여학생이 그러더군요. 고3 때 저애라면 첫 경험을 해도 괜찮겠다는 생각이 든 남자아이가 있었는데 둘이서 "입학시험까지는 참자꾸나" 하고는, 대학에 합격을

한 다음에 하나, 둘, 셋, 하고 무사히 일을 치렀다고 합니다. 이 여학생은 얼마간 자랑스럽다는 듯이 말하였습니다만, 저는 그와 같은 계획성에 그만 웃어버렸습니다. 섹스라는 것이 몇 월 몇 일에 하겠습니다, 하고 계획적으로 하는 것인가요. 욕망이 시험을 위해서라는 현실원칙 앞에서 무릎을 꿇는, 이런 성적 행동을 하는 어른스러운 젊은이야말로 어른답다고 말해야겠지요. 그들은 어른이 감시할 필요도 없이, 어른의 감시의 눈을 내면화하고 있습니다. "그런 짓을 하면 네가 손해를 본단 말이야"라는 현실원칙을 완벽하게 체득한 그들을 보고 있노라니, 너무나 어른 같아서 으스스해지더군요. 이와 같은 관리가 이상할 정도로 잘 작동하여서 국제수준에서는 드물게 청소년의 성적 행동이 억눌려 있는 사회, **이 정도**의 '10대의 성'이 놀라움으로 받아들여지는 사회가 일본입니다.

이야기를 노인으로 되돌리지요. 갓난아이나 유아가 '현재'에만 열중하여 ──문자 그대로 '꿈속'에서── 살고 있듯이 치매노인 역시 오직 '현재' 속에서 꿋꿋이 살고 있다, 이것은 인생의 시작과 끝에 신이 주신 은총이라고 생각할 수는 없을까요. 나카무라 선생님께서는 치매노인의 경우를 어떻게 생각하시는지 여쭈어보고 싶습니다. 이전부터 숙제였거든요.

니코루(ニコル)에 근무하던 나카지마 이즈코(中島伊都子) 씨가 서른여섯 살에 유서도 남기지 않고 자살하였습니다. 디자이너 브랜드의 유망주인 주식회사 니코루의 이사이자 수석디자이너,

『앙앙』(アンアン) 잡지에서 보았던 우아하고 지적인 풍모를 기억하고 있습니다. 매스컴에서는 "고독한 독신 커리어우먼의 죽음" 혹은 "일이 벽에 부딪혀서"라는 식으로 다루었습니다만, 여동생과 함께 살고 있었으므로 '독거'라고는 말할 수 없었을 테고 '독신 커리어우먼'이라고 하면 곧바로 '고독'이라고 도장을 찍어버리는 듯한 스테레오타입의 반응은 웬만하면 그만두어 주었으면 좋겠습니다. 나카지마 씨의 죽음 소식을 접하고 저에게 떠오른 것은 애처로움보다는 깊은 안도감이었습니다──아아, 그런 기분이 되면 언제든지 죽을 수 있구나. 죽음이라는 옵션이 늘 여기서 문을 열어놓고 있다, 그렇게 생각하면 얼마나 마음이 편안했을까 하고 말입니다.

그렇지만 이것이 터무니없이 오만한 사고방식이라는 것도 잘 알고 있습니다. 자신이 처리할 수 없게 되면 스스로 마무리를 짓는다──이와 같은 것이 가능하다고 생각하는 한은 사실 저에게 늙음도 죽음도 아직 받아들일 준비가 되어 있지 않은 것이겠지요.

그 옛날에 『황홀한 사람』을 쓴 아리요시 사와코(有吉佐和子)[1] 선생님이 책을 내고 인터뷰하면서 하신 말씀이 참으로 인상적이었습니다.

"'소름' 정도로 무서운 치매노인의 생활을 그토록 사실적으로 그리셨는데, 선생님께서는 치매가 되어서까지 살고 싶다

---

1. 1931~84. 소설가. 다수의 역사소설과 사회문제를 다룬 소설 작품을 남겼다. 연극에도 관심이 있어서 각본도 쓰고 무대연출도 하였다.

고 생각하십니까?"

"네, 대소변도 가리지 못해서 다른 사람들에게 귀찮은 존재가 될지라도 나는 오래 살고 싶습니다"라고 이 위대한 소설가는 대답하였습니다. "태어났을 때도 대소변도 가리지 못해서 다른 사람들의 귀찮은 존재가 되어서 살아왔던 것처럼, 죽을 때도 대소변도 가리지 못해서 타인에게 귀찮은 존재가 되어 죽어가는 것이라고 생각합니다."

단호하고 늠름한 이 작가의 특별한 의미의 '각오의 정도'를 듣고 저는 그분을 다시 보게 되었습니다. 물론 '자신이 스스로 처리할 수 없게 된다'는 것이 치매이므로 그렇게 되었을 때 '어떻게 하겠다' 따위의 선택의 여지가 있을 리 없습니다. 자신의 무력함과 의존을 받아들이고자 하는 태도에 감동했던 것입니다.

저 자신은 '자식이 없는 노후'를 맞아야 합니다. 베이비붐 세대 사이에서는 지금 노후계획을 세우는 것이 붐입니다. 40대를 맞이한 이들은 인생의 황혼을 예감하고 있는 중이지요. 뭐니뭐니 해도 우선 몸이 말을 듣지 않게 되었죠. 예전처럼 탕진해 버릴 만큼 에너지도 시간도 남아 있지 않은 거죠. 패기 없는 놈들 같으니라고, 우리가 40대였을 때는 정신없이 일만 했어, 노후준비 따위를…하며 몹시 불쾌하다는 반응을 하는 50, 60대 일본인들의 얼굴이 떠오릅니다. 도리가 없죠. 우리는 조루의 시대를 사는 조로(早老) 세대입니다. 이다지도 몸놀림이 어려워진 세상에서 노후의 일 따위밖에 말할 거리가 없냐──고 하겠지만, 아직은 농담으로 말할 여유가 있어서 노후를 화제로 삼을 수 있는 거겠지요.

유유상종이라고, 비슷한 친구끼리 모이게 마련인가 봅니다. 자식이 없는 저 주위에는 싱글이나 딩크(DINKS) 등 역시 자식이 없는 여자들이 모여듭니다. 이 여자들 사이에서 만들어진 환상의 노후 프로젝트가 '노라의 방주'입니다. 노라는 '인형의 집'의 노라, 들고양이(노라네코)의 노라입니다.

양로원이 비참한 것은 강제적으로 모인 가구이기 때문이다. 서로 속마음을 아는 친구들과 함께 실버맨션을 만들어서 노후에 함께 살자. 그렇게 하기 위해 지금부터 20년 동안 우정을 키워나가자. "그때는 재미있었지" 하며 추억을 공유하면서 깔깔거리며 살자꾸나. 무리하게 젊은 세대의 다른 문화를 좇아가려고 하기보다는 같은 세대끼리 문화를 공유하는 쪽이 훨씬 마음 편할 거야.

준비는 구체적으로 진행되고 있습니다. 계단은 모두 휠체어용 슬로프로 하고. 공용 부분을 많이 만들어서 홀은 우선 장례식을 할 수 있게 설계하고. 가능하다면 '밝은 장례식'이라는 컨셉도 고려하고 싶어. 노인들만 있어서 고립적인 것은 싫으니까 젊은 사람들도 드나들 수 있게 문화센터를 운영하자. 그러려면 뭐니뭐니 해도 도심지에 자리잡아야 돼. 60년, 70년이나 살았다면 한 가지쯤 다른 사람들에게 가르칠 것은 습득하였을 테니까 '할머니 요리교실'이라든가 '할머니 손뜨개교실' 같은 걸 열어보자. 어린아이를 좋아하는 사람을 위해서는 부설 보육원을 만들어도 좋겠지. 그러기 위해서는 '일인일기(一人一技) 갖출 것'을 입주자격으로 하자….

"그런데 우에노 씨, 당신의 재주는?"

하는 질문을 받고는 제가 익혀놓은 재주가 한 가지도 없다는 사실을 깨닫게 되었습니다. 능력이라고 해봐야 사회학 정도뿐이다. '할머니 사회학교실'은 어떨까? 물었더니 그런 데 사람이 올 리가 없어 하며 일축해 버리더군요. 지금부터 20년 걸려서 재주 한 가지는 꼭 몸에 익혀야겠습니다. 아이고 맙소사.

다음은 남자를 받을 것인가 받지 않을 것인가 하는 문제로 좀 소란이 일었습니다. 남자를 받아들이면 다툼의 씨앗이 된다고 말하는 사람이 있었습니다만, 우리들 페미니스트는 젠더를 넘어선 자유로운 삶의 방식을 추구하고 있습니다. 남자다, 여자다 하는 차별은 하지 않습니다. '남자는 받을 수 없다'고 주장한 사람은 순식간에 소수파가 되어버렸습니다 ──그러고 보니 올해(1989년) 총리부의 여성주간 표어가 "지금 개성이 성을 넘어선다"였습니다. 늘 '성차(性差)보다 개인차'라고 말해 온 저로서는 감개무량한 면이 없지 않습니다.

여자들의 노후계획을 취재하러 다니면 대부분의 경우 그 계획에 남편은 들어 있지 않습니다. 우리처럼 "노후는 함께 살자꾸나" 하고 약속한 여자들은 많은데, 어떤 경우든 남편은 제외된 계획입니다. 방이 여러 개 되는 커다란 집에 살고 있는 한 여자는 친구들에게 입버릇처럼 "남편이 죽으면 이 집에서 같이 살자"며 마치 남편이 죽기를 기다리고 있는 듯한 말투입니다.

"남자가 없으면 자극이 없다"고 생각하는 우리들은 물론 수컷들고양이도 환영합니다.

재미있었던 것은, 사생활 부분을 전부 1인실로 할 것인지 아니면 커플실로 할 것인지 하는 문제로 의견이 분분했던 점입니다. 설계의 사상은 삶의 방식을 반영하고 있습니다. 우리는 '도대체 커플실이란 무엇인가'라는 래디컬(radical, '근원적'이라는 의미입니다)한 물음에서부터 출발하였습니다. 커플실을 인정한다는 것은 성의 배타적 독점이라는 일부일처제 사상을 인정하는 것입니다. 그럼에도 불구하고 생식기를 지난 남녀에게 성의 배타적인 독점이란 어떤 것일까? 더구나 70대 이상이 되면 남녀비율의 균형이 크게 깨져서 1 대 5 정도가 된다. 숫자가 적어진 남성자원을 독점하지 말고 공유하자… 등등 벌집을 쑤셔놓은 듯한 갑론을박이 있었습니다.

이 의견에 대한 남성의 반응은 다양합니다. 생각만 해도 오싹하군요 하며 공포에 질린 표정을 짓는 남성. 왜지? 공용이라고 해도 당신들에게는 여자들의 거처 같은 것이겠지 뭐, 하고 말하자, 젊은 여자들의 거처라면 괜찮겠지만 할머니들과 같이 사는 것은 싫어, 그러더군요. 이렇게 말하는 그 남자도 그때가 되면 할아버지가 되어 있을 텐데 괜히 잘난 척하고 있네요. 반대로 흔쾌히 같이 살겠다는 남성도 있습니다. 그때까지 기다릴 거 없이 지금부터 시작하자는 반응도 있고요.

그중에서도 바로 얼마 전에 상처(喪妻)한 60대 남성의 말이 인상적이었습니다.

─우에노 선생, 노년의 부부관계라는 것은 그런 게 아니라오.

부인이 돌아가신 뒤로부터 초췌해진 그분의 모습은 옆에서 보아도 안쓰러울 정도였던지라, 그분의 이 한마디에 가슴이 찡하게 울렸습니다.

아무튼 이와 같은 연유로 이런저런 준비를 하고 있습니다. 곳곳에서 잇따라 건설되고 있는 '실버연립'이라든가 '시니어 하우스'의 실제 모습을 살펴보면서도 배우고 싶습니다. 지금까지는 농담 반 진담 반이었는데, 점점 농담보다 진담의 비중이 커지고 있습니다. 노후는 우리에게도 머지않은 미래이기 때문입니다. 이제는 '환상의 프로젝트'를 서서히 현실로 옮겨야 할 것 같습니다.

자식이 있는 여성도 우리의 프로젝트를 전해 듣고 찾아왔습니다. "자식이라고 해야 기대할 수 없어요. 나도 받아줘요." "안 돼요. 당신들은 막판에 배신해 버리니까." 예를 들어 죽을 때 몇천만 엔을 남기는 경우라 해도 그 돈을 혈육인 자식이 아니라 친구들에게 물려주고 갈 수 있을까요? 바로 이 지점에서 여자들의 혈연의식은 시험당하게 되는 것 같습니다. 사실 저는 노후 정도는 여자들을 혈연으로부터 해방시켜 주고 싶어요. 자식 있는 여자라 하더라도 이와 같은 각오가 되어 있다면 환영합니다. 그러기 위해서는 재단법인으로 만들어서 유산은 동료들에게 남기도록 해놓고… 등등의 생각이 꼬리에 꼬리를 물고 이어집니다. 당분간 심심하지는 않을 듯싶습니다.

어찌 되었든 몸도 마음도 약해질 테니까 서로 의지하면서 살고 싶다, 모두가 동시에 쓰러지는 일은 없을 테니, 먼저 쓰러진 사람의 시중은 남은 사람이 들도록 하자, 친구들끼리 기저귀를 갈아주는 그런 관계를 만들자, 하며 이야기꽃을 피웁니다. ──이런 이야기를 하면 경애하는 도미오카 다에코(富岡多惠子)[1] 작가선생님은 깔깔거리며 웃으십니다. 그러니까 우에노 선생, 너무 쉽게 생각한다는 말이에요. 사회학자는 문학자보다 인간적이군요.

우리가 이 프로젝트의 이름을 '노라의 방주'라고 붙인 것은 방주에는 정해진 인원이 있어서 모두가 다 구원되는 것은 아니라는 자기경계가 있었습니다. 누군가가 뱃전을 손으로 움켜쥐고 덤벼들면 짓밟아서 떨쳐내 버릴지도 모릅니다. 정원 초과로 배가 침몰할지도 모르기 때문입니다. 방주는 구제를 원하는 작은 유토피아(덧붙인다면 여기서 유토피아는 '어디에도 없는 장소'라는 의미입니다)입니다. 이런 방주를 만들 수 있을지, 그것조차 분명하지 않습니다. 반 농담으로 시작한 것이

---

1. 1935~ . 시인, 소설가. 인간 관계의 불가해함을 예리하게 파헤치는 소설작품을 다수 집필하였다. 에세이에서는 독특한 여성론과 표현론을 전개하고 있다.

진실로 바뀔 때쯤에는 방주의 짐이 너무 무거워져서 난파해 버릴지도 모릅니다. 페미니즘은 자구노력의 산물이었습니다. 실버 페미니즘은 상부상조 노력의 산물이라고 생각합니다만—우에노 선생, 그건 거동 못하는 노인이나 치매노인의 비참한 실상을 모르기 때문이오. 일단 그렇게 되면 우정이나 상부상조 따위는 산산조각 나버릴 거요, 이렇게 속삭이는 소리가 들리기도 합니다. 일장춘몽일지 어떨지 모르겠지만, 아무튼 좀더 모색해 볼 생각입니다.

그런데 3월 23일에 이케부쿠로(池袋)의 세이부(西武) 커뮤니티 칼리지에서 개최되었던 "초월하는 지(知)를 향하여: 감각의 비교사회학"은 재미있었습니다. 이번에 고분도(弘文堂)에서 나온 『사회학사전』의 출간을 기념하여 편저자의 한 사람이신 미타 무네스케 선생님이 기획자가 되었고 나카무라 선생님과 제가 파트너가 되어 참여하였습니다. 미타 선생님께서는 저와 선생님이 주고받는 편지를 계속 읽고 계셨으며 처음부터 핵심으로 들어가는 화법 등, 그토록 낭비 없이 긴장을 고조시키는 심포지엄도 드문 일이었습니다. 미타 선생님의 이야기 전개방식에는 이러쿵저러쿵 서두가 길다거나 빙 돌아갈 틈이 없는 일종의 성급함이 있어서, 이분은 서두르며 살고 계신 건 아닐까 하는 생각을 잠시 했었습니다.

그러고 보면 미타 선생님이 사전의 편저자가 되었다는 말을 들었을 때도 놀랐습니다. 품은 많이 들어가지만 공은 적은 사전편찬 같은 것은 대학을 무사히 정년퇴임한 명예교수가 하시는 일이라고 생각했기 때문입니다. 그 말을 들었을 때 외람되게도 한 순간 이분이 정신이 어떻게 되신 것 아닌가 의아해했습니다.

나카무라 선생님, 이야기를 시작하기 전에 둘 다 심포지엄에서 이야기를 다 해버리면 우리의 왕복서간에 쓸 거리가 없어지지 않겠냐고 걱정하셨지요. 물론 그 걱정은 기우에 그쳤지만 말입니다.

심포지엄에서 미타 선생님이 저를 '학계의 구로키 가오루'라고 소개하시는 바람에 회의장은 웃음바다가 되었습니다. 나카무라 선생님께서도 제가 "구로키 가오루에 대해 일종의 라이벌의식이 있는가" 쓰셨죠. 육체도 퍼포먼스에서도 전혀 게임이 안 되는 그런 '여왕'과 어깨를 나란히 견주어주신 것만으로도 실로 영광이옵나이다. 반대로 구로키 씨를 '성인비디오계의 우에노 치즈코'라고 부른다면 어떻게 될까요──이것은 그녀에게는 큰 실례가 되겠죠.

SM에서 마조히스트의 '역전승'을 나카무라 선생님처럼 '소외로부터의 회복'이라고 읽는다면 그건 오해입니다. 이것만큼은 변명을 허락해 주세요. 마조히스트의 '승리'는 소외상황을 보다 깊은 소외로써 뛰어넘는다는, 어디까지나 역설적인 전략입니다. 여기서는 그 어디에도 '구제'라든가 '소외로부터의 회복'이 존재하지 않습니다. '물건으로 삼고 싶다'는 남성의 욕망을 자진해서 '물건이 되어주는' **주체성**으로써 뛰어넘는 것은 소외를 또 하나의 보다 깊은 소외로 대체하는 것입니다. 이것을 잘못 이해하여 헌신 혹은 자기희생, 자기포기라고 일컫는 경우가 있습니다만, 사실은 나의 몸과 함께 상대방도 파멸시키고 마는 흉포한 의지입니다. 나카무라 선생님이 말씀하신 대로 "타자를 지배하고자 하는 공격적 욕망이 타자로부터 자기 자신으로 반전될 때 거기서는 오히려 '비인칭의 흉포한 주체'가 나타"납니다. 그렇지만 '비인칭'임에도 분명 그것은 하나의 '주체'임에 틀림없고 또한 그 '주체'가 '비인칭'인 것은 이미 '빼앗긴 주체'이기 때문입니다.

'공격적 욕망'은 언제 '타자로부터 자기 자신으로 반전되는' 것일까요. 바로 타자를 향한 '공격성'이 **금지당할** 때입니다. 결코 존재해서는 안 되는 욕망이 여자를 궁지로 몰아넣습니다. 이 사도-마조히즘(sado-masochism, 가학피학성)의 심리적 메커니즘은 소녀의 자살에서부터 거식증에 이르기까지 모든 것을 설명해 주는 공통의 메커니즘 같다는 생각이 강하게 듭니다. 이 대목에서 저는 거식증에서 갓 벗어난 이토 히로미(伊藤比呂美) 소녀와 구로키 가오루 두 사람이 서로 겹쳐서 떠오릅니다. 그러고 보면 이 두 사람에게는 『성의 구조』(作品社)라는 탁월한 대담이 있습니다 (이런 대담을 기획한 편집자의 안목에 감탄을 금치 못합니다). 『영역(territory)론』(思潮社)의 저자인 시인은 털뽑기라는 피부의 경계감각에 편집광적으로 집착하며, 또 한편으로 '액모(腋毛)의 여왕'은 "영역을 모독당하고 싶다, 그것이야말로 내가 바라는 바이옵니다" 하고 부르짖습니다. "사실 나는 섹스를 싫어해"라고 말하는 시인의 '닫힌 성'과 성인비디오 모델의 '열린 성'은 일종의 흉포한 공격성에서 마치 뒷모습을 보여주는 거울처럼 많이 닮았습니다. 그래도 이 '출산(出産) 시인'은 모성이라는 가장 공격적인 성을 그야말로 마음껏 농락하기도 합니다. 욕망 그 자체에는 방향성이 없습니다. 정통으로 간주되는 회로를 봉쇄당한 욕망은 몸을 사리고 자기 자신에게 향하거나 방향 없이 폭발할 수밖에 없습니다. 그것을 '욕망의 유희' 혹은 '쾌락'이라고 부른다면 '쾌락'이란 그와 같은 것이겠지요. 이러한 '쾌락'은 카우치 포테이토 족(couch potato)[1]의 사치스러운 '쾌'(快)와는 아무 관계도 없습니다. 오히려 그들은 '쾌락' 따위로 어지럽혀지지 않는 '쾌적'한 생활을 바라고 있다고 말해야겠지요.

최근에 가깝게 지내게 된 의사선생님이 "깡패와 잘 노는 사람은 치매에 걸리지 않는다"는 명언을 하셨습니다. 어느 날 그분의 병원에 조직폭력배 사람들이 승용차 여러 대를 몰고 진찰을 받으러 와서 병원에 있던 사람들을 부들부들 떨게 만든 적이 있었다고 합니다.

'어른아이에서 아이어른으로, 그렇게 해서 그대로 아이 같은 노인으로', 이와 같은 저의 라이프 코스론에 대해 나카무라 선생님은 "옛날부터 연예인, 예술가, 괴짜학자 등 자유업자나 반(半)자유업자들 대부분이 거쳐온 코스가 아닐까요"라고 쓰셨습니다. '배우아이'라든가 '학자아이' 같은 말이 이를 증명해 주고 있다고도 말씀하셨지요.

그러고 보니 어떤 기업이 '활력 있는 노인의 생활방식 조사'를 기획하였을 때 조사대상자를 기업의 정년퇴직자로 한정하고 학자와 예술가는 대상에서 제외했다는 말을 듣고, 정말 맞는 말이라고 생각한 적이 있었습니다. 예술가나 학자는 이를테면 애당초 '노후'를 살고 있는 것과 진배없으니까, 정년이 되고 나서 갑자기 '노후를 사는' 것은 아닐 겁니다.

나카무라 선생님, 현대인이 '노인' 범주로 이행을 하는 데 강한 고통을 느끼는 이유를 "새로이 인생 80년 시대를 맞이하여 늙음이 연장되기에 이른 오늘날 아직 그 정형이 없기 때문이다"고 말씀하셨습니다. 저 자신도 "낡은 범주가 힘을 잃고 새 범주가 아직 생기지 않은 시대의 과도기"라는 표현을 하였습니다. 그렇지만 노화의 새로운 '정형'은 정말로 가까운 시일 내에 만들어질까요? '평범한 생활인'이 아닌 예술가나 학자 들이 "제도적(의례적) 성인식을 거치지 않고 아주 조금씩 이행"할 수 있는 것은 "하루하루의 생활 속에서 죽음과 재생의 성인식이 미세하게 분화되어 존재하기 때문"이라고 선생님 스스로 지적하고 계시지만, 저에게는 이것이 '보통사람들'에게는 불가능한 예외적인 스타일이라고 생각되지 않습니다.

며칠 전의 심포지엄에 참석한 뒤로 줄곧 저는 '이탈'(detachment)이라는 것을 생각하고 있습니다. '이 세상'에 남아 머무르면서 '이 세상'에 휩쓸려들지 않는 것. '저기'로 가버리지 않고 경계를 견뎌내는 것. '이탈'을 한 사람은 반은 '죽은' 것입니다. 혹은 '살아 있는 척'하고 있다고 말해도 될지 모릅니다. 생각해 보면 저 옛날 은거의 관행은 문화적으로 볼 때 대단한 장치였습니다. 은거하는 분은 속세의 일은 집안의 상속자에게 양보하고 '공무'의 세계로 들어갑니다. 그것은 제사를 위한 자손의 모임이라든가 사찰의 강의 같은 '성스러운 세계'의 일입니다. 그들은 살아 있으면서 반은 '죽은 척하는' 세계에 들어가 있는 거지요. 은거관행의 나이가 40세 전후라는 점도 괜찮습니다. 40년, 속세에서 살았으면 이제 충분해, 그런 뜻이겠지요.

요즈음 마치 유행처럼 잡지창간의 열풍이 불고 있습니다만, 이런 분위기 속에서 남다른 재주가 요구되는 시대의 비즈니스 잡지라는 기치를 내걸고 창간한 잡지가 있습니다. 『아반토』(アバント)라는 잡지인데요, 이 잡지의 '현대 이색재주 도감'에 실린 아라마타 히로시(荒俣宏)라는 사람의 말이 눈길을 끌었습니다. 그는 40세에 벌써 "여생을 살고 있는 것 같기 때문에…" 그러므로 무엇이

든 해도 괜찮다고 말하고 있습니다. 이와 같은 이탈의 방식이 그의 장대한 낭비——이것이야말로 창조성이라고 일컬어지고 있습니다——를 만들어내는 기반일 겁니다.

저도 올해로 나이 마흔을 맞이하였습니다. 조금씩 사는 스타일을 바꾸어도 괜찮지 않을까 싶어서 찾고 있습니다. 나이 예순에는 예순 살의, 마흔에는 마흔 살의 이행 과제가 있을 테지요. 몇 년 전에 저보다 열 살이나 많은 여자친구에게 "마흔이 되면 편안해질까요?" 하고 지푸라기라도 잡는 심정으로 물었다가 웃음거리가 되었던 일이 생각납니다. "편안해지기는커녕…. 마흔에는 마흔의, 쉰에는 쉰의 어려움과 고민이 있게 마련이지" 하며 그 친구는 저를 뿌리쳐 버렸습니다. '죽음과 재생의 성인식이 미세하게 분화'되어 있는 어려움과 즐거움일지도 모르겠습니다.

Good luck, my friend——조금 앞에서 걸어가고 있는 친구에게는 이렇게 큰소리로 말해 주고 싶습니다. 괜찮아, 내 친구야, 내가 지켜보고 있을게.

이 편지가 도착할 무렵이면 도쿄의 벚꽃도 한창 때를 맞게 되겠지요. 사모님과 선생님 두 분께서는 올해의 벚꽃을 어떻게 보시는지요. 사모님께서는 그후 별고 없이 잘 지내시겠지요. 조금 걱정하고 있습니다.

낙화 속에서
우에노 치즈코

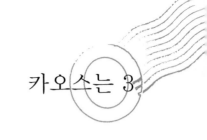

카오스는 3

우에노 치즈코 선생님

요즘 들어서는 봄이라고 해서 특별히 마음이 설렌다거나 꽃에 매혹되지 않는다고 생각합니다만, '카오스는 3'이라는 이야기에 푹 빠져서 이 이야기를 주위사람들에게 뿌려대는 바람에 사람들을 좀 연기 속에 휩싸이게 하고 있습니다. 카오스는 우에노 선생도 좋아하는 주제일 테고 또 이미 '성속이론'(聖俗理論)의 관점에서 '카오스·코스모스·노모스'를 정밀하게 논하고 계시지만, 여기에서 내가 '카오스는 3'이라고 말하는 것은 그와 좀 다른 관점입니다.

주문(呪文)과 같은 이 주제를 깊이 파고들게 된 계기가 무엇인지 말씀드리면, 내가 계간지 『헤르메스』(へるめす)에 연재중인 「모양의 오디세이」에서 '기하학과 혼돈'이라는 문제에 부딪히게 되었던 것입니다.

「모양의 오디세이」에서 나는 '모양'을 둘러싸고 '홀로그래피와 공진(共振)' '6대주 모두에 울림이 있다: 우주리듬과 형태 생성' '형상(形象)의 유혹: 형태와 괴물곡선' '색영역의 경계: 모양의 분신' '미궁과 원형: 소용돌이와 나선형의 경이' 등과 같은 식으로 여러 가지 문제를 고찰해 왔습니다만, 이 연장선에서 '기하학과 혼돈: 모양의 저편. 근저에 있는 것'이라는 커다란 문제에 부딪혔습니다. 그래서 여러 가지 조사도 하며 고찰하는 동안에 저절로 '카오스는 3'이라는 주제가 내 머릿속에 떠올랐던 겁니다.

이 편지에서는 『헤르메스』에 쓴 것과는 가능한 한 중복되지 않도록, 즉 '기하학과 혼돈'을 쓴 이후에 나의 내면에서 전개된 것을 쓰도록 하겠습니다.

수학에서 맨 처음 카오스를 결정론적으로 다룬, 리와 요크(Lie-Yoke)의 정리(定理)라는 것이 있습니다. 이 정리가 "3주기는 카오스를 의미한다"는 형식으로 정언되어 있는 데 힌트를 얻어서 내가 약간 은유적으로 바꾼 것이 '카오스는 3'입니다. 지금 우리가 주고받고 있는 편지들은 『인간을 넘어서』라는 전체 제목을 붙이면서, 보통의 방식으로는 좀처럼 산뜻하게 인간을 넘어설 수 없기 때문에 '카오스는 3'이라는 조금은 쿨한 시각에서 나의 생각을 말해 보기로 하지요. 좀 앞질러서 말해 둔다면 '카오스는 3'은 늙음과 젊음, 남자와 여자, 삶과 죽음 같은 고정된 2항 대립적이고 이

분법적인 파악방식을 재조명하는 의미도 함축되어 있다고 할 수 있습니다.

　그런데 리와 요크의 정리에서 "3주기는 카오스를 의미한다"고 말하는 경우에는 3주기궤도를 어떤 방정식에 도입하게 되면 카오스는 수학상 결정론적으로 파악할 수 있다는 것입니다. 여기서 내가 특히 재미있게 생각하는 것은 바로 이 3이라는 숫자가 일단 3이라고 말하여지면서도 그냥 3이 아니고 2n과 1을 제외한 모든 정수를 대표하고 있다는 점입니다. 여기서부터 좀 비약해서 말한다면, 흔히 우리가 생각하는 것과 달리 정수에서도 1이나 2 같은 숫자는 오히려 특수한 숫자라는 사실입니다. 그로부터 1인칭이나 2인칭의 특수성도 나오는 듯합니다.

　그러면 이 3이라는 숫자가 피타고라스 이후 '숫자의 심벌리즘'에서 7과 더불어 예부터 서양에서 특별한 취급을 받아온 것은 익히 알려져 있습니다. 하지만 여기에서 주목해야 할 것은 이 3이란 숫자가 시공을 훨씬 뛰어넘어서 동양의 혼돈에 대한 파악방식에서도 중요한 의미를 가진다는 점입니다. 동양에서 혼돈을 파악하는 방식은 물론『장자』(壯子)에 나오는 '혼돈신화'를 대표적인 것으로 꼽을 수 있습니다.

　『장자』의 혼돈신화는, 중앙의 황제 혼돈이 자신에게 신세를 지고 있고 자신에게 은혜를 입었다고 생각하고 있는 남해의 황제 숙

(儵)과 북해의 황제 홀(忽)의 선의에 의해서 자신의 밋밋한 얼굴에 보통사람들처럼 7개의 구멍(눈 둘, 귀 둘, 코 둘, 입 하나)이 뚫어짐으로 해서 어이없게도 최후를 맞았다는 것, 즉 카오스에 멋대로 질서를 부여하면 생명을 빼앗기게 됨을 단적으로 보여주었다는 점에서 매우 흥미롭습니다. 그러나 여기서 더 나아가 야마다 게이지(山田慶兒) 씨는 논문「공간·분류·범주」(『혼돈의 바다』에 수록)에서 『장자』의 혼돈신화의 변형인 『회남자』(淮南子)를 실마리로 하여 혼돈신화의 원형을 찾고 그로부터 공간분할의 3극 구조를 찾아내고 있지요.

야마다의 분석에 의하면, 최초의 세계공간은 혼돈이라는 단일한 요소에 의해 지배되어 있다가 마침내 세 개로 분할되어 중앙은 혼돈이, 남과 북은 숙과 홀이 지배하게 되었다고 합니다. 그래서 이 경우 원 중심부의 내부공간은 혼돈이, 그것을 둘러싸고 있는 도넛 형태의 외부공간 중에서 위쪽 반은 숙이, 아래쪽 반은 홀이 각각 통치하게 됩니다. 외부공간은 코스모스(질서)의 공간이며, 그와 달리 내부공간은 카오스(혼돈)의 공간이었습니다.

이렇게 하여 코스모스 공간이 카오스 공간을 둘러싸게 되었을 때 3극 구조가 나타났으며, 이어서 코스모스 공간이 카오스 공간을 몰아내자 3극 구조는 질서 안에서의 2극 구조(2항 대립)로 전화된다는 것입니다. 여기에서도 카오스는 2극 구조의 2극과는 다른 세번째의 존재로서 나오는 것이지요.

210

'카오스는 3'을 고찰하면서 알게 된 또 한 가지 재미있는 사실은, 1과 0의 2진법으로 구성되어 있는 컴퓨터의 복잡한 회로와 기능을 교란하는 컴퓨터 재크(computer jack)라고도 일컬을 만한 해커로서 세계적으로 유명한 한 조직(본거지는 함부르크)이 그 이름을 글쎄 '카오스·컴퓨터 클럽'이라고 붙였다고 합니다. 너무나도 정확하면서도 멋진 이름 아닌가요.

디지털 컴퓨터의 기초인 1과 0의 이진법은 일반적으로 추상적이고 비인간적으로밖에 생각되지 않으며 이전에는 나도 그렇게 생각했습니다만, 앞에서 살펴본 바에 따르면 남녀의 젠더 구분이라든가 인간이 나이를 먹으면 늙는다는 것과 거의 마찬가지로 인간적인 것인지도 모릅니다. 거기까지 다 말하지 않더라도 1과 0의 이진법에 제3의 존재로서의 카오스를 더하면 갑자기 인간적인 느낌이 많아지게 되지요.

과학에서 카오스에 대한 관심 가운데는, 최근에 우연히 내가 관계하게 된 분야로서 퍼지(fuzzy)공학이라는 것이 있습니다. 일본어에서는 이 '퍼지'를 애매모호라는 숙어의 앞부분을 취하여 '애매'라고 번역하고 있습니다만, 중국어에서는 뒷부분을 취하여 '모호'라고 번역한다는군요. 퍼지공학이란 한마디로 지금까지 기계에게는 익숙지 않았으나 인간은 그다지 힘들이지 않고 간단하게 할 수 있는 회색지대의 지각 혹은 움직임을 기계도 할 수 있게 만드는 공학이론을 말합니다.

내가 이런 퍼지공학에 관계하게 된 데는 다음과 같은 연유가 있습니다. 작년(1988년) 여름에 내가 『중앙공론』(中央公論)에 기고한 「임상의 지(知)·재고(再考)」에서 서술한 내용에 대해, 퍼지공학 분야에서 일본의 대표적인 연구자로 알려져 있는 도쿄공업대학 수게노 미치오(菅野道夫) 교수께서 공감을 하고는 자신의 에세이에 이것을 인용하였던 것입니다. 그런데 그후, 마침 올해 퍼지시스템학회가 내가 소속한 대학에서 열리게 되어 있었고 이 학회로부터 '초청강연'을 해주었으면 좋겠다는 의뢰를 받았습니다.

나는 여러 가지 생각한 끝에 "퍼지와 새로운 과학인식론"이라는 제목으로 이야기를 하기로 하였습니다. 과학에서 퍼지이론이 지향하는 바가 G. 바슐라르의 '비(非)데카르트적 인식론'이나 레비-스트로스의 '야생의 사고' 그리고 이들로부터 시사를 받은 나 자신의 '임상의 지(知)' 등 새로운 인식론의 동향과 겹치는 면이 적지 않기 때문입니다.

또한 퍼지공학 분야 내에서는 명확하게 자각되고 있지 않은 현대의 지(知) 속에서 퍼지이론의 자리매김을 명백하게 해두는 일 역시 철학을 하는 사람이 반드시 해야 할 임무가 아닐까 하는 생각이 들었기 때문입니다. 아니, 그보다도 아마 나는 천성이 다른 유의 시합을 좋아하는가 봅니다. 우에노 선생이 말하는, 도발에는 반드시 응한다는 것과는 조금 다르다고 생각되지만 말입니다.

퍼지이론에서는 기계에게는 익숙지 않고 인간에게는 용이한 회색지대의 지각과 행동을 문제로 삼기 때문에 디지털 컴퓨터에 사용되는 1과 0이라는 이진법 논리 대신 다진법 논리를 도입할 수밖에 없었습니다. 하지만 다진법 논리는 저절로 무한다진법 논리가 될 수밖에 없으므로 그렇다면 차라리 '적당한 가감(加減)'이 아니라 '딱 맞는 가감' 이론이라고 부르는 것이 어떨까 하는 것이 나의 생각입니다. 이 '가감'이라는 것은 수저가감의 가감이기도 하거니와 가감승제(加減乘除)의 가감이기도 하다는 것이지요. 아무튼 과학이 카오스적인 애매함에 대하여 자각하게 되었다는 점은 주목할 필요가 있습니다.

내가 말하는 '카오스는 3'의 좀더 구체적인 전개는 우에노 선생이 열한번째 편지에서 제기하신 문제를 중심으로 해서 나중에 하기로 합시다.

그런데 이야기가 바뀝니다만, 열한번째 편지('시대의 기분은 노인성')를 보니까 '홍콩의 미식여행'을 가지 못했나 본데 그런 기회를 놓치다니 참으로 아깝군요. 우에노 선생은 음식문화의 고장인 가나자와(金澤) 근처에서 자라서 상당한 미식가이시지요. 미식가 하면, 언젠가 미타 무네스케 선생과 우리 세 사람이 이케부쿠로 세이부의 커뮤니티 칼리지에서 열린 『사회학 사전』 출판기념 심포지엄에 참석하고 심포지엄이 끝난 다음에 저녁식사를 함께 하게 되었을 때 식사자리에서 우에노 선생이 감기에 걸려 식욕이 없다고 하여 우리가 기대했던 우에노 선생이 먹음직스럽게 먹는 모습을 보지 못한 것을 아쉬워했던 일이 생각납니다. 이런 말까지 하면 별 이상한 것도 다 기억하고 있는 사람이라고 여길지도 모르겠습니다. 그렇지만 나는 그 사람이 어떤 음식을 좋아하는지 또 그 사람의 먹는 모습 같은 것에 적지 않은 관심이 있습니다.

"어떤 것을 먹고 있는지 말해 봐. 네가 어떤 사람인지를 맞혀 보마."

"식탁의 쾌락은 먹는 쾌락과 구별된다."

잘 알고 계시겠지만, 이 말들은 블리어 사바란의 『미각의 생리학』에 나오는 말입니다. 앞엣것은 "어떤 것을 먹고 있는가" 대신 "어떤 집에서 살고 있는가"라든가 "어떤 여자(혹은 남자)를 좋아하는가" "어떤 국회의원을 선택했는가" 등등 여러 가지로 변형될 수 있지만, 음식이 가장 큰 의미를 가진다는 것은 흥미로운 일입니다. 또 뒤엣것은 먹는 쾌락이 단순히 생리적인 면뿐만 아니라 함께 식사하는 즐거움이 뒷받침되어 있음을 간결하게 나타내고 있습니다.

여기서 감각의 즐거움이 궁극적으로 맛을 즐기는 데 있다면, 그리고 감각의 즐거움이 부분적인 감각만의 문제에 국한되지 않는다면, 사바란의 이 말이 지니고 있는 뜻도 훨씬 넓고 깊어질 것입니다. 그건 그렇고 일본 속담에도 "음식 원한은 무섭다"는 말이 있지요. 이 속담 역시 생각하기에 따라서는 상당히 래디컬한 말입니다(덧붙인다면 사바란의 이 책 일본어판 제목은 『미미(美味)예찬』으로 번역되었습니다만 오히려 산문적인 원래의 제목이 이와 같은 말이 나오는 출전으로서 재미있거니와 미각이라는 명료하게 파악하기 어려운 대상을 다루는 자세에도 적합하다고 생각합니다).

말은 이렇게 하지만, 아무튼 나는 그 정도의 미식가도 아니고 음식 맛에 정통한 사람도 아닙니다. 다만 일본 국내나 외국을 여행하게 되면 그 지방의 특색 있는 먹을거리를 가능한 한 먹어보려 하고, 음식 때문에 이상을 일으켜 적응 못하는 경우는 거의 없습니다. 의외로 위가 튼튼한가 봅니다.

그리고 새 글을 쓰느라 호텔에 갇혀 있다가 빠져나와서 기온신사의 밤 벚꽃을 보러 갔다는 이야기, 특히 한창 때를 지났을 무렵의 벚꽃의 서로 겹쳐진 꽃그림자의 농도가 묵화처럼 떠오르는 모습을 보고 우에노 선생이 "참으로 아름답다"고 느꼈으며 그에 대해 '동행자'로부터 "이런 것은 좋아지면 끝장이군요"라는 말을 듣고 "그래서 뭐가 잘못됐지요?" 하고 되물었다는 이야기도 여러 가지를 생각하게 하면서도 재미있었습니다.

"이런 것은 좋아지면 끝장이군요"라는 것은 간단히 말해서 이른바 '설월화'(雪月花) 혹은 '화조풍월'(花鳥風月)적 감수성을 가리킨다고 생각됩니다. 일반적으로 '설월화'라든가 '화조풍월' 같은 것으로 표현되는 자연관은 일면 자연귀의랄까 자기포기랄까, 형식에 들어맞는 수동적이고 노인네 같은 면도 분명 있지만, 이는 형식에 갇혀서 꽃 나름의 자연을 보기 때문이고 오히려 형식을 용수철로 하여 선연하게 꽃 나름, 자연 나름의 발현을 볼 수도 있다고 생각합니다.

그렇다 하더라도 나 역시 한달음에 '설월화'로 곧장 가기보다는 오히려 가지이 모토지로의 『벚나무 아래에는』에서 말하는 "벚나무 아래에는 시체가 묻혀 있다! …대체로 어떤 나무의 꽃이든 이른바 절정의 상태에 이르면 그 꽃이 접하는 공기 속으로 일종의 신비한 분위기를 퍼뜨리게 되는 법이다"는 이해방식 쪽에 아직은 친근감이랄까 공감을 가지고 있습니다.

꽃이나 자연뿐 아니라 사물을 느낀다는 것은 감수성, 즉 수동적 움직임입니다. 그리고 단순히 수동적인 것은 퇴영적인 태도이지만 감수성을 동반하지 않는 능동성이란 것은 추상적 혹은 조잡하고 폭력적인 능동성에 지나지 않다고 봅니다. 오래 전에 사르트르가 '상상력'을 '수동적 능동성'이라고 규정하는 것을 읽고 이상한 말을 한다고 생각했던 적이 있습니다. 그러나 나중에 사르트르도 바로 이와 같은 말을 하고 싶었던 것임을 깨닫게 되었습니다.

그런데 우에노 선생님이 "그래서 뭐가 잘못됐지요?" 하고 되묻고는 "나이가 젊더라도 노인과 같은 감회를 느낄 수 있습니다.

'~다움'의 기준이 동요하고 있는 시대입니다. '나이에 걸맞음'이란 말도 무의미해져 버렸습니다"라고 쓰신 대목을 읽고, 또 편지 마지막 부분에 "몇 년 전에 저보다 열 살 많은 여자친구에게 '마흔이 되면 편안해질까요?' 하고 지푸라기라도 잡는 심정으로 물었다가 웃음거리가 되었던 일이 생각납니다" 하고 정말로 솔직하게 쓰신 대목을 읽고 나 나름대로 '아, 그랬었구나' 하고 짐작 가는 일이 있습니다.

우에노 선생은 올해 마흔을 맞이하여 마흔이라는, 어떤 의미에서는 여성에게 잔혹한 장애물을 다른 사람보다 두 배나 더 강하게 의식하면서 그 장애물을 없애버려서 불로불사(不老不死)가 아닌 비로비약(非老非若)의 입장을 받아들이려 하는 것 같다는 생각이 드는군요. 확실히 현대는 '~다움'의 기준이 동요하는 시대이고 '나이에 걸맞음'이라는 말이 무의미해진 시대이기는 하지만, 이와 같은 상황인식에 앞서 본능적으로 우에노 선생은 나이 마흔을 맞이하는 것이 불안하고 무서웠던 게 아닐까요.

물론 이러한 무서움을 자기 혼자의 것으로 받아들이지 않고 그 문제를 시대의 추세와 중첩시킴으로써 비로비약(非老非若)의 입장을 견지하는 것은 알리바이를 만들려는 것 아니냐고 힐책하려는 의도는 결코 아닙니다. 오히려 그보다는 우에노 선생의 본능적인 감수성의 날카로움과 그에 더하여 불안에 대한 솔직함에 감탄하고 있습니다. 또한 그러한 날카로움과 솔직함이 시대의 추세를 자연스럽게 끌어올 수 있었다고 생각합니다. 일찍이 나이 마흔을 일컬어 분별 있는 듯이 말한 '불혹'이 불안이나 망설임을 통하여 비로비약(非老非若)의 불혹에 이를 수 있다면 훌륭한 일입니다.

다만 나 자신이 나이 마흔을 맞이하였던, 말 그대로 조금 옛날의 일을 떠올리고서, 그때 나의 경험과 상당히 달라서 의아한 느낌이 들었던 것입니다. 내 경우에는 연구자로서도 글쓰는 사람으로서도 여느 사람들보다 늦게 출발했기 때문인지 혹은 남자와 여자의 차이 때문인지 잘 모르겠습니다만, 아무튼 그 무렵에는 아직 일에 열중하고 있어서 마흔이라는 나이를 거의 의식도 못했습니다. 당연히 그 나이가 되었음을 슬프게 생각지도 않았지만 기쁘게도 생각지 않았지요. 시대의 분위기 차이도 상당히 클 겁니다. 지금부터 약 20년 전인 1960년대 후반은 사회적으로 격동의 시대였으니까요.

나 자신의 경우를 되돌아보면, 나이 쉰을 맞았을 때는 마흔이 되었을 때와 조금 달랐던 것 같습니다. 만 쉰 살이 되었던 바로 그때 나는 유럽에 머무르고 있었는데, 그런 이유도 있어서 마침내 쉰이 되었구나 하는 느낌이 강했습니다.

인생 50년이라는, 과거 일본인의 라이프 사이클 척도가 그런 대로 상당히 머리에 남아 있었지요. 그리고 나츠메 소세키(夏

1. 1867~1916. 소설가, 영문학자. 근대인이 지닌 자아이기주의를 파헤치는 작품을 주로 썼다. 「도련님」 「마음」 「산시로」 「풀베개」 등의 소설이 있다.

目漱石)[1]가 그토록 많은 일을 하던 끝에 꼭 만 쉰 살에 죽었다는 데 생각이 미치자 같은 쉰 살이어도 너무나 다르다는 느낌을 가지는 한편으로, 메이지시대의 일본인과 지금의 라이프사이클 척도가 크게 변했음을 통감했습니다.

우에노 선생이 나이 마흔을 맞이할 때의 느낌과 거의 비슷한 느낌을 내가 가졌을 때는 예순 살을 맞이할 때였습니다. 오늘날 60세 환갑은 통과의례로서도 예전과 같이 강하고 결정적인 의미를 가지지 않게 되었지만, 그래도 뭐랄까 드디어 미지의 차원으로 들어가는구나 하는 느낌이었습니다. 그러나 그때 나는 가능하면 어느 누구도 눈치채지 못하게 또 아무렇지도 않은 듯이 예순이라는 장애물을 넘고 싶었고 거의 성공했습니다. 이렇게 성공하긴 했습니다만, 환갑을 넘었다는 것을 감정적으로 자연스럽게 인정하게 된 것은 그로부터 얼마간 지난 후입니다.

이런 말을 하다 보니 지금의 나 자신을 지금의 우에노 선생과 같은 위상에 놓는 셈이 되어서 스스로 조금 기분이 좋아지는 감이 없지 않습니다만, 나 자신을 되돌아보면서 아무런 과장 없이 이렇게 생각하는 것이므로 도리가 없군요. 게다가 어쩌면 이같은 일종의 동시성이 지금 우리가 주고받고 있는 편지들을, 여러 가지 면에서 오히려 상당한 차이를 안고 있으면서도 의미를 가지게 하는 것일 수도 있습니다. 최근에 다양한 사람들을 만나면서 많은 사람들이, 그리고 의외의 사람들이 우리의 이 왕복서간에 관심을 가지고 읽고 있는 것을 알고 놀랐습니다.

다시 '카오스는 3' 혹은 제3항으로서 카오스의 작용 이야기로 돌아가 보면, 이것이 제대로 작용하면 '~다움'이라든가 '나이에 걸맞음'에 얽매이지 않겠지만 카오스의 지배가 너무 강해지면 그야말로 '경계(境界)사례 신드롬'에 빠져서 가차없는 현재주의라기보다 찰나주의에 빠져버리겠지요. '경계사례 신드롬' 역시 원래는 바로 그 경계사례에 지나지 않았습니다만 최근에는 그것 자체가 통합된 증후군이 되었다고 하는군요. 카오스가 거기까지 확산되었다고도 말할 수 있겠지요.

바로 앞에서 나는 마흔을 맞이한 현재의 우에노 선생과 지금의 나를 어느 의미에서는 같은 위상에 놓고 있는 건 아닐까 하는 말을 하였습니다. 일단 이 동시성을 전제로 하고서 아무래도 잘 이해되지 않는 점을 말하자면, 우에노 선생은 왜 노인치매에 대하여 그토록 강한 관심을 가지시는지요. 나는 요즈음 이런 생각을 합니다. 인간이 자신의 장래를 자기 시야 내에 넣을 수 있는 것은 물론 세대에 따라서도 다르겠지만 기껏해야 10년 혹은 15년 앞 정도가 아닐까 하는 것입니다.

나의 경우 나이 마흔, 쉰을 어떻게 맞이하였고 또 예순 살 때는 어땠는지 이미 이야기한 대로이지만, 노인치매 문제는 마침 내가 쉰 살 무렵에 함께 사시던 장모님께서 가벼운 뇌일혈을 몇 차례 반복하는 가운데 치매가 점점 심해지는 것을 바로 옆에서 경험하였던 터라, 가족으로서는 절실했지만 나 자신의 일로서는 생각할 여유도 절박감도 없었답니다.

나는 예순에 접어들면서 비로소 무언가 미지의 차원에 발을 들여놓는다는 느낌을 가지게 되었다고 했습니다만, 이 미지의 차원이라는 것에는 노인치매에 대한 불안이 그림자를 드리우고 있었습니다. 이같은 나의 경우를 돌이켜볼 때 우에노 선생의 경우에 노인치매에 대해서 그토록 깊은 관심을 가지는 그 근거는 무엇일까, 그 점을 아무래도 잘 모르겠습니다. 나이 마흔을 맞이한다는 것이 조숙하면서도 노련함을 싫어하는 우에노 선생에게 심각한 문제로 다가가는 것은 이해하면서도, 그것과 노인치매에 대한 깊은 관심은 어느 지점에서 상호 연결되는 것일까요. 만약 양자가 직접적으로 연결되지 않는다고 한다면 그 깊은 관심의 근거는 어디에서 비롯되는 것일까요.

앞의 편지들에서도 노인치매 이야기를 했습니다만, 그때 나는 타자의 문제로서 말하는 경우와 자신의 문제로서 말하는 경우가 같을 수 없다, 즉 가족을 포함하여 타자의 경우에는 삶의 최후의 드러남 혹은 발현으로서 허용은 할 수 있겠으나 그리 간단하게 긍정하기란 어려우며 하물며 나 자신이 그렇게 된다면 어찌할 도리가 없으므로 가능하다면 그렇게 되고 싶지 않거니와 그렇게 되지 않도록 노력하고 싶다는 취지의 말을 하였다고 생각합니다.

이와 같이 말한 배경에는, 사람은 누구나 생리적으로 살아 있기만 한 것이 아니고 죽어서도 타자의, 특히 주위사람의 기억 혹은 추억 속에 살아 있다는 사고가 깔려 있었습니다. 그 기억 속의 삶을 특히 아름답게 남겨두고 싶다는 것은 아닐지라도, 그 이전의 기억이나 추억을 너무나도 손상시켜 버리는 치매는 본인에게도 불행이 아닌가 하는 생각이 들었던 것입니다.

그런데 이 문제의 어려움은 나이를 먹어가는 많은 사람들에게 강박관념으로 작용하는 한편으로 개개인에게는 자신이 마지막에 어떻게 될지 예상할 수 없는데다 그때 어떻게 된다고 하더라도 보통 의미에서는 스스로 책임을 질 수 없다는 점입니다. 무슨 말을 하더라도 일종의 각오 영역을 벗어나지 못하는 것은 그 때문입니다.

그렇기 때문에 치매에 대하여, 예를 들어 아리요시 사와코 선생의 "대소변도 가리지 못하게 되어 다른 사람에게 폐를 끼치게 되더라도 나는 계속 살고 싶어요"라는 언뜻 떳떳해 보이는 발언이 나로서는 문자 그대로 이해가 가지 않는답니다. 아리요시 선생의 이 발언도 사실은 선생 자신의 경우를 말한 것이라기보다 소설 『황홀한 사람』을 쓴 동기와 마찬가지로 사회적인 문제제기가 아니었을까 생각됩니다.

간사이 지방에서 치매노인을 돌보고 있다는 의사선생님이 하신 "치매야말로 인생의 마지막에 주어진 은총"이라는 말씀은 이런저런 치매노인의 가정환경을 충분히 아시고서 충분히 배려한 것이라고 봅니다. 그러나 좀 가시 있는 말을 하자면, 그런 식으로라도 생각하지 않으면 당사자와 가족은 물론이고 의사도 감당해 낼 수 없는 현실이 있다는 것을 간과해서는 안 되겠지요. 물론 그렇다고 해서 의사선생님의 이 말을 편의적이라고 생각지는 않습니다.

마지막으로 '카오스는 3'이라는 발상에서 노인치매에 대하여 생각한 바를 간단하게 쓰면 이렇게 됩니다. 노인치매는 다름아니라 카오스의 발현이며, 따라서 사람은 2항적·2분법적인 질서(말할 것도 없이 이것은 코스모스이기도 하고 노모스이기도 합니다)의 근저 혹은 배후에 있는 카오스를 자기 속에 계속 가지고 있다면, 그리고 그러한 카오스와 늘 함께 하고 함께 놀고 대화하게 된다면, 설령 노인치매에 걸리더라도 그 이전 상태와의 인간적인 연속성은 더욱 풍부해질 수 있지 않을까요.

하긴 최근 들어서는 노인치매는 알츠하이머병이라는 질병에서 비롯된 것으로서 치료법만 발견되면 인간은 노인치매의 고민에서 해방된다는 설도 제기되고 있습니다. 그렇게 되면 물론 고마운 일이지만, 또 한편으로 만약 그렇게 된다면 후세에 어떤 종류의 노인치매 환자의 그야말로 '은총이 충만한 지복(至福)의 모습'은 사람들의 동경의 대상이 되어 이야깃거리가 될지도 모르겠습니다. 참으로 인간이란 골치 아프고도 재미있는 존재입니다.

우에노 선생님이 꿈에 그리며 계획하고 있는 '노인마을' 이야기, 상당히 래디컬하면서도 재미있었습니다. 갖가지 장애가 있으리라고 생각되지만 그러한 새로운 라이프 스타일의 추구는 특히 일본과 같이 획일주의의 지배가 강한 곳에서는 더욱더 시도해 볼 만한 좋은 일입니다. 이에 대해서 좀더 깊이 들어가서 나의 감상이랄까 의견을 말하고 싶었습니다만 이 이야기는 다음으로 미루기로 하지요.

오는 5월 7일과 8일에 메이지대학에서 기호학회(記號學會) 대회를 개최하였는데 오랜만에 활기 띤 대회가 되었습니다. 메이지대학의 이치카와 히로시(市川浩), 구리모토 신이치로(栗本愼一郎)를 비롯하여 야마구치 마사오(山口昌男), 하라 히로시(原廣司), 이토 도요오(伊藤豊雄), 모즈나 기코(毛網毅曠), 나카자와 신이치(中澤新一), 이노세 나오키(猪瀬直樹) 등 여러 분이 참석하여 도쿄를 중심으로 한 '도시의 기호학'을 주제로 해서 논의한 것은 이미 알고 계시겠지요. 간사이 지방 분의 발언으로는 예리한 요시오카 히로시(吉岡洋), 무로이 히사시(室井尙) 두 분이 도시론 일반에 대해 발표하는 정도에 불과하였어요. 도쿄의 특권성에 대한 간사이 쪽의 다각적인 비판이 있었다면 더욱 좋았을 걸 하는 아쉬움이 없지 않았습니다.

그럼 이번에는 이쯤에서 펜을 놓겠습니다.

나카무라 유지로

'착륙'하는 사상

나카무라 유지로 선생님

　　살아라, 오월은 푸른 바람의 색 —— 아츠오(惇郎)

숨을 들이쉴 때마다 허파 속까지 푸르게 물드는 듯한 계절입니다. 이 계절이 되면 언제나 이 구절이 생각나곤 합니다. 조금 더 살아봐도 좋겠다는 생각이 드는 계절입니다.

　뜻밖의 일로 미국에 와 있습니다. 업스테이트 뉴욕의 작은 대학마을 이사카는 지금 늦봄이 한창입니다. 흐드러지게 핀 라일락하며, 동백나무의 푸르름이 더할 수 없이 향기롭습니다. 그 밖에도 병꽃나무, 박나무, 아메리카층층나무 등 꽃나무들이 앞다투어 꽃을 피우고 있습니다. 차를 타고 시골길을 달리노라면 일본에서 느끼는 소란스러움이 거짓말처럼 생각됩니다. 친구들이 그러더군요,

"일년 중 가장 좋은 계절이 왔네" 하고 말입니다.

코넬대학에서 이틀 동안 열리는 일본연구 워크숍에 초청을 받아 왔습니다. 이곳 코넬대학에는 6년 전 여름에 5주일 동안 지낸 적이 있습니다. 옛친구도 몇 명 있어서 오랜만에 다사로운 옛정을 맛보았습니다. 그리운 땅. 그리운 사람들. 5월의 바람. 비냄새. 때 아닌 선물을 받은 것 같은 행복한 한때를 보내고 있습니다.

워크숍 주제는 "신체와 섹슈얼리티의 형성: 일본의 경우"입니다. 문학과 역사학을 중심으로 해체주의와 포스트 페미니즘의 문제의식을 반영한 활기 있는 자리였습니다. 코넬대학에서는 사카이 나오키(酒井直樹)와 빅터 코슈만, 브레트 드벨리, 시카고대학에서는 해리 할트넌, UC 샌디에이고에서 미요시 마사오, 인디애나대학에서 스미에 존스 등이 참석하였습니다. 저는 특별프로그램에서 "'천황제·자본제·젠더"의 세 가지 소재를 발표하였습니다. 아침 일찍부터 밤늦게까지, 매일 밤 파티가 열리고 내용이 아주 충실한 워크숍이었습니다.

미국의 일본연구는 일본의 일본연구를 정확히 반대로 뒤집어놓은 것 같은 관계라 할 수 있습니다. 에드워드 사이드의 『오리엔탈리즘』(平凡社)이 서구=근대 계몽적 주체라는 등식을 '벗어난' 이후, 이번에는 비서구 쪽으로부터 역(逆)오리엔탈리즘이라고도 지칭할 만한 것이 등장합니다. 서구=근대의 자기비판을 기회로 해서 '일본적인 것'을 찬미하기 시작하는, 전도된 오리엔탈리즘에 대해 미국인들은 불쾌감을 감추려고 하지 않았습니다. 어느 쪽이든 서양-동양의 대립은 오리엔탈리즘 쪽이 강요한 것이기 때문에, 서양비판과 동양찬미의 역(逆)오리엔탈리즘 역시 오리엔탈리즘의 도식을 답습하고 있음에 틀림없습니다. 백이 흑이 되고, 흑이 백으로 대체되는 이분법적인 진자운동에 이제 그만 질려버렸습니다.

생각해 보면 서양-동양의 이분법적 대립과 남-여의 이분법적 대립은 그 논리구조가 상당히 닮았습니다. 개중에는

서양 : 동양 : : 남 : 여

라는 도식을 믿어 의심치 않는 사람도 있을 정도입니다(이것은 구조주의의 도식으로서 "서양과 동양의 관계는 남자와 여자의 관계와 같다"고 읽습니다. 물론 나카무라 선생님께 이런 말씀 드린다는 것은 공자 앞에서 문자 쓰기네요. 확실히 하기 위해 독자들께서 참고하시길).

단순히 남성원리가 막다른 골목에 다다르자 여성원리의 찬미로 이어진다는 이른바 이분법적 대립의 양극단간의 얼토당토않은 왕복운동의 한 가지 유형만이 아니라 오리엔탈리즘을 젠더에 비유하여 설명함으로써 문제를 더욱더 까다롭고도 복잡하게 만들고 있습니다. 이 도식에 따르면 동양은 여자에 해당합니다. 그것도 서양에 강간당한 불쌍한 여자, 명예회복을 기다리고 있는 여자 말입니다(내셔널리스트에게는 이러한 도식과 비유가 익숙할 터입니다. 더구나 미일관계에서 패전국 일본은 전승국 미국에 강간당한

가련한 여자로 간주되어 왔습니다).

젠더문제를 일본에서 생각할 때, 이 구도는 늘 우리가 발 디딜 곳을 제공해 줍니다. 올 여름에 한 국제학회의 '젠더 문화인류학' 섹션에서 발표할 예정이어서, 며칠 전에 "일본인은 '여성적'인가?: 일본적 맥락을 기반으로 '여성학을 한다'는 것의 문제점"이라는 제목을 보냈습니다(여느 때와 마찬가지로 아직 내용은 단 한 줄도 쓰지 않았습니다. 아마 직전에 쓰겠지요). 서양-동양이라는 대립 도식 아래서는 일본의 페미니즘은 서양의 수입품이 아님을 증명하기 위해서 서구적인 사상으로부터 거리를 둔 논리를 설정해야 하는 문화적 압력을 받고 있습니다. 그런데 여기서 서양과의 차이점으로서의 동양은 이미 '여자'이기 때문에, 우리는 옛날부터 '여자'였어, 하는 남성담론은 페미니즘이라는 여성담론을 무력화시키는 것과 연관되어 있습니다. 태양의 근본(日の本)이라는 그 출발에서부터 여성조상신 아마테라스오미가미(天照大神)를 모시는 '여동생의 힘'이 번영하는 나라였어, 예부터 여자는 강했기 때문에 더 이상 강해지지 않아도 돼, 하는 남자목소리의 합창이 한꺼번에 들려옵니다. '어머니이신 천황'(천황이란 정말은 어머니였어요) 담론도 이 연장선에 있습니다.

젠더를 문제로 삼으면 필연적으로 이와 같은 역오리엔탈리즘의 함정에 빠져 들어버리는 지적(知的)=치적(痴的) 토양을 생각하면 뭐라 표현할 수 없으리 만큼 화가 치밉니다. 이런 간단한 함정에 누구나 할 것 없이 도대체 왜 금방 빠져버리는지 생각해 보았습니다. 그 어느 쪽도 아닌 제3의 길이 제시되지 않는 한 오리엔탈리즘과 역오리엔탈리즘 양극단 사이의 진자운동은 당분간 계속되겠지요.

이와 같은 생각을 하고 있는 저에게는, 나카무라 선생님이 지난 편지에 쓰신 '카오스는 3' 이야기는 시사하는 바가 풍성하였습니다. 이분법적 대립으로 파악하는 사고에는 본질적으로 한계가 있는 걸까요. 2가 아니라 3, 양극단을 모두 '벗어나는' 매직 넘버가 발견된다면 이 헛된 왕복운동에서 해방될까요.

저는 나카무라 선생님께서도 논하고 계신 니시다 이쿠타로와 예리한 여성사연구자 야마시타 에츠코(山下悦子) 선생님이 최근에 간행한『다카무레 이치에(高群逸枝)[1]론』(河出書房新社)을 생각했습니다. 니시다나 다카무레가 단순히 역오리엔탈리즘이 아니라 양극단의 대립을 뛰어넘는 '3'을 모색했다고 볼 수 있을는지요. 니시다의 '절대모순적 자기동일' 관념이나 다카무레의 '모성아'(母性我) 개념은 그런 것처럼 여겨집니다. 그렇지만 상호 용납되지 않는 양극대립을 뛰어넘어서 마침

---

1. 1894~1964. 여성사연구가. 일본 근대에서 현대에 이르기까지 여성의 모성에 초점을 맞춘 여성연구의 선구자로 많은 저작을 남겼다.

내 이들이 닿은 '제3의 길'은 문자 그대로 '카오스'였던 것 같습니다. 양극대립에 내재되어 있는 논리구성의 수직적인 견인력을 끊어버리고 땅에 떨어져버린 '카오스' 말입니다. 눈코도, 자타도 분별하기 어려운 단조로운 카오스. 니시다의 글에서도 다카무레의 글에서도 논리라는 '중국식 사고'를 버리고 이른바 눈을 감고 '저쪽'으로 뛰어넘는다는 '신'(信)과 흡사한 면이 있습니다. 그 신(信)의 뒤쪽에는 이들의 허무주의가 있습니다. 뛰어넘은 '저쪽'에 필시 아무것도 없음을 이들은 분명 알고 있었을 것입니다.

야마시타 선생님의 책을 읽고 다카무레가 엄청난 허무주의자였음을 새삼 인식하게 되었습니다. 그리고 야마시타 선생님이 말한 대로, '무'(無)를 절대화하는 사상이 필연적으로 '지도자 없는 파시즘'으로 치닫는 논리전개 또한 납득이 갑니다.

가토 노리히로(加藤典洋)[1] 선생님은 「림보댄스[2]로부터의 조망」(『비평으로』, 弓立社)이라는 제목의 탁월한 에세이에서, 막대기를 넘어가는 방식에는 '위에서' 넘어가는 방식뿐 아니라 '아래로' 넘어가는 방식도 있다고 지적하고 있습니다. 그의 비유를 그대로 빌려온다면 니시다도 다카무레도 막대기를 땅에 떨어뜨려 버림으로써 막대기를 넘어간다는 과제 그 자체를 무효화했다고 볼 수는 없을까요. 여기서는 포스트모던 정도가 아닙니다. 다만 문제의 지평을 한

[1] 1948~ . 평론가. 『미국의 그림자 고도성장하의 문학』, 『전후 재현 천황 · 원폭 · 무조건 항복』 등의 저작이 있다.
[2] 몸을 뒤로 젖혀 가로로 걸쳐 놓은 막대 아래를 빠져나가며 추는 춤

꺼번에 카오스 속으로 집어넣어서 무(無)로 만들어버리는 그들의 '절망' 속에 일본의 1940년대가 있었다고 말할 수 있을지도 모르겠습니다만.

물론 저는 니시다에 대해서는 아는 바가 전혀 없습니다. 사실 앞의 내용도 나카무라 선생님의 니시다론을 주워듣고 나름대로 정리한 내용을 가지고 근거 없이 말하고 있는 데 지나지 않습니다. 다만 이번의 다카무레론을 읽으면서 니시다와 다카무레의 문제설정 방식이 너무나 비슷하다는 생각을 하게 되었습니다. 만약 제가 잘못 알고 있는 거라면 가르침을 주십시오.

이항대립을 뛰어넘는 방식이 '제3항' 내에 있다고 해도 그것이 '카오스'는 아닌 극복방법은 없을까요. 나카무라 선생님의 '카오스는 3'이라는 매직 넘버를 들으면서 근본에서부터 주지주의자(主知主義者)인 저는 오히려 이제 좀 '명석·판명'으로 가는 근대주의의 여행을 계속해 보고 싶은 생각에 사로잡혔습니다.

수동성.

풍경 속에 있으면 그 풍경을 잘 의식하게 됩니다. 어둠 속을 걸으면 라일락 향기가 가슴 가득 채웁니다. 주름진 구석구석까지 전부 열어제치고 무방비상태가 된 저의 몸.

그렇습니다. 감수성이란 수동성을 말하는 것이지요.

남자친구들에게서 "너는 '하고 싶은 성'이 없는 거지"라는 말을 들었을 때부터 줄곧 무언가 절대적인 수동성이 '저'의 핵에 있는 것 같다는 생각을 했습니다. '저'는 속을 채움으로써 형태가 바뀌는 '그릇'과 같은 존재가 되고 싶다는 염원을 늘 품고 있었사옵니다(—좀 난감하군요, 조금 전부터 어느덧 구로키 식으로 써집니다). 예민한 반응그릇. 확실히 이 그릇에서는 자아의 형태 따위는 오히려 장애가 되겠지요.

'수동성'을 끌어안고 그것을 긍정적으로 받아들이는 것이 저에게 '제 나름의 행복'을 가져다준다는 것은 의심할 여지가 없습니다. '행복'이란 '운'이기도 합니다. 자신이 선택할 수 없는 사태의 운명, 그 커다란 수동성을 즐기는 것이야말로 '제 나름의 행복'이라고 말해야겠지요.

파토스론의 저자인 나카무라 선생님이시라면 '나 나름의 행복'이란 본래 그런 것이지 혹은 인간의 존재방식에는 그와 같은 커다란 수동성이 내포되어 있는 것이지요, 하고 말씀하실지 모르겠습니다. 만약에 이 '하고 싶은 성'이 없음은 '풍요로운 사회'의 사생아에게 공통적인 성격일 수도 있고 또 여자다움의 사회화의 결과일 수도 있습니다. 다만 이 수동성의 수용이 저에게 여자임을 견디기 쉽게 해주고 있는 것은 분명하거니와 계속 '주체'이어야 한다는 저주를 짊어진 근대적 인간을 상대화하는 시각을 부여해 주었다고도 말할 수 있습니다.

우연히 알렉산더 테크닉이라는 신체구조(body-work) 레슨을 받으면서 똑같은 생각을 하였습니다. 목은 목이다라는 이 테크닉은 '획득하는' 것이 아니라 '없애는' 것, '체념하는' 것 ──동시에 '체념하다'이기도 하고 '밝히다'이기도 합니다── 을 가르칩니다. 이것은 자신의 능동성 향상보다는 커다란 수동성의 전개를 목표로 합니다. 사실 이 레슨을 받을 때마다 저는 도취감과 같이 '저 나름의 행복'한 기분이 되었으며 ──몸 저 밑바닥으로부터 솟아오르는 미소를 억누를 수 없습니다── 감수성이 완전히 열리는 것을 느낍니다.

몇 개월 동안 매주 이 레슨을 받은 한 남자가 이런 말을 하였습니다. 코스가 끝날 무렵, 때는 마침 봄이었다고 합니다 활짝 핀 벚꽃을 보는 순간 자신도 모르게 눈물이 줄줄 흐르더랍니다.

상투적으로 벚꽃에 감응하는 마음을 '노인네 같다'고 하는 말을 저 자신도 부지불식간에 받아들이고 있었을지도 모릅니다. 단순히 이를 역이용한다는 것은 "노인네 같아서 뭐가 잘못 됐어" 하고 정색하는 데 지나지 않습니다. '노인네 같은' 감동과 그 마음의 움직임을 불러일으키기보다는 오히려 수동성의 작용 ──그리고 '늙는다'는 이 수동성의 작용이 더욱더 전면에 드러나는 것── 이라고 파악하는 쪽이 더 바람직할 수 있습니다.

지금까지 수동성은 '여자다움'과 결부되어 있었던 터라 우리는 정말 쓸데없는 수고를 강요받았습니다. 때로는 '여자다움'이란 단어를 들을 때마다 자신의 내면에 있는 수동성을 매장시켜 버려야 할 것만 같은 강박감에 휩싸이기도 했습니다. 수동성을 '여성다움'으로부터 해방시키면 수동성을 긍정적으로 받아들일 수 있을 것입니다. 무엇보다도 성적인 관능의 영역에서 수동성은 중요한 기능을 하는바, 수동성을 결여한 성애는 껍데기 같은 것입니다(저는 소프랜드[1]라는 새로운 성애 테크놀로지 덕분에 인류역사상 최초로 남자 쪽이 수동적인 성애의 기쁨을 맛보게 되었음을 남성을 위해서 기뻐하고 있는 바이옵니다——아, 또 구로키 공주에 홀려버렸군요).

'여자다움'으로부터 도망쳤다고 생각했는데, 이번에는 '노인다움'입니다. 이제부터의 신(新)노인은 '노인다움'에 붙어다니는 여러 가지 가치관과 싸우지 않으면 안 되겠군요. 성차별(sexism) 다음에는 연령차별이군요. 한 고개 넘어 또 한 고개입니다. 다만 '여자다움'을 '깨부순다'는 점에서 여성은 한 발 앞서가고 있기 때문에, 처음 '노인다움'이라는 차별적 카테고리에 직면하여 저항하는 남자들의 싸움을 어쩌면 저 높은 곳에서 구경할 수 있을지도 모르겠습니다.

---

1. 일본 성산업의 일종으로 성적인 서비스를 하는 개인욕탕이다.

그런데, 으―음.

지난 편지에서 저의 질문을 나카무라 선생님께서 또한 너무나도 훌륭하게 '정신분석'해 주셨습니다. 제가 "올해 마흔을 맞이하면서 마흔이라는, 어떤 의미에서 여성에게 잔혹한 장애물을 보통사람보다 두 배나 강하게 의식하면서 그 장애물을 없앰으로써 불로불사(不老不死)가 아닌 비로비약(非老非若)의 입장을 손에 넣으려고 하는" 것이라고요?! "우에노 선생은 마흔 살을 맞이하는 것을 본능적으로 불안하고 두려워했던 것 아닌가요" 이렇게까지 말씀하신다면, 네, 맞아요, 그래요. 사실 저는 마흔 살이 되는 것이 '불안'하고 '두려웠습니다'라고 '고백'할 수밖에 없습니다. 저 자신도 의식하지 못하는 '심층 무의식'을 지적당하는 것이 '정신분석'인데, 정말은 이런 거지요 하는 말을 들으면 부정할 도리가 없습니다.

글쎄, 억지는 이쯤 해두고 나카무라 선생님의 지적을 좀더 마음을 비우고 생각해 보겠습니다.

저는 정말 올해에 마흔 살이 됩니다. 마흔이 '불혹'이라는 것은 알고 있었던 터라 올해 마흔이 되었다는 걸 깨닫고는 정말 이런 생각이 들었답니다. "Fuck you!"

제가 쇼크를 받았던 것은 나이 마흔이 된다는 사실보다도 저의 변함없음 때문이었습니다. 제가 나이에 어울리는 존재가 되어 있지 않다는 사실이었습니다. 그렇다면 저도 '나이에 걸맞음'이라는 신화에 포획되어서 나이에 따라 변하지 않으면 안 된다는 강박관념을 가지고 있었던 것일까요.

사실 제 머릿속으로는 마치 20대 그대로입니다. 어쩌면 10대 시절 그대로일지도 모릅니다. 물론 경험 덕분에 참는 것과 받아들이는 것을 조금은 배웠지만 말입니다.

이런 제가 머리 속과 밖의 낙차를 알아채는 것은 몸이 머리의 질주를 따라갈 만큼의 속도를 내지 못할("몸이 말을 듣지 않을") 때나 동년배인 다른 사람의 모습(뭐라 해도 영락없는 아저씨, 아줌마죠)을 보았을 때 정도입니다. 인간의 시각이란 잘 만들어진 것이어서 자신을 스스로 볼 수는 없게 되어 있습니다. 외부세계로 향해 있는 한 나는 변함없는 나입니다.

이 감각이 샤론 카우프만이 『불로의 자아』(Ageless Sel, 筑摩書房)에서 거론하고 있는 노인들의 감각과 너무나도 흡사한 것임을 알고는 저도 모르게 웃음이 났습니다.

아이다(92세)

"—젊었을 때와 지금을 보면 자신이 변했다고 생각하십니까?

아이다: 아니오. 거의 변한 게 없다고 생각해요. 지금은 쉬 피로를 느끼는 정도이지. …그래서 시내에 나가 어쩌다가 쇼윈도에 비친 내 모습이 너무나도 비칠비칠거리는 걸 보고는 쇼크를 받는 걸. 내 마음은 전혀 그렇지 않거든."(10쪽)

에셀(84세)

"나 자신이 나이를 먹었다는 것을 아는 유일한 방법은 거울을 보는 것이지. 그래도 정말로 나이를 느낄 때는 손가락으로 셀 수 있을 정도야. 심하게 병에 걸렸을 때뿐이지. 흔히들 세간에서는 노인네는 추억이나 옛날이야기밖에 안 한다고 말하지. 하지만 나는 달라. 나도 그럴 거라고 생각하면 그건 정말 오산이야. 나는 말이야, 앞으로의 일, 내일 일밖에 생각하지 않아. 이미 지난 일은 어떻게 할 도리가 없잖아."(14~15쪽)

84세가 되어도 92세가 되어도 이같이 생각하는 걸까, 저는 배시시 웃기도 하고 아이고 하는 소리가 절로 나오기도 합니다. 지금의 저와 조금도 다르지 않습니다. 연령차별과 관련해서는, 지금의 저는 억압자에 속해 있습니다. 노인이라면 나이에 걸맞게 지내주었으면 좋겠다──나이에 걸맞게 어른스럽게 행동하라는 뜻이 아니라 나이에 걸맞은 깨달음에 이르러주었으면 좋겠다──는 스테레오타입을 부지불식간에 강요하고 있습니다.

나카무라 선생님께서는 마침내 제가 나이 마흔이 되었을 때의 감회가 선생님이 예순을 맞았을 때의 감회와 비슷하다고까지 말씀하셨지요. 매사 구분짓기를 좋아하는 사람이라면, 그런가? 여자 나이 마흔은 남자나이 예순과 같은가, 여자는 빨리 늙는구나, 이렇게 지레짐작해 버릴지도 모르겠습니다. "어떤 의미에서 나이 마흔은 여성에게 잔혹한 장애물"이라고 쓰신 나카무라 선생님의 표현을 보고 깜짝 놀랐습니다. '그렇구나, 여자는 이렇게 인식되어 왔구나. 나 스스로는 한번도 그렇게 생각해 본 적이 없는데 말이야.'

얼마 전에 '황혼족'이라는 말이 유행했지요. 50대 전후의 남성이 최후의 회춘을 위해 젊은 아기씨들과 연애한다는 요시유키 준노스케(吉行淳之介)의 『황혼까지』에서 차용한 용어입니다. 남성들이 자신의 남자로서의 생명을 불태울 수 있는 마지막 찬스라고 생각하는 나이가 바로 50대 무렵이라고 하더군요(아무튼 남자들의 기분 따위 잘 모르겠군요). 그에 비해 여자의 '황혼'은 10년 일찍 온다고 생각하십니까? 이렇게 말하자면 30대 후반의 '금요일부인'[1]들의 연애에 대한 갈망은 여자로서의 마지막을 맞이하기 직전에 아슬아슬하게 슬라이딩 세이프 한 것으로서, 다시 한번 자신의 여자로서의 꽃을 피우고자 몸부림치는 것인가요. 보부아르가 마흔두 살에 연하의 애인이 생겼을 때, 자신을 육체적으로도 사랑해 준 그 남자 덕분에 거의 체념했었던 자신이 '다시 여자로서 태어났다'는 감동을 느꼈던 것도 나이 마흔이 '여자의 정년'이기 때문일까요? 지금 생각해 보면 보부아르라는 사람은 남성의 가치관을 강하게 내면화한 고지식하고 부자유스런 여성이었다고 생각되지만 말입니다(이런 점을 알아챘어야지, 하고 쓰면 보부아르 세대의 여성들이 화를 내겠지요). 갱년기다, 폐경이

1. 1983~85년까지 3편에 걸쳐서 〈금요일의 부인들에게〉라는 드라마가 방송되었다. 이 드라마는 가정주부의 내면에 있는 불륜에 대한 욕구를 잘 나타내어 세간에 화제가 되었다. 그후 '금요일부인'이라는 말이 유행어가 되면서, 불륜이 시민권을 얻게 되었다고까지 일컬어졌다.

다 하는 것도 이처럼 영양상태가 좋아진 현대의 기준에서 본다면 10년은 족히 빠른 셈이고요.

솔직히 말해서 나이 마흔이 '여자에게는 잔혹한 장애물'이라는 것은 꿈에도 생각해 본 적이 없습니다. 저 자신 충분히 '현역인 여자'라고 생각하고 있습니다. 50대가 되어도 60대가 되어도 성적인 활동을 포함하여 '여성의 현역'을 감당하고 있는 사람을 저는 여러 명 알고 있습니다. 물론 저 어딘가의 할머니처럼 "여자는 말이야, 재가 될 때까지 현역인 거야" 하고 의기양양한 얼굴로 말할 의도까지는 없습니다만. 이런 것은 92세의 아이다 할머니의 '농담'과 마찬가지로 자기인식과 타인에 의한 인식의 차이일까요. 자각하지 못할 뿐 '심층무의식에서는'이라고 말한다면 그만이겠지만 말입니다.

물론 저 자신이 모순된다는 점 잘 알고 있습니다. 한편으로는 저 자신이 조금도 변하지 않고 늘 '현재'만 있고 미래의 일 따윈 생각할 수도 없다고 말하면서, 또 한편으로는 치매에 걸리면 어떡하나 거동을 못하게 되었을 때를 위해 노인맨션 구상을 계획하려는 생각을 합니다. 노후에 대하여 생각할 수 있는 것은 자신이 노인이 아닐 때뿐이므로 '노라의 방주' 프로젝트 역시 비현실적인 동안에만 존재한다고 생각하면, 이것이 모순이 아니겠지만 말입니다.

제가 왜 노인치매에 대해 그토록 깊은 관심을 가지는가, 나카무라 선생님의 이 물음에 대하여 생각해 보았습니다. 지적하신 대로 확실히 저는 '불안하고 두려워하고' 있습니다. 무엇에 대해서인가 하면, 저 자신이 타자에게 의존적인 존재가 될 수 있음에 대해서입니다. 이는 제가 가족을 이루지 않았다는 선택과 깊은 관계가 있습니다.

어린 시절의 저는 '사랑'이라는 이름으로 엮여진 근대가족의 주술로부터 제 몸을 해방시키는 데 많은 에너지를 쏟아부었습니다. 다이쇼(大正)[1]에 태어난 제 아버지는 "남자가 일을 하는 것은 가정의 행복을 위함이다"고 공공연히 말하기를 주저하지 않는 모더니스트였습니다. '집'으로부터 도망치는 것은 간단했으나 '가정'으로부터 도망가려고 생각하니 갈 곳이 없었습니다. '사랑'의 중력권은 무척이나 강해서 마치 우주선이 대기권을 탈출할 때와 거의 마찬가지로 막대한 에너지가 필요하였습니다. 그 다음에는 억압적인 '성애'의 신화가 기다리고 있어서 이 함정을 피해서 통과하는 데도 상당한 에너지를 사용하였습니다. 이렇게 해서 무사히 중력권을 벗어나는 것까지는 잘되었습니다만, 이번에는 어떻게 착륙하는지 그 방법을 몰랐습니다. '개체'로 존재하기 위해 투쟁해 온 여자가 마침내 '개체'라는 것의 함정을 알아채고는 '개체'를 넘어서려고 하자, '개체'를 해소하기 위한 장치에는 여전히 '가족'이나 '공동체'밖에 준비되어 있지 않아 너무나도 한심하다는

---

1. 다이쇼 천황의 연호. 1912~26까지 다이쇼(大正) 천황이 재임한 시기이다. 다이쇼 데모크라시는 정당활동, 보통선거 등을 발달시켰고 경제적 측면에서 독점자본주의가 발달하였다. 문화와 국민생활 면에서는 서양풍의 모더니즘이 대대적으로 도입되었다.

생각이 들었습니다. 가족은 '개체'를 넘어선다기보다 '개체'를 해소시켜 줍니다. '개체'로부터 해방되기 때문에 ——어쩌면 적어도 그렇다고 착각하고 있을 수 있기 때문에 ——누구나 '가족'을 그처럼 좋아하는 것이겠지요.

어머니는 제가 갓난아기 때 기저귀를 갈아주셨습니다. 하지만 적어도 이것은 제가 선택한 것은 아닙니다. 이제 제가 늙으면 누가 제 기저귀를 갈아줄까요. 자식이라고 말할 수 있다면 그 사이클을 '가족의 자연성' 속에 용해시킬 수 있습니다. 그러나 적어도 저는 그것을 선택하지 않았습니다. 제 주위에는 이와 같은 여성들이(남성들도) 많습니다. 그래도 자식으로서의 저는 만약 제 부모님의 기저귀를 갈아드릴 수밖에 없는 형편에 놓인다 할지라도 이제는 '가족의 자연성'을 쉽게 받아들일 수 없게 되었습니다. '가족의 자연성'을 이데올로기로서 받아들이고 이른바 눈을 질끈 감고 그 '자연성'에 몸을 맡기는 방법 이외에는 자식이라는 역할을 계속하기란 불가능합니다. 사실 '가족의 자연성'이라는 이데올로기는 자식에게도 부모에게도 아주 억압적이고 기만적입니다.

'가족의 자연성'을 벗어나 버린 여자나 남자는 자신이 의존적인 존재가 되었을 때, 가족이 아닌 '부자연'을 선택해야만 합니다. 그와 같은 '부자연'은 인류역사상 존재한 전례가 한번도 없습니다. 그래도 여자인 저는, 더구나 게으르고 허약한 여자인 저는 제 자신이 의존적인 존재가 될 가능성이 있음을 익히 알고 있거니와 기꺼이 받아들이겠다는 생각까지 하고 있습니다….

어떻게 하면 될까요. 저를 비롯하여 제 주위의 여성들은 '최소한 노후의 삶에 맞추어 가자'고 생각하고 있습니다. 자신의 문제인걸요. 자신의 눈이 시퍼런 동안에 해결이 되지 않으면 의미가 없습니다. 기껏해야 그때까지 자신이 의존적인 상태가 될 것을 상정하고 그것을 받아들이는 훈련을 해두는 것, 자신 이외의 의존적인 타인과 '부자연스런' 관계를 맺는 경험을 쌓아두는 것 —— 이 정도밖에 생각이 미치지 못합니다.

'가족의 자연성'이라는 제도는 어찌나 강력한지 여기서 소외된 사람에게는 그 이외의 대안을 생각해 내기가 너무나도 어렵습니다. 원점으로 돌아가는 것이 아닌 '착륙'의 방법은 없는 걸까요. 시행착오는 계속되고 있습니다.

미타 마사히로(三田誠廣) 씨가 「겨우 당도하니 여기가 북한」이라는 제목의 재미있는 에세이를 썼습니다(『新潮45』 1988. 4). 이 짜증스러운 일본을 뒤로하고 요도호의 납치범이 겨우 당도한 곳이 또 하나의 삭막한 황야였다는 얄궂은 이야기입니다. 이것은 중력권 탈출을 절망적으로 시도한 적이 있는 전공투(全共鬪)[1] 세대라면 누구나 충분히 공감이 가는 감회이겠지요. 요도호의 납치범에게는 귀환의 길이 끊어져 있습니다. 가는 길만이 아니라 돌아오는 길도 있는 '해방'을 생각할 수는 없는 것일까요. '가족' 속으로 귀환했다고 여겨

1. 60년대 일본 학생운동조직.

지는 이 세대가 1980년대 말에 맛보고 있는 것도 가족이라는 이름의 '북한'이었다는 생각도 듭니다. 그 어떤 신화에도, 이데올로기에도 친친 감겨 얽매이지 않고 타인과 조촐하지만 확실한 연계를 만들어가는 것, 그 '부자연한' 관계에 희망을 거는 수밖에 없습니다. 이것이 가능할지 혹은 그렇지 못할지, 제가 늘 '불안해'하고 '겁내고' 있는 것은 분명합니다.

지난 편지에 쓴 내용을 반추하는 동안에 그간의 연계도, '심층무의식'도 점점 드러나 버렸습니다. 나카무라 선생님이 깊이 파고든 덕분입니다. 그렇다 하더라도 역시 대단하십니다. 노회한 어른한테 놀림당하고 있는 어린아이 같은 기분입니다. 저의 담론이 아니라 메타 담론 쪽을 읽으시고 "정말은 불안하지요" 하고 심층분석을 당한다면, 아, 그렇습니다라고 말할 수밖에 없지 않겠습니까. 그리고 노인치매에 대해 여쭈었더니 "왜 당신은 노인치매에 대하여 그토록 흥미를 가지는가요?" 하시며 통렬하게 공을 되던지는 능숙함. 잘도 피해 버렸네, 이런 생각이 들지 않는 것도 아니지만 말입니다.

그래요, 됐어요. 덕분에, 왜 나는 이럴까 하는 생각을 조금은 할 수 있었습니다. 타자로부터의 물음이란 언제나 에로스입니다.

아무튼 애정을 느꼈거든요.

"겨우 도달해 보니 여기가 뉴욕"인 미국은 조금도 이상향 같지도 않고 대단하지도 않지만 적어도 일본을 떠나온 사람에게는 잠시 동안 안식의 땅입니다. 다만 오랜 친구들을 만나도 마치 옆마을에 와서 어제 막 헤어진 다음의 이야기를 계속하고 있는 것 같아서 멀리 왔다는 감회가 없는 것이 시시하다면 시시합니다. 인간이란 어디에 있어도 똑같은 것 같습니다. 그래도 이런 생각을 하다 보면 제 기분이 조금은 따뜻해집니다.

내일은 버팔로에서 뉴욕으로 갑니다. 건강하세요.

업스테이트 뉴욕의 무르익은 봄
우에노 치즈코

이동하는 경계

우에노 선생님

업 스테이트 뉴욕에서 보낸 소식 잘 받았습니다. 코넬대학의 워크숍 등에서 우에노 스타일을 발휘하며 크게 활약하는 모습, 눈앞에서 보는 듯합니다. 가끔씩은 홀가분한 여행, 특히 재미있는 주제의 모임이 있어서 외국에 나가는 것도 좋네요. 지금 일본에서는 국제화라든가 국제교류 같은 구호가 성행하고 있는데도 한편에서는 정신적인 폐쇄성이 강해지는 곳도 있어서 가끔씩 외국에 나가지 않으면 정신위생상 좋지 않습니다.

나도 다음달에는 영국 브라이턴과 프랑스 디종에서 국제철학학회가 있어서 학회에서 파견되어 갈 예정입니다만, 아무튼 철학학회라는 것이 국제적으로도 전통적인 주제가 많은데다 또 그것에 얽매이기 때문에 우에노 선생이 참가한 학회의 주제("신체와

섹슈얼리티의 형성: 일본의 경우")와 같은 참신성은 기대할 수 없으므로 그다지 설레는 기분은 아닙니다.

게다가 출국하기 전에, 오래 전부터 예정되어 있던 '이와나미 신서'를 한 권 써놓아야 하기 때문에 요즈음은 보고 싶은 것도 못 보고 가고 싶은 곳도 못 가고 오로지 집에 틀어박혀서 일만 하고 있는 신세입니다. 그래서 기분은 도저히 초여름의 상쾌한 하늘과 같지는 않습니다. 출간하기로 예정되어 있는 신서의 제목은 『문제군(問題群): 철학의 선물』입니다. 이 제목이 함축하고 있는 바는 지금까지 내가 역사상 여러 철학으로부터 배운 내용의 에센스를 '문제군' 형태를 취해서 독자들에게 보내는 '철학으로부터의 선물'로 하고 싶다는 뜻입니다. 그 에센스가 어떤 것이고 어떻게 드러나는가에 따라서 문제가 되는 것은 바로 나 자신이므로 그리 마음 편하게 글이 써지지는 않습니다.

게다가 철학은 예부터 존재해 온 학문이므로 철학역사상 여러 가지 과거의 사고방식을 다루다 보면 자칫 회고적으로 되기 십상이지요. 그래서 이번 책에서도 '범(汎)리듬론'(모든 것은 리듬이다)이라든가 "철학을 경시하는 것이 진정으로 철학을 하는 것이다" "상상력이란 이미지의 얽매임으로부터의 해방이다" 등의 문제를 끌어들여서 이른바 '철학'을 가능한 한 여러 가지로 분해해 보고자 노력하고 있습니다.

또 철학에는 좋은 의미든 나쁜 의미에서든 노인의 지혜에 가까운 것이 있습니다. E. H. 에릭슨도 자신의 저서 『장난감과 이성』을 시작하는 말로서, W. 블레이크의 "어린아이의 장난감과 노인의 이성은 두 계절의 과실이다"를 인용하였습니다. 그러나 "어린아이는 작은 철학자"(思索社에서 나온 G. B. 매슈의 번역서에 이 제목의 책이 있습니다. 훌륭한 제목을 부쳤다고 생각했는데, 원서의 제목은 『철학과 어린아이』이고 이 제목은 옮긴이인 스즈키 아키라(鈴木晶) 씨가 부쳤다는 것을 나중에 알았습니다)라고 일컬어지듯이, 철학에는 동시에 어린아이와 같은 생기 넘치는 감수성과 호기심 그리고 무심한 놀이가 아무래도 필요합니다.

노인의 각성한 눈과 어린아이의 호기심이나 무심한 놀이가 서로 연결되는 것은 철학에서 가장 중요한 것이라고까지 말할 수 있겠지요. 새삼 이 사실을 생각하고 있는데, 때마침 가마타 도지(鎌田東二) 선생이 보내준 새 책 『옹동론』(翁童論, 新曜社)에 이와 관련된 매우 자극적인 문장이 실려 있었습니다.

이 책은 옹동론이라는 제목에서부터 정통으로 '노인과 어린아이'의 본래적인 표리일체관계를 드러내고 있으며 전체적으로 현대사회에서 잃어버린 그 의미를 어렵사리 찾아낸 것으로서, 특히 '존재에 대한 경외'와 '늙음의 토포스'라고 제목을 붙인 두 글에 우리의 왕복서간의 주제와도 관계가 있는 내용이 선명하게 드러나고 있습니다. 이 글들에서 제시되고 있는 기본적인 주장을 나의 관점에서 다시 파악해 보면 다음과 같습니다.

먼저 서두에서 가마타 선생은 이렇게 말하고 있습니다(실로 훌륭히 주제를 제시하고 있는 부분이므로 그대로 인용합니다).

"일찍이 인간은 늙음 속에서 젊음 혹은 어림으로 통하는 생명의 순환을 보았다. 그렇지만 오늘날에는 대부분의 사람들이 늙음 속에서 젊음의 소멸 혹은 쇠약함밖에 보지 못한다…. 생명의 순환에 대한 직관이 끊어짐으로 해서 인류의 생태계는 늙음과 젊음 혹은 노인과 어린아이의 피드백 메커니즘을 잃어버리고 있다. 다양한 차원에서의 자기 조직계의 파괴가 계속 진행되고 있다. 바로 이것이 오늘날 우리가 직면하고 있는 삶과 문명의 국면이다.

그러면 이러한 늙음에 대한 혐오나 공포는 어디에서 생겨난 것일까. 내가 생각하는 바로는, 이는 시간에 대한 공포에서 생겨났다. 즉 그것은 죽음에 대한 공포의 한 가지 형태이다."

그런데 최근 들어서 일본인들의 가족생활에서 가족사진 앨범이 특별한 의미를 지니게 되었다. 왜 그럴까. 그것은 자신들이 살아온 삶의 궤적에 관한 확실한 증거나 가족이라는 증거가 조상이나 공동체와의 연관 속에서는 얻어질 수 없게 되었기 때문일 것이다. "일곱 살까지는 신의 소관"이라고 하였던 지난날의 아동관이라든가 환갑을 맞이하여 "조상에게로 돌아간다"고 말하였던 노인 관이 전혀 의미가 없는 생활상태가 생겨난 것도 그 때문이다.

이와 같은 상황과 더불어 오늘날 노인과 어린아이는 더 이상 과거처럼 다른 세계에 가까운 신인적(神人的) 존재도, 이인적(異人的) 매개자도 아니다. 그렇지만 어린아이와 노인은 인생의 시작과 끝이라는 상호 대조되는 위상에 위치하면서도 오히려 그 경험 내용이나 존재론적 특질에서는 상당한 공통점이 있다.

이렇게 서술하고 나서 가마타 씨는 그러한 양극단의 통합체로서의 '옹동'(翁童)의 존재양태를 완벽하게 묘사한 예로, S. 큐브릭의 영화 〈2001년 우주여행〉을 들고 있습니다.

이 영화에서 우주선 선장 D. 보먼은 지금까지 인류가 한번도 경험한 적 없는 미증유의 우주체험과 전생(轉生)을 체험하는데, 그는 달 표면에 불쑥 출현한 수수께끼 비행물체 모놀리스를 추적해 나가다가 우주탐험의 과정에서 특이한 의식체험을 한다. 즉 급속도로 노화되어 죽음의 병상에 누워 시간의식이 착종되어 있는 가운데 죽음의 경련을 일으킨 후 태아로서, 그렇지만 노인을 내재화한 스타차일드(star-child, 星童)로 바뀌어 태어난다. 그리고 이와 같은 바뀌어 태어남은 나비가 알에서 번데기를 거쳐 날개가 생기고 성충이 되는 것과 마찬가지로 변태(metamorphosis)의 형식을 취하고 있다.

여기서 근본적으로 사고되어야 할 것은, 과연 인간은 부모에 의해 '태어날' 뿐인 존재인가 아니면 부모라는 존재 이전의 힘이나 부모를 포함한 모든 인연에 의해서 '이루어지는' 존재인가 하는 것이다. "일곱 살까지는 신의 소관"이라는 속담도 어린아이가 단순히 부모의 생산물에 그치지 않음을 말하고 있다.

그리고 옹동에는 옹(翁)적인 것과 동(童)적인 것이 함께 포함되어 있다. 이 역시 심신의 기능 면에서 어린아이와 노인에게는 다음 세 가지 공통된 점이 있기 때문이다. 하나, 삶의 시작과 끝 그 어느 쪽이든 모든 기억, 이미지나 윤곽, 맥락이 불분명해진다는 공통점이 있다. 둘, 꿈과 현실의 경계가 애매해져서 무의식상태나 변성의식상태로 접어들기 쉽다는 점이다. 셋, 심신의 자기통제가 어려워져서 타인에 대한 의존도가 높아지는 동시에 초월을 향한 서두름이 생겨난다는 점이다.

또 죽음과 재생의 순환이라는 사고방식을 취한다면 현실세계에서의 죽음은 영적 세계에서의 탄생이며, 역으로 현실세계에서의 탄생은 사후세계 혹은 영적 세계에서의 죽음이다. 이것은 현실세계의 노인은 영적 세계의 어린아이가 되는 데 반해 영적 세계에서 가장 오래 존재한 노인은 현실세계에서는 어린아이가 된다는 것이다. 그렇다면 현실세계와 영적 세계를 종합적으로 생각한 경우에는 현실세계의 노인은 영적 세계에서 어린아이라는 가까운 미래의 그림자를 항상 지니고 있으며, 반대로 현실세계의 어린아이는 영적 세계에서의 노인이라는 과거의 그림자를 가지고 있는 것이 된다.

이와 같은 방식으로 가마타 선생은 노인과 어린아이의 원초적 혹은 시원적(始原的)인 연관성을 매우 능숙하게 설명하고 있습니다. 특히 내가 감탄한 부분은 넓은 의미의 '옹동'이 첫째 어린아이를 내재화한 노인으로서의 동옹(童翁)과, 둘째 노인을 내재화한 어린아이로서의 옹동(翁童)을 포함하고 있음이 설득력 있는 형태로 설명되고 있다는 점입니다. 왜냐하면 일반적으로 어린아이를 내재화한 노인이라든가 노인을 내재화한 어린아이라 하더라도 그것이 지닌 의미와 현실성(reality)을 간파하기란 어렵기 때문입니다. 나는 가마타 선생처럼 '영적 세계'의 존재를 실재적으로 믿을 수는 없지만, 우주론적으로 혹은 심층의 지(知)의 관점에서는 충분히 이해할 수 있습니다.

그런데 옹동의 관점에 입각한 철학이 있다면 어떠한 것이 될지 구상해 보려고 조금 허둥거렸습니다. 그것은 한편으로는 이미 옛날에 "유동(幼童)인 동시에 노옹(老翁)"을 중심적 이미지로 하는 노장(老莊)사상에 체현되어 있기 때문이며, 또 한편으로는 오토모 가츠히로(大友克洋)의 극화 〈동몽〉(童夢)이나 〈아키라〉(AKIRA) 안에 이미 들어 있기 때문입니다. 〈동몽〉에 나오는 어린아이처럼 천진난만하고 잔혹한 노인 치요우나 〈아키라〉에 나오는 노인처럼 주름투성이의 피부를 가진 어린아이 초능력자들에 대해서 우에노 선생은 잘 알고 계시지요.

따라서 '옹동의 관점에 입각한 철학' 구상(?)은 코가 납작해진 셈이지만, 아무튼 이런 것을 생각해 보는 것은 유쾌한 일이네요. 게다가 이것이 곧 철학으로 되지는 않는다 하더라도 철학이 그와 같은 관점을 이른바 은근한 맛으로 간직하는 것만으로도 매우 색다를 것이라고 생각합니다. 아니, 철학 따위에 얽매이지 않고 더 넓게 우주론적인 존재로서의 인간에 관하여 우리들 하나 하나가 생각해 본다면 노장사상에서 말하는 소장(小莊, 한창 일할 때), 영해(嬰孩, 아이), 노모(老耄, 휴식할 때)의 위치는 역전되겠지요.

이렇게 말하다 보니 가마타 도지 선생께서는 앞의 '늙음의 토포스' 속에서 지금으로부터 약 18년 전에 마흔다섯의 남자로서 한창 때에 할복자살을 한 미시마 유키오가 늙어서 추해진 자신의 모습을 보이는 것을 얼마나 무서워했는지를 문제로 포착하고 있는 게 생각납니다. 그 내용도 나의 관심을 불러일으켰습니다. 왜냐하면 이미 쓰기도 했습니다만 미시마와 나는 같은 해에 태어났으며 그가 품었던 늙음에 대한 공포의 문제는 그가 자결한 나이나 그해로부터 세월이 흘러오면서 어쩔 수 없이 나에게도 던져지고 있기 때문입니다.

그러나 미시마보다 상당히 오래 살아보고서 느끼는 것입니다만, 삶이란 것은 언제나 불균형 상태에 있으며 각각의 나이에서 그 나름의 아름다움과 추함이 있는 게 아닌가 싶군요. 물론 나이를 먹으면 그만큼 생명체로서 무질서(엔트로피)가 증대하므로 정리를 제대로 하지 못해서 칠칠치 못하게 되기 십상입니다만. 게다가 앞에서 말한 오토모 가츠히로의 극화에 나오는 이상한 인물들을 미시마가 몰랐다는 것이 안타깝습니다. 이 인물들을 그가 알았더라면 뭐라고 말했을까요.

───── ✿

그런데 우에노 선생이 열세번째 편지에서 야마시타 에츠코 선생의 『다카무레 이치에론』을 언급하면서 말씀하신 니시다 기다로와 다카무레 이치에의 공통된 문제에 대한 나의 의견을 말씀드리기로 하지요(야마시타 선생의 이 책은 묻혀 있던 자료의 발굴이란 점에서는 박력을 느꼈지만 이론적으로는 지나치게 분위기에 치우쳐 있습니다). 우에노 선생이 이야기의 출발점으로 삼은 역(逆)오리엔탈리즘과의 관계에서부터 들어가기로 하지요. 이 경우 역(逆)오리엔탈리즘이라고 불리는 것은 동양을 멸시하는 서양중심주의·동양차별주의의 전도(顚倒), 즉 남성 원리적 서양에서 볼 때 차이로서의 동양을 여성적인 것으로 파악하고 예부터 이미 일본과 일본인은 여성원리를 체현하고 있다는 논리를 적극적으로 내세우는 그런 종류를 가리키고 있는 듯합니다.

서양 대 동양 혹은 그 변형으로서의 오리엔탈리즘 대 역(逆)오리엔탈리즘이라는 양자대립의 함정에서 어떻게 빠져나올 것인가는 근·현대 일본 지식인들의 공통과제였다고 할 수 있습니다. 서양으로부터의 영향이 압도적으로 강했을 뿐 아니라 그로부터 독립적으로 이론을 세워가고자 하면 서양이론을 전도시킨 데 불과한 경우가 많았기 때문입니다. 그리하여 **제3의 길**을 모색하게 됩니다만, 그때 니시다와 다카무레가 채택한 방법의 공통점과 차이점은 다음과 같은 점에 있다고 봅니다.

먼저 공통적인 점에 대하여 말하자면, 니시다나 다카무레는 빌려온 사상이 아니라 자신의 머리와 마음으로써 문제를 대처해 나갔다는 점입니다. 또 두 사람 다 단순한 양자대립의 함정에 빠지지 않았다는 것도 확실합니다. 그러나 철학과 역사학이라는 영역의 차이도 있지만 니시다처럼 어떤 의미에서는 철저하게 논리주의를 관철해 온 사람의 입장과 대체로 직관적으로 문제를 파악해 나간 다카무레와 같은 사람의 경우는 상당히 다르다고 해야 할 것입니다.

그래서 우에노 선생이 말씀하신 두 사람의 경우에 제3의 길은 둘 다 문자 그대로 '카오스'였던 것은 아닐까라는 문제가 제기되지만, 확실히 양자 모두 카오스와 밀접한 관계가 있지만 이를 곧바로 카오스라고 단언해 버리면 알맹이도 뚜껑도 없는 게 되어버립니다. 혹은 속담에서 말하는 "갓난아기를 처음 목욕시킨 물과 함께 흘려버린다"는 것이 되겠지요(첫 목욕시킨 물이 카오스에 해당합니다). 그리고 우에노 선생은 자신이 카오스 따위에 발목을 잡히지 않고 "근본에서부터의 주지주의자"로서 "좀더 '명석·판명'으로 나아가는 근대주의 여행을 계속해 보고 싶다"고 쓰셨는데, 나는 '명석·판명'이라는 것을 그렇게 생각하지 않지요. 여기에 초점을 맞추어서 내 의견을 밝혀보기로 하겠습니다.

먼저, 열두번째 편지('카오스는 3')에서 내가 말하고 싶었던 점 한 가지는 우리 인간에게 문제가 되는 한 카오스는 언제나 안티코스모스(anti cosmos)이며, 코스모스 즉 질서를 어떻게 파악하는가에 따라서 카오스의 존재양태가 변해 간다는 것이었습니다. 카오스와 코스모스의 **경계가 이동한다**는 것이지요. 리와 요크의 '카오스는 3'에서 내가 무엇보다도 재미있었던 것도 바로 이 점이었습니다.

이야기가 좀 비약됩니다만 니시다 기다로의 '절대모순적 자기동일'과 다카무레 이치에의 '모성아'에 관한 이야기를 하자면, 대략적으로 말해서 이 둘은 **근대적 자아**의 확립에 힘쓴 나머지 근대 일본인이 지금까지 정당하게 문제로 삼지 않았던 카오스, 특히 무의식 영역을 로고스적으로 접근하여 그 파토스와 로고스가 서로 교차하는 부분에서 어떻게 해서든 자기의 입장을 펼쳐보고 정립해 보고자 한 것이라고 봅니다. ·이 두 사람이 상대로 한 카오스는, 좀더 일반적인 전망을 기반으로 해서 살펴보면 역사상 근대주의가 처음에는 그 존재를 강하게 의식하면서도 굳이 잘라내 버리고 다음 단계에서는 그 존재를 회피하여 결국에는 그 존재를 잊어버렸던 것입니다.

근대주의의 첫머리를 장식하는 데카르트의 '명석·판명'이라는 기준은 카오스의 존재를 강하게 의식하면서도 과감하게 잘라내 버릴 때 취한 전략임에 틀림없습니다. 이 전략이 당시로서는 공동체의 중압감으로부터 벗어난 자아의 확립과 자연계에 대한 기계론적 적용이라는 일석이조의 비책이었습니다만, 지금 돌이켜 생각해 보면, 이 '명석·판명'에는 여러 가지 속임수가 있는데 예를 들어 '명석·판명'이라는 기준은 모든 것을 투명하게 만드는 것이 아니라 그에 의해서 오히려 덮어지고 숨겨지는 부분도 있다는 것입니다(왠지 선전처럼 들릴 수 있겠습니다만 지금 쓰고 있는 이와나미 신서 『문제군』(問題群)의 제4항 '방법론적 회의와 보편수학'에서 이 문제를 다루고 있습니다).

좀 전에도 말했지만 니시다와 다카무레는 일본인들로 하여금 카오스 영역에 대해 주목하게 하고 그것의 로고스화에 노력했다는 점에서는 동일하지만, 니시다의 '절대모순적 자기동일'과 다카무레의 '모성아'(母性我)라는 중심 개념 그 자체의 차이에서 잘 드러나고 있듯이 뭐라 해도 후자는 즉자성(卽自性)이 강하고 그 자체가 쉽게 카오스로 환원해 버리는 면이 있습니다. 이 점은 야마시타 에츠코 선생의 『다카무레 이치에론』에서도 특히 제8장 '포스트모던과 파시즘'에서 밝혀지고 있습니다.

예를 들어 이 책에서는 1930년대 후반 이후의 그녀의 다음과 같은 말이 인용되어 있습니다. "파시즘은 다산(多産)을 바란다는 점에서 필연적으로 여성해방을 지원한다"(「여성의 입장에서 파시즘을 이야기한다」). 또 "우리 '선량한 여자들'은 가족의 마음을 생명으로 하고 있어 세계의 가족화를 바라 마지않는다. 그럼에도 불구하고 이를 저해하는 것에 대항하여 우리의 성전(聖戰)이 일어난 것이므로, 전쟁은 적극적으로 여성의 것이라고 말해도 좋다"(『일본여성』). 이런 구절들을 읽고 있으면 어떻게 생각하는가에 따라 이렇게도 말할 수 있고 저렇게도 말할 수 있는 사고나 담론의 무서움을 통감하게 되는데, 다카무레의 경우에 이토록 깊이 '파시즘'에 빠져들어간 것은 아마도 그 이론의 즉자성 때문일 것입니다.

사실 나도 '하이데거와 파시즘' 문제에 관해 언급하고 니시다와 관련해서도 그의 이른바 '전쟁 협력'이나 '파시즘에의 굴복'에 대해 조사해 보았습니다만, 니시다의 경우에 기본적으로 또 이론적으로는 군부와 상당한 거리를 두었음이 분명하다는 것을 알게 되었습니다. 다만 이 경우에는 당시 사상계에 대한 니시다의 영향력이 엄청나게 컸다는 점에서 그가 천황제의 구조와 작용에 대하여 또 다른 각성한 눈과 명확한 이론을 갖추지 못했다는 것이 큰 문제였다고 할 수 있겠습니다.

'절대모순적 자기동일'이란 말을 나는 좋아하지 않지만, 이런 기괴한 말로 그가 무엇을 표현하고자 했는가는 밝혀두어야 합니다. 일반적으로 이 말은 알쏭달쏭한 표현이라며 야유적으로 논해지는 경우가 많습니다만, 실은 카오스 그 자체를 극도의 논리주의 입장에서 다루려고 했기 때문에 이러한 기묘한 표현이 되어 오히려 그가 의도한 논리성이 역전됨으로써 일종의 주문(呪文)처럼 되어버렸습니다.

따라서 니시다에서는 나는 '절대모순적 자기동일'보다 '장소'나 '행위적 직관'처럼 열린 개념 혹은 사고방식을 철학적 대화상대로 삼고 있습니다. 또 이런 말을 하면 행여 이상하게 여겨질지도 모르겠습니다만, '포스트모던'이라는 용어도 나는 좋아하지 않습니다. '포스트모던'을 주제로 해서 논한 적도 없거니와 예의 『술어집』(述語集)에서도 거론조차 하지 않았습니다. 이 역시 로고스

(말)라기보다는 주문이 되어버렸기 때문입니다. 개념으로서는 거의 동일한 '근대의 초극(超克)'을 역시 과거에 주문이었던 것과 함께 놓고 사고한다는 것은 이해하기 힘든 현상이지요.

나 자신은 이와 같은 방식으로 사고하고 있는데도 바깥에서는 나를 포스트모더니스트라고 보는 사람이 많은 모양입니다. 최근에도 "전후(戰後) 마르크스주의 사상의 궤적"이라는 부제가 붙은 『모더니즘과 포스트모더니즘』(靑木書店)이라는 책을 우편으로 받아보았습니다. 이시이 노부오(石井伸男), 기요시 마코토(淸眞人), 고토 미치오(後藤道夫), 고모다 히로시(古茂田宏) 등 30대 후반부터 40대의 소장파 마르크스주의자들이 함께 쓴 책입니다. 지금 그들이 무엇을 가장 대항적인 사상으로 삼고 있는가, 모더니즘이나 포스트모더니즘을 어떻게 받아들이고 있는가, 한번 읽어볼 가치가 있는 책이구나… 이렇게 가볍게 생각하는 정도였는데 책을 펴서 차례를 보고 놀랐습니다.

"포스트모더니즘과 유물론"(古茂田宏 집필)이라는 제목이 붙은 제4장에서는 나를 '포스트모더니즘의 원조'로서 거의 4장 전체에 걸쳐서 비판적으로 논하고 있는 것을 알았기 때문입니다. 아직 내용을 세밀하게 읽지는 않았는데 호되게 닦달하는 듯한 비판은 아닌 것 같아 가까운 시일에 시간을 내서 천천히 읽은 다음에, 포스트모던과의 관계를 포함해서 나 자신의 입장이나 생각을 밝히고 싶습니다.

그러고 보면 열세번째 편지에서 우에노 선생은 가토 노리히로 선생이 말한 "막대기를 넘어가는 방식에는 '위에서' 넘어가는 방식뿐 아니라 '아래로' 넘어가는 방식도 있다"를 인용하면서 "니시다와 다카무레는 막대기를 땅에 떨어뜨려 버림으로써 막대기를 넘어간다는 과제 그 자체를 무효화했다고 볼 수는 없을까요" 하고 쓰셨지요. 이 물음에는 나도 감탄하였습니다. 막대기를 땅에 떨어뜨린다는 발상이 대단하다고 생각했기 때문인데, 잠깐만 기다려 주십시오.

여기서 막대기는 전에 이야기된 적이 있는 '초월'의 은유가 아니라 '모던'을 말하는 것 같군요. 그렇다면 아래에서부터 넘어서는 방법이라는 것은 근대를 아래쪽에서부터 뒤흔드는 것이 되는 걸까요. 그 의미가 나에게는 분명치 않습니다. 그럼에도 막대기를 떨어뜨린다는 것이 근대를 넘어선다는 과제 자체를 무효화했음을 의미한다는 것은 말로써는 알겠습니다.

그러나 다카무레에 대해서는 잘 모르겠지만, 니시다에 관해서는 너무나 "문제의 지평을 한꺼번에 카오스 속으로 무화(無化)한다" 등과 같은 말로 결말을 지을 수는 없습니다. 앞에서도 쓴 것처럼 니시다가 카오스를 다루는 방법에는 상당히 문제가 있기는 하지만, 우에노 선생 같은 사람까지 니시다를 그렇게 간단하게 결말

내지는 말아주십시오. 내가 이렇게 말하는 것은 굳이 니시다를 변호하기 위해서가 아니라 후기의 니시다가 마르크스주의와 만나면서 '역사적 신체'나 '행위적 직관'과 같은 개념을 만들어내었던 위업을 하나의 유산으로 무시해버릴 수는 없기 때문입니다.

그리고 '수동성'을 둘러싼 우에노 선생의 이야기, 수준 높은 모놀로그 드라마를 떠올리게 했습니다. 이러한 이야기 속에 이만큼 드라마틱한 내용을 담아내다니 극작가도 무색해질 정도입니다. '하고 싶은 성'의 없음, '행복'은 '운수'(타인에게 맡기기), 여자다움으로부터의 해방으로서의 '수동성' 등 이 모든 대사가 적절한 장소에 멋지게 어우러져 있어요. 그리고 특히 기뻤던 것은 내가 말하는 파토스(수동성)가 지닌 능동적인 성격이 잘 파악되고 그려지고 있다는 점입니다.

이와 관련된 문제는 표면적 언어로만 생각하면 역설적이기 때문에 나의 주장에 대해서도 지금까지 오랫동안 오해되어 왔습니다. 나도 요즘에는 같은 내용을 말하더라도 표현방식을 조금 바꾸어서 가능한 감성 혹은 감수성의 개발 등과 같은 표현을 쓰고 있지만, 정신을 차리고 보니 이러한 방식으로 말하면 자연히 에로스 문제에 연관성을 가지게 되더군요.

올 7월에 우에노 선생은 드디어 마흔이 된다고 하셨지요. 지난 편지에서 마흔 살을 '여성에게 잔혹한 장애물'이라는 등 입을 가볍게 놀린 내가 어떤 태도를 취하는 게 좋을까 고심했는데, 그런 것과는 상관없이 공을 되던져주셨기에 나는 살았습니다. 그래서 곧 '불혹'이란 'Fuck you!'라고 앞질러서 이야기해 버리는 품이 과연 우에노 선생답습니다.

이런 좋은 기회(?)가 두 번 다시 없을지도 모르는 터라 나도 좀 호기를 부려서 엷은 꽃자주색 '호접란'을 선물로 보냅니다. 우에노 선생에게 잘 어울릴 것 같아서입니다. 당일 도착하도록 부탁해 놓았으니 부담 없이 받아주세요.

나카무라 유지로

'지금 여기'에 없는 것에게

나카무라 선생님

생 일축하 호접란, 잘 받았습니다. 감사합니다. 우아하고 사랑
스러운 꽃이네요. 카틀레아[1]의 화려함과는 좀 다릅니다. 나
비와 함께 춤추며 일어날 듯한 기품을 나긋나긋한 줄기가 붙잡아
주고 있습니다. 저에게 '어울린다'고 나카무라 선생님이 말씀하신
기분은 어떠한 이미지일까, 요리조리 상상하고 있습니다.

바야흐로 마침내 마흔 살 생일을 맞았습니다. 이미 40대에 들
어선, 저보다 나이가 좀 많은 여자친구들은 "잘 왔어"라는 동정과
공감을 담아서 "축하해요" 말해 주더군요 —— "40대가 되면 편해.
이제는 정색을 하고 나이를 말하는 것이 아무렇지도 않게 되는
거야."

감동은 —— 지금으로서는 이렇다 말할

---

1. 열대 원산인 양란의 일종.

263

만한 특별한 것이 없습니다. 생각해 보면 스무 살 때 서른 살 때 각각 '감동'을 강하게 느낀 것은 열아홉 살과 스무 살이, 스물아홉과 서른이 다르다고 믿어버렸기 때문이며 아무것도 아닌 10진법에 지배되어 있었던 것임을 알고 있습니다. '60년 안보' '70년 안보'라는 것도 이같은 10년주기설을 따른 것일지도 모릅니다. 만약 이 세상에 12진법이 통용되었더라면 이와는 다르게 '인생의 마디'를 느끼겠지요.

이처럼 나이 마흔을 '인생의 반환점'이라고 느끼는 것도 일본인의 평균수명은 80세라는 예비지식이 머릿속에 있기 때문일 겁니다. 나카무라 선생님이 환갑을 맞이하였을 때의 감동 역시 옛날이라면 ─ '환갑' 말 그대로 '갑(甲)으로 돌아오다' ─ 은 살 만큼 살았고 앞으로는 여분의 나이이므로 남은 인생은 덤과 같은 것이라고 생각하였기 때문이겠지요.

저는 지금 새삼 외국어 하나를 습득하고 싶은 마음입니다. 어학이 가능해지면 세계가 훨씬 넓어진다는 것을 체험했기 때문에 이번에는 유럽어권 이외의 언어 하나를 배우고 싶습니다. 40년을 살아오면서 지금까지도 충분히 길었습니다만 앞으로 40년도 꽤 길 것 같습니다. 그 시간을 쓰기 위해서 ─ 영어로는 "kill time"이라고 표현합니다. 절절이 실감되네요 ─ 이제부터 새 어학을 습득하는 것도 나쁘지 않은 아이디어라고 생각합니다.

만약 평균수명이 300년이라면 ─ 이 기상천외한 발상을 하신

264

분은 작가 고노 다에코(河野多惠子)[1] 선생님이었습니다——인간 존재의 사고방식이나 행동방식이 확연히 달라졌겠지요. 며칠 전에 교토시 사회교육종합센터가 주최하는 '창조적 시민대학'(학장은 바로 며칠 전에 돌아가신 구와바라 다케오(桑原武夫) 선생님이었습니다)에 강사로 나갔을 때 '듣는 사람' 역할을 하시는 고노 선생님을 뵈었습니다('연사'와 '청중'을 서로 이어주는 매개자로서 '듣는 사람' 역할이라는 탁월한 아이디어를 이 강좌시리즈에 도입한 분은 쓰루미 슌스케(鶴見俊輔)[2] 선생님입니다. 6개월 코스의 이 시리즈의 전반기는 나카자와 신이치(中澤新一) 선생님이 맡고 후반기는 제가 맡았습니다. 청중 가운데 단골멤버는 완전히 나카자와 팬이 되어서 예의 '나카자와 문제' 때도 마치 자기 일처럼 바로 옆에서 느꼈던 것 같습니다).

소설 속에서 연애라는 것이 그다지 치명적이거나 파괴적인 양상을 띠지 않는 것은 무엇 때문일까라는 이야기를 하고 있을 때였을 텐데, 이에 대해 고노 다에코 선생님은 "그것은 수명이 길어졌기 때문입니다" 하고 델피의 무녀(巫女)도 깜짝 놀랄 만한 '신탁'을 내려주셨습니다.

인생이 기껏해야 50세가 될락말락하던 시대에는 마흔 살까지 살면 그후는 덤으로 사는 인생. 간통이든 연애든 인생의

1. 1926~ . 소설가. 자신의 생을 객관화시키고 문제화하는 작품을 발표하여 주목을 받았다. 「남자친구」 「회전문」 등의 작품이 있다.
2. 1922~ . 평론가, 철학자. 『현대일본의 사상』 『전시기 일본의 정신사』 『전후 일본의 대중문화사』 등의 저작을 통해 사상사의 독특한 경지를 개척하였다.

마지막에 활짝 피었다가 나중엔 될 대로 되라는 식이야, 이같은 인생관이 통용되었다는 지적. 과연 그렇구나 하며 감동을 받았습니다. 이러던 것이 인생 70년, 80년이나 되면 이제 마무리를 해야 겠다고 생각해도 좀체 끝맺어지지 않아 질질 끌면서 아직도 아직도 살아야 하게 되었습니다.

그렇다면 차라리 평균수명이 300년이라고 생각하면 어떨까 하는 말씀을 고노 선생님은 하셨습니다. 일흔이나 여든에 새로운 언어 한두 가지 시작해도 전혀 이상할 게 없지 않을까요. 지금도 일흔 살이 되어서 비로소 새로운 언어에 도전하는 사람이 있지만, 주위에서는 "한 발을 관 속에 들여놓고 있으면서 이제 와서 무엇을" 하고 웃습니다. 만약 이것이 '인생 300년'이라면 아무도 웃거나 하지는 않겠지요. 그러기는커녕 일흔 살이 되어 직장을 옮기거나 연애를 하거나 혹은 새로운 공부를 시작하는 사람도 얼마든지 나오겠지요. 현실은 그렇지 않다 하더라도 '인생 300년'을 염두에 두고 행동하면 완전히 다른 현실성이 열리지 않을까요.

이 아이디어에는 깜짝 놀랐습니다. 인생 40년의 사람, 인생 80년의 사람 그리고 인생 300년의 사람은 전혀 다른 현실성 속에서 살아가게 됩니다. 그렇게 되면 똑같은 일흔 살의 노인들끼리 이야기를 하고 있다 해도 실제로는 전혀 차원이 다른 곳에서 이야기가 엇갈리는 일도 일어나겠지요. 물론 열아홉 살에 죽음을 맞이해야 했던 '인생 20년'의 미시마 소년의 현실성 역시 이것과는 달랐겠지요. 어쨌든 죽음은 계획대로 찾아오는 것이 아니므로 오히려 몇 살이든지 '인생 300년'이라고 마음으로 정하고 살아가는 방식은 여러 모로 유쾌할지도 모릅니다.

시간관념에 대해서도 이와 마찬가지로 말할 수 있습니다. 가마타 도지 선생님의 『옹동론』, 저도 그 책을 받았습니다. 한 방 얻어맞은 듯한 얄미운 제목이더군요. 지금까지 옹론(翁論)이라든가 치아론(稚兒論)은 있었지만, 이것들을 조합하여서 '동옹'(童翁)과 '옹동'(翁童)을 만들어내다니 누구도 생각해 낼 수 있는 것 같으면서도 미처 생각지 못하는 콜럼버스의 달걀과 같은 아이디어입니다.

그런데 '옹'과 '동', 우주론까지는 그만두더라도 현실성 속에서 정말로 공통되는 점이 있을까요? '갑년(甲年)이 돌아왔다'고 일컬어지는 환갑이, 아무리 갓난아이 옷을 입혔다고 해도 전혀 아이로 돌아감을 의미하지 않는 것처럼, 예를 들어 치매가 갓난아이의 무의식으로 돌아간 것이라는 설에도 저는 암암리에 의문을 품고 있습니다. 치매노인의 '당사자 담론'을 곁눈질해 보지 않더라도, 가까이 있는 사람의 관찰에 의하면 치매노인이라 해도 이따금 갑자기 제 정신으로 돌아오기도 하며 그때 당사자는 잃어가는 자의식을 자각하고 그 무력감에 모든 것이 산산조각 나버렸다는 애달픈 표정을 짓는다고 합니다.

　노인은 어린아이가 아니다──옹동론이 함축하고 있는 온갖 매력적인 아이디에 대항하여 저는 이렇게 생각합니다. 옹과 동을 동일시하는 시간의식은 순환적인 시간의식입니다. 처음과 마지막이 서로 이어져 있는 이 순환적인(cycling) 시간의식은 농경사회의 시간감각과 연결되어 있습니다. 에드먼드 리치는 「시간과 가짜 코」(靑木保·井上兼行 譯, 『人類學再考』, 思索社)에서 가역적인 시간과 불가역적인 시간을 구분하고 있습니다. 옹동론의 우주론적인 시간의식은 그것이 비록 〈아키라〉와 같은 슈퍼모던한 이야기 속에 반복적으로 나타나고 있기는 해도, 20세기 말을 살아가는 우리에게는 내세를 믿을 수 없는 것과 마찬가지로 이 역시 이미 잃어버렸다는 느낌을 받습니다. 우리는 이제 죽으면 '저 세상'에서 먼저 작고하신 아버지나 어머니가 기다리고 있다고 믿으면서 태어나는 아이에게 부계조상의 이름을 붙이는 순환적 명명법(命名法)을 지키는 사회에 살고 있지 않습니다.

　현대인에게 시간은 불가역적인 것으로 느껴집니다. 돌아오지 않는 시간, 돌아오지 않는 과거. 역시 노인은 어린아이가 아닙니다. 노인에게 어린아이의 무구함과 사랑스러움을 요구하는 것은 번지수가 틀렸을 뿐 아니라 당사자인 노인에게 억압적이기까지 합니다. 왜 일본에서는 오로지 '귀여운 노인'만이 문화적 이상형으로 되어 있는 걸까요. 왜 "귀여운 할머니가 되자"가 나이먹음의 표어가 되고 '사랑받는 노인'과 같은 수동성만 강조되는 걸까요. 70년, 80년을 살아온 어른에게 이런 실례되는 말을 하다니, 저는 그렇게 생각합니다.

덧붙이자면 이 문화적 이상형 속에 명백한 성차(性差)가 있는 것 또한 얄궂은 사실입니다. '귀여운 할머니'는 있을 수 있어도 '귀여운 할아버지'는 상상하기 어렵거니와, 오랫동안 '남자다움'에 구속되어 온 남성이 나이를 먹었다고 해서 '사랑받는' 존재로 변한다는 것은 불가능하겠지요. 저 꼴 좀 봐, 하고 말하고 싶은 기분을 꾹 누르고 여기서는 뒤집어서 생각해 보면, 할머니라 하더라도 어째서 '귀여움' 혹은 '사랑스러움'을 속성으로 하지 않으면 안 되는 것일까요? 더할 수 없이 충분히 인생을 경험했는데 인생의 막바지에 와서 자신은 물론 타인도 어린아이 취급하고 싶지는 않을 거라고 생각합니다.

그렇다 하더라도 가역적인 시간이나 불가역적인 시간 속에서 죽음은 늘 일종의 '목적지'로 관념화되는 이유는 무엇일까요? 그 사람에 대한 평가는 '관을 덮을 때 결정된다'는 말이라든가 노후는 '인생의 수확기'라는(아무래도 농경사이클에서 연상되는 바를 그대로 드러낸) 비유에서도 '늙음'이나 '죽음'은 인생의 종점, 따라서 목적지라는 사고방식이 곳곳에 스며들어 있는 것 같습니다. 확실히 죽음은 종점임에 틀림없지만, 아무리 그렇다 할지라도 그것을 향해서 인생이 발전단계적으로 전개되는 '목적지'라고 말할 수는 없습니다.

가역적인 시간을 거부한 근대인의 시간의식 속에서도 노화는 여전히 얼마간의 '발달'(development)로 파악되고 있는 듯합니다. 청년심리학자로서 '아이덴티티' '모라토리엄'[1] 개념을 심리학에 도입한 것으로 유명한 E. H. 에릭슨은 나중에 청년기뿐 아니라 중·노년기를 포함한 전생애에 걸친 '발달' 개념을 제시하였습니다. 요즈음 미국에서는 에릭슨의 개념을 적용하여 『30대를 살아가는 방법』(How to Survive the Thirties) 『중년의 위기』(Middle-Age Crisis) 같은 방법론에 관한 서적이 위세를 떨치고 있습니다. 미국 사람들은 더 이상 '가역적인 시간' 같은 평화롭고 농경사회적 관념은 믿지 않으며, 이번에는 '불가역적인 시간' 속에서 일정한 방향으로 진화하는 '성장'(growth) 개념을 믿고 있습니다. 실제로 미국인들의 '성장'에 대한 낙관주의는 놀라울 정도입니다. 사실 저는 미국인 친구들에게 좋지 않게 결말이 났거나 괴로웠던 경험을 털어놓았다가 그들로부터 "그 경험을 통해서 너는 성장한 거야"라는 소리를 듣고는 어리둥절해하면서도 힘을 얻었던 적이 여러 번 있습니다. 이럴 때 제 반응은 양면적이라 할 수 있습니다. '성장'이나 '진보'의 관념을 믿어 의심치 않는, 뿌리에서부터 속속들이 '근대인'인 그들의 어처구니없는 순진함을 삐딱한 눈길로 바라보면서도 그와 동시에 "아, 그렇게 생각하면

1. moratorium. 원래는 자본유예를 의미하는 행정조치의 일종인데 사회심리학에서는 사회적 자아를 확인하기 위한 유예기간을 의미한다.

편해지겠구나" 하는 간절한 심정이 되면서 분명히 격려를 받기도 하였습니다.

그렇다면 이렇게 '발달'을 인정한다면 왜 '노추'(老醜)는 있어도 '유추'(幼醜) 혹은 '약추'(若醜)라는 말은 없을까요? 나카무라 선생님은 미시마 유키오의 죽음을 이야기하시면서 미시마 자신이 노추를 드러내는 것을 얼마나 두려워했는지 쓰셨습니다. '노추를 드러내는' 것은 부끄러운데 왜 '약추를 드러내는' 것은 부끄럽지 않을까요? 저는 젊음이 곧 추함이라고 생각합니다. 학생들이 "선생님은 언제가 가장 좋으셨나요?" 하고 유도질문을 해도 그들이 기대하는 대로 "글쎄, 너희들 때가 꽃이었어"라고 말해 주고 싶은 생각은 추호도 없으려니와 사실 저의 20대는 보기 흉했다고 기억됩니다. 제 눈에는 '추함' 하면 '자신에 대한 무자각함'(self-awareness의 결여)이라 여겨집니다. 바로 이 점에서 노인과 어린아이는 결정적으로 다릅니다. 나카무라 선생님은 "나이를 먹으면 그만큼 생명체로서 무질서(엔트로피)가 증대하기 때문에 정리가 안 되고 칠칠치 못하게 되기 십상이다"고 하셨습니다만, '생명체로서 무질서(엔트로피)가 높은' 것은 오히려 어린아이 쪽이 아닐까요. 어린아이를 그와 같은 존재로 허용하는 문화장치가 발달해 있는 만큼, 사실 어린아이 쪽이 훨씬 더 '칠칠치 못한' 게지요. 진지하게 말씀드립니다만, 저는 젊은 사람보다는 노인 쪽이 훨씬 '아름다운' 얼굴을 한 사람이 많다고 생각합니다.

그런데 지금 유고슬라비아의 자그레브에 있습니다. 제12회 국제 인류학·민족학회에 참석차 일주일 가량 체류중입니다. 이곳에 도착하여 우연히 홈스테이 할 곳을 찾게 되어 예약해 두었던 숙소를 부리나케 취소하고 털썩 눌러앉아 있습니다. 현지의 청년을 안내자로 삼아서 밤중까지 거리를 헤매고 다닌다거나 마지막 버스를 놓쳐서 한밤중에 한 시간이나 걸어서 숙소로 돌아오기도 합니다. 소개를 받아서 근교의 농가도 방문하고 주말여행에서 친구가 된 커플과 함께 아드리아해에 가보기도 했습니다.

　여행에서는 뭐니뭐니 해도 그 지역 사람들과 친해지는 것이 최고지요. 정보를 얻는 방법이나 경험의 폭이 전혀 달라집니다. 예전에 어떤 친구가 저를 '공포의 마오쩌뚱주의자'라고 부르곤 했습니다. 뭐든지 현지조달하기 때문이라나요.

　인구 100만 명인 자그레브는 노면전차가 달리는 중세풍의 한가롭고 아름다운 거리입니다. 이곳에 오면 시간의 속도가 확 바뀝니다. 고 티토 대통령의 지도 아래 일찍부터 자주독립노선을 걸었고 독특한 '혼합경제체제'를 일구어낸 유고 이미지를 지니고 왔었는데, 이곳 사람들이 하나같이 말하기를 현재 유고는 엄청난 채무국가로 전락하여 심각한 경제위기에 빠져 있다는군요. 사회주의 국가에서 사람들이 평등하다는 것은 "우리는 평등하게 가난하다"

는 의미인가 봅니다. 반달이 뜬 밤하늘을 보며 "저기 아름다운 달님 좀 봐" 하면서 달을 가리켰더니 친구사이가 된 유고사람은 단숨에 되받아치더군요. "그래, 우리는 가난하니까 달님도 반쪽밖에 없어." 나이가 얼마 안 되는 남자아이가 "우리에게는 미래가 없다"고 말하는 것을 여러 차례 들었습니다.

치안도 잘되어 있는 편이고 심성이 따뜻하고 그악스럽지 않은 유고사람들의 일하는 모습을 보며 참 살기 좋은 곳이라는 인상을 받았던 저로서는 이들의 비관주의가 충격이었습니다. 이탈리아나 스페인 등, 지난날 서로 고만고만하게 가난했다고 여겼던 인접국가들이 상대적으로 유고와의 격차가 벌어지고 있는 것도 이들을 더욱더 초조하게 만드는 모양입니다.

유고사람들은 이렇게 말합니다. "적어도 너희들에게는 기회가 있어. 우리에게는 그조차도 없어."

"기회라고? 우리에게 있는 것은 추악한 쟁탈전에 휘말려들 기회야. 그 속에서 승자가 되거나 패자가 되는 기회지."

이따위 것에 휩쓸려들고 싶어? ──가혹한 경쟁의 압박에 짓눌린 아이들 속에서는 등교거부아가 나오고 있으며 고용기회균등법이 여자들간의 치열한 경쟁을 조장하고 있다는 등 갖가지 이야기를 해주었지만, 그래도 '자본주의 횡포'가 자신들의 '사회주의 재앙'보다 낫다고 여기는 것 같았습니다. 우리는 서로 자신이 속해 있는 사회를 갖은 표현을 다 써서 욕을 해대다가 마지막에는 '자기가 속한 사회에 대해 이만큼 비판할 수 있는 자유'를 누리고 있음을 서로 축하해 주며 얼굴을 마주보았습니다.

그리고 이번 학회에서 거둔 수확 하나.

노년학 분과에 참석했었는데 C. 웨그너라는 영국 여성이 북웨일스에 사는 노인 525명을 대상으로 해서 사적인 상호부조 네트워크의 방식을 면접조사한 결과를 발표하였습니다.

웨그너에 따르면 노인들간의 사적인 상호부조 네트워크 방식으로는 다음 다섯 가지 유형이 있다고 합니다.

① 가족의존형(family dependent)
② 지역통합형(locally integrated)
③ 지역자족형(locally self-contained)
④ 광역커뮤니티 활동형(wider community focused)
⑤ 사적 제한형(private restricted)

①은 주로 자식들과 함께 살며, ②는 지연을 기반으로 한 관계이며, ③은 이웃끼리 서로 도우며 사는 생활을 하며, ④는 선택적인 활동을 기반으로 한 광역적인 관계로서 자식들은 멀리 떨어져 있고 지역과의 연관성도 느슨한 도시형, ⑤는 지연·혈연으로부터 단절된 고립형입니다. 1979년의 조사에서 이 다섯 가지 유형의 분포는 ① 23%, ② 34%, ③ 19%, ④ 15%, ⑤ 10%였다고 합니다.

이 조사에서 흥미로운 사실은 그로부터 8년 후 1987년에 동일한 조사대상자 가운데 살아 있는 사람들(525명 중 241명)을 다시 조사하여 상호부조 네트워크의 유형이 어떻게 변화하고 있는지 조사한 것입니다. 1987년의 조사에 의하면 전체의 분포는 거의 일정하지만 그 가운데 90%까지가 상호부조 네트워크의 유형 사이를 옮겨갔으며 그 동안의 이행에서는 양극분해의 경향이 뚜렷하게 나타났다고 합니다.

조사대상자가 노화됨에 따라 일반적으로 지역의존형은 가족의존형으로(②→①, ③→①), 탈혈연·광역활동형은 고립형으로(③→⑤, ④→⑤) 양극분해하는 경향이 있고, 그중에서도 유형 ④의 도시형이 가장 유지되기 어렵다는 것이 조사자가 내린 결론이었습니다. 그러면서 다음과 같이 정중하게 유형별 생존율까지 제시해 주었습니다.

① 가족의존형 98%

② 지역통합형 76%

③ 지역자족형 77%

④ 광역커뮤니티 활동형 82%

⑤ 사적 제한형 65%

이러한 조사를 보면 고립형은 역시 사망률이 가장 높고 가족의
존형의 생존율이 가장 높습니다. 여기에서는 "노후는 역시 가족과
함께"라는 결론이 도출될지 모르겠습니다.

이 조사발표를 들으면서 내심 편치 않았습니다. 지난 편지에서
가족을 뛰어넘은 노후의 상호부조 네트워크에 관한 구상을 말씀
드렸지요. 우리는 탈혈연·탈지연의 도시형 네트워크에 의지할
수밖에 없으며 또 이것이야말로 혈연의 지옥, 지연의 족쇄로부터
우리를 해방시켜 줄 것이라는 이상주의를 내건 것까지는 좋았지
만, 북웨일스에서 온 이 여성은 담담한 표정으로 냉엄한 통계수치
를 우리 눈앞에 제시해 보였습니다. 그같은 도시형 네트워크가 가
장 무너지기 쉽다는 것. 마지막에 이르는 곳은 '역시 가족 속' 아니
면 외톨이의 고립 둘 중의 하나라는 것. 다만 다행이라면 유형 ④
의 생존율이 유형 ①을 제외한 다른 유형들보다 조금 높은 점이라
든가 상호부조 네트워크의 유형간 이행 가운데서 ⑤고립형에서
④광역형으로의 변화도 무시할 수 없을 정도라는 점 등입니다.

웨그너의 조사결과는, 이를테면 양로원에서 서로 사이좋게 도우며 살다가 거동할 수 없게 되자 1년에 한번도 면회 오지 않던 친척을 불러서 돌보게 했다든가, 서로 유대가 돈독한 그룹 중 한 사람이 거동하기 힘들어지자 나머지 그룹원들이 전부 포기하여 결국 자식부부가 떠맡아서 멀리 이사를 갔다든가 하는 에피소드를 떠올리게 합니다. 와, 그렇다면 '노라의 방주'는 항해에 나서기도 전에 좌초해 버리겠구나 ── 제 기분은 그야말로 말이 아니었습니다.

이런 사회학적 설명이나 통계수치를 나열하여 죄송합니다. 어디에 가더라도 "사회학을 하고 있네" 하고 웃으시겠지요. 그러실 줄 잘 알면서도 큰일이야, 큰일났어요, 야단법석을 떨며 최신 뉴스를 나카무라 선생님께 말씀드리고 싶었답니다.

그렇지만 사회학자로서의 저와 생활인으로서의 저는 다릅니다. 사회학자로서의 제가 아무리 통계수치가 담고 있는 '객관적 사실'을 냉정하게 인식하려 해도, 생활인으로서의 저는 통계평균과 반대되는 삶의 방식을 선택하고 있습니다. 지금까지도 그러했고 앞으로도 아마 그렇겠지요. '지금 여기'에 있는 것을 냉정하게 인식하는 능력 외에도 '지금 여기'에 없는 것을 꿈꾸는 능력 또한 가질 수 있었으면 좋겠습니다. '질리지도 않고' 말입니다.

낯선 사람, 낯선 땅에 와 있으면, '지금 여기'에 없는 것에 대한 잠재성(potentiality)이 높아집니다. 이는 다른 현실성(reality) 사이를 넘나드는 능력을 말합니다.

이제부터 잠시 여행을 계속할 것입니다. 저에게는 이것이 가장 좋은 원기회복 방법입니다.

나카무라 선생님의 유럽여행은 어떠셨습니까? 어딘가의 하늘에서 서로 스쳐지나갔을지도 모르겠네요. 지구도 좁아졌습니다.

자그레브에서
우에노 치즈코

철학적 환갑

우에노 치즈코 선생

지난 편지에서 언급한 『문제군: 철학의 선물』을 드디어 다 써서 300매 가량의 원고와 플로피 디스켓을 편집부에 넘기고는, 8월 20일부터 영국 브라이턴에 와 있습니다.

편집부 H씨의 권유를 받아 나로서는 새로운 도전을 한 셈인데, 책 한 권 분량의 원고를 플로피 디스켓에 다 담아서 건네주었습니다. 아마 머지않아 이와 같은 방식으로 책을 쓰고 만드는 것이 일반화되겠지요. 플로피 디스켓으로 건네주면 레이아웃도 자유자재로 할 수 있을 뿐 아니라 1주일 남짓 만에 깔끔하게 편집된 초교가 나온다고 하는군요. 사람에 따라서는 이와 같은 작업 스타일이 맞지 않는 경우도 있겠지만, 나의 경우에도 워드프로세서를 사용하기 시작한 지 1년 반 정도밖에 안 되었고 사용하기 전에는 이런저런 저항감도 있고 기계에 신경이 쓰여서 문장이 어색해지지나 않을까 하는 주저함도 있었지만, 막상 쓰기 시작해 보니 문장을 객관화해서 첨삭하기가 쉽고 나의 기질에도 맞는 도구라는 생각이 들었습니다.

일본어의 경우 붓에서 펜 혹은 만년필로의 변화도 컸다고 여겨집니다만, 만년필에서 일본어 워드프로세서로의 변화는 영문 타이프라이터의 발명을 훨씬 넘어서는 획기적인 의미를 지니고 있습니다. 손쉬운 능률주의 입장을 내세우는 가나문자론자나 한자부정론자들의 논거가 대부분 무의미해졌을 뿐 아니라 한자나 가나를 지금까지와는 다른 방식으로 다룰 수 있게 되었기 때문입니다. 나 같은 사람도 새삼 즐거운 마음으로 한화(漢和)사전을 찾아보게 되었습니다. 또 워드프로세서가 보급되면서 편지를 붓으로 쓰는 사람이 늘어난 것도 재미있는 현상이네요. 나도 편지만은 펜(만년필)으로 쓰려고 합니다.

내 연배의 사람들은 워드프로세서에 대한 태도가 두 부류로 나뉘는 것 같습니다. 한편에는 눈에 나빠진다든가 문장이 잘 씌어지지 않는다고 해서 워드프로세서를 거부하는 사람들이 있고, 또 한편에는 별 대수롭지 않게 새로운 필기도구가 생겼다고 생각하고 선뜻 이 워드프로세서로 초벌원고나 메모를 작성하는 사람들이 있습니다. 나는 딱히 어느 쪽이라고 말하기 힘들지만 사용하는 이상 초벌원고나 메모 작성을 비롯하여 좀더 본격적으로 쓸 수 있으면 좋겠다고 생각하며 적당한 기종이 나와서 나 같은 사람도 쉽게 받아들일 수 있게 되는 때를 기다리고 있었다고 하겠습니다. 자동차 운전도 그랬지만 자동차나 워드프로세서의 효용성을 이런저런 이유를 붙여 받아들이거나 거부한다 하더라도 개인의 태도로서는 그다지 의미가 없으며 그보다는 언제든 자유자재로 사용할 수 있게 사용법을 익혀두는 것이 시야와 행동력을 넓히는 데 좋다고 봅니다.

_／／※_

『문제군: 철학의 선물』의 내용에 관해 선전을 좀 해두면, 이 부제가 의미하는 바는 넓은 의미에서의 철학의 지혜를 나 자신을 비롯하여 현대인에게 보내는 선물이라는 것입니다. 선물로 15개 문제군을 선택하여 지금까지 내가 철학으로부터 배운 것, 배웠다기보다 부여받았다고 여겨지는 힌트의 에센스를 널리 알리고자 하는 시도라 할 수 있습니다.

여기서 무엇보다 문제가 되는 것은 15개 문제군의 선택방법인데 저것도 아니야, 이런 것도 아니야 하며 마지막까지 생각한 끝에 선택한 항목은 다음과 같습니다. 이 항목들을 보시면 이 책의 윤곽을 알 수 있다고 생각되어 열거해 보기로 하지요.

1. "로고스 혐오는 인간 최대의 불행이다" 2. '형식' '공통감각' '현명한 사고'의 회로 3. "5대[1]에 모두 울림이 있다" 혹은 '범(汎)리

들론' 4. '방법적 회의'와 '보편수학'의 꿈 5. "철학을 경시하는 것이 진정한 철학을 하는 것이다" 6. "악은 관계의 해체이다" 7. "참은 만들어진 것이고 만들어진 것은 참이다" 8. '시각'의 비판과 '인과율'에 대한 물음 9. '제도적' 세계와 '주인과 노예'의 역전 10. "신은 죽었다"에서 '신들의 재생'으로 11. '순수경험'에서 '장소'와 '행위적 직관'으로 12. "기술은 수단이 아니라 노골적인 폭로방식이다" 13. "상상력은 이미지의 포획으로부터 해방이다" 14. "언어의 한계는 세계의 한계이다" 15. '자기'와 '타자'의 패러독스.

　이상 열다섯 개 항목이 내가 선택한 문제군이며 쌍따옴표(" ")로 표시되어 있는 문장, 예를 들어 1. "로고스 혐오는 인간 최대의 불행이다"는 플라톤의 『파이든』(Phaidon)에 나오는 사고방식을 간결하게 표현한 말이듯이 내가 지금까지 강렬하게 자극 혹은 시사를 받은 사고방식을 나타내고 있습니다. 처음에는 모두 이와 같은 방식으로 통일시킬까 생각했지만 아무래도 그렇게 하면 내용을 충분히 담아내지 못하는 문제군도 나오기 때문에 문제군 그 자체를 나타낸 것과 혼합하는 형식이 되었습니다.

　앞에서 부제 '철학의 선물'은 "지금까지 내가 철학에서 배운 것, 배웠다기보다 부여받았다고 여겨지는 힌트의 에센스를 널리 알리고자 하는 시도"를 의미한다고 썼습니다만, 이는 말 그대로 나 자신의 지금까지 철학상의 식견의 존재양태를 총점검해서 독자들에게 널리 알리는 것 혹은 나 자신을 드러내는 것으로서, 나로서는 새로운 자기탈피의 기회가 되었으면 합니다. 좀 격식을 갖추어 말한다면 나의 '철학적 환갑'의 책이 되겠지요.

여행지에 와서까지 이런 이야기를 쓰는 것은 우에노 선생이 올해 7월에 맞이한 '마흔 살' 생일에 구태여 맞설 의도는 없지만, 우리가 계속 편지를 주고받는 중에 일어난 사건으로서 나의 '철학적 환갑'에 관해 말해 두고 싶었기 때문입니다. 또 내가 생각해 오던 '철학'과 '세계철학회의'에서 느낀 '철학'의 일치와 어긋남을 밝히고 싶었기 때문입니다.

잠시 브라이턴 이야기를 하면, 이곳은 런던 남쪽 약 85㎞ 지점에 위치한 남해안 최대의 리조트 타운으로 영국의 아타미(熱海)[2]와 같은 곳입니다. 18세기 중반에 내과의사인 리처드 러셀 박사가 염수와 해안의 공기를 이용한 건강론을 발표하면서부터 리젠시 스타일의 고급별장이 세워지고 해안을 따라 호텔이며 극장이 속속 들어서면서 형성된 마을이라고 합니다.

이 마을에서 8월 21일부터 1주일 동안 FISP(국제철학연합) 주최로 제18회 '세계철학회의'가 열리는데 어찌어찌 하다 보니 내가 일본대표로 파견되었습니다. '세계철학회의'는 5년마다 개최되며 17회는 캐나다 몬트리올, 16회는 서독 뒤셀도르프에서 열렸는데 지금까지 나는 한번도 이 회의에 참석한 적이 없었습니다. 이번 브라이턴 회의도 참가자가 1천 명에 이르는 거대한 회의여서, 이런 유의 대규모 집회에 익숙지 않은 나는 당황하거나 당혹스러워하기 일쑤여서 번지수를 잘못 찾아왔다는 느낌을 지울 수 없습니다.

아무튼 거대한 집회인 만큼 준비된 프로그램도, 2천 명 이상 수용 가능한 브라이턴의 메인 홀에서 매일 화려한 멤버들의 특별강연 또는 전체회의가 진행되는 외에 심포지엄과 원탁회의 그리고 부문별ㆍ주제별 분과회의가 150여 개나 됩니다. 일본에서는 누구누구가 오는지도 거의 몰랐는데 30명 남짓한 사람들이 와 있습니다. 참석자 수에 비하면 발표자는 얼마 안 되지만 말입니다.

관심을 끄는 특별강연으로는 칼 포퍼의 '경향성의 세계: 인과성의 새로운 입장'과 알프레드 에이야의 '경험론 옹호'가 있었는데, 포퍼는 자신의 연구과정에서 '경향성'(propensity)이 필연적으로 문제가 되어온 경위를 말함으로써 건재함을 과시했습니다만 에이야는 급작스런 병환으로 강연은 물론이고 심포지엄에의 참석도 취소하였습니다.

부문별ㆍ주제별 모임에서 다룬 문제는 정통(orthodox)적인 문제가 주를 이루었으며 각별히 현대를 느끼게 하는 문제로는 "철학에서의 남성과 여성" "서양과 동양의 철학개념" "1968년 5월:

그 20년 후" "인공지능의 철학적 문제" "현대의학에서 윤리적 쟁점" 등이 있었지만 하나같이 개별 분과회의에서 다루기에는 주제가 너무 방대하고 또 이런 '일반철학'의 세계철학회의에서 깊이 있는 논의가 이루어질 리 없다는 점 등이 이런 회의의 큰 문제점이라는 생각이 들었습니다.

일본에서도 그렇지만, 자연과학 분야의 학회와 달리 인문과학 분야의 학회는 학회에서 새로운 정보나 지식을 얻기보다 연구자들간의 커뮤니케이션을 새롭게 조직한다거나 확대하는 데 도움을 주는 경우가 많습니다. 이와 같은 점은 철학이나 사회학 다 마찬가지이겠지만, 특히 철학처럼 간단하게 자신의 학설을 제시할 수 없는 영역에서는 이런 경향이 더욱 강한 편입니다. 학회의 효용성은 이 정도면 되거니와 특히 젊은 연구자들의 경우에는 일찍부터 일본의 협소한 틀을 뛰어넘어서 다른 나라들의 젊은 연구자들과 커뮤니케이션을 형성하는 것은 무조건 바람직한 일입니다.

따라서 그건 그렇다 치더라도, '세계철학회의'처럼 전세계 60여 개국의 철학연구자들이 모이는 거대화된 국제회의는 그 자체가 정치적 의미를 강하게 띠게 된다는 것이 큰 문제라 할 수 있습니다. 여기서 정치적 의미라 함은 아무리 철학연구자들의 집단이라 해도 그 조직이 커지면 거기에는 자연히 정치적 권력싸움이 발생하는 데 그치지 않습니다. 훨씬 더 직접적인, 다시 말해 국가 차원의 정치성입니다.

총회석상에서 일어난 한 사건을 계기로 이와 같은 사실을 절실히 느꼈습니다. 일본에서도 학회의 총회 같은 데는 거의 참석해 본 적이 없었던 터라 내키지 않았지만 맡은 바 책임이 있는지라 나갔다가 그 나름대로 재미있는 경험을 하였습니다. 우선 첫째로 5년 후 1993년에 열리는 다음 대회 개최지의 후보인 모스크바를 둘러싸고 소비에트 대표들이 정부의 양해를 얻어 국가적 규모로 맹렬하게 선전을 하자 이에 대해 미국 대표들이 여러 차례 찬성한다는 연설을 하면서 그 대신 1998년 제20회 세계철학회의를 반드시 미국에서 개최하겠노라고 선전하였으며 또 이에 대해 소비에트 대표들이 지원사격을 해대었답니다.

미소 양대국의 평화공존이나 평화유지를 위한 적극적인 협력이 바람직하다는 것은 말할 나위 없겠지만 이와 같은 철학집회에서 뻔뻔스럽게 대국주의를 휘두르는 데는 고개를 내저을 수밖에 없었습니다. '세계철학회의'의 개최지로 모스크바를 선전하는 데 대항하여 케냐 대표가 수차례 나이로비의 유치를 호소하였지만, 도저히 모스크바의 상대가 되지 못했습니다. 케냐 대표도 이런 종류의 국제회의 장소로서 회의장이나 숙박 등의 시설로 보아 오늘날 수도 나이로비가 얼마나 잘 정비되어 있는지 역설하고 정부의 후원 아래 거국적으로 이 회의의 유치를 환영하고 있다는 취지를 말하였고,

그 발언에도 명백한 내셔널리즘이 함축되어 있었습니다.

이번 세계철학회의의 이런 측면을 더 단적으로 보여준 것은 둘 째날 오전의 전체회의('철학주제로서의 인간존재' 발표자 소비에트의 페도세프, 프랑스의 리쿠르, 사회자 이탈리아의 아가시) 토론석상에서 청중석에서 발언기회를 얻고자 한 북한의 기일명이라는 연구자가 '아시아의 목소리'로서 "김일성 동지의 자력본원(自力本願)의 철학(주체사상)"을 한차례 해설하고 "이제야말로 우리는 자신감을 가지게 되었다"며 연설을 마칠 때까지 사회자의 제지를 무시하고 줄기차게 말을 이어간 일도 있었습니다.

또 소비에트에서 온 대표들은 의견발표를 하면서 자주 '페레스트로이카'를 강조하였으며, 특히 소비에트 철학계 회장인 이반 프롤로프 등은 "페레스트로이카, 그 철학적 의미와 인간적 목적"이라는 제목의 특별강연을 추가하여 이를 해설할 정도였습니다. 아무리 고르바초프 노선이 열린 사회주의를 표방한다고 할지라도 그 슬로건인 '페레스트로이카'가 직접적으로 철학 속에 이입되는 것은 지적 측면에서 볼 때 참으로 난폭한 처사입니다.

사회주의나 일부 제3세계 국가들에서는 철학을 국가 이데올로기라고까지 말하지는 않는다 해도 지금도 여전히 자기주장의 무기로서 힘을 발휘하는 듯합니다. 나는 이번 회의에서 내셔널리즘의 철학이랄까, 아니 오히려 철학의 내셔널리즘의 독기 혹은 열기를 직접 체감했다는 느낌입니다. 그리고 본디 이것은 우연히 이

회의가 세계 여러 국가들을 망라함으로써 거대해졌기 때문에 지니게 된 성격인지 아니면 결코 피하기 어려운 철학의 한 경향인지 생각해 보게 되었습니다.

세련된 서구적인 철학의 최첨단에서는 그리스·서구의 전통적인 철학을 그것이 지닌 로고스 중심주의나 자민족중심주의(ethnocentrism)가 은폐된 '형이상학'의 전제로 간주하고, 따라서 '탈구축'의 대상으로 엄격하게 비판을 가해 왔습니다만, 이 경우에 현재화된 내셔널리즘을 문제로 간주하지 않음으로 해서 이를 자민족중심주의와 연결하여 생각하지 않았습니다. 내셔널리즘의 철학은 이미 문제의 범주에서 벗어나 있다고 보았던 것입니다.

그런데 사실 전세계적으로 볼 때 사회주의 국가나 제3세계 국가들에서는 '근대화'와 '내셔널리즘'의 지배가 여전히 강하며 '철학'은 근대화(산업사회화)의 의미부여와 자기주장으로 기능하고 있는 바가 큽니다. 이 정도 내용은 나도 익히 알고 있었던 터라 "철학의 내셔널리즘 열기를 직접 체험했다"는 것은 혹시 일본적인 '포스트모던' 현상에 얼마간 눈이 현혹되었던 탓인지도 모릅니다. 이는 '포스트모던' 현상이 특히 일본에서는 '근대화'의 끝자락에서 운 좋은 포식과 금전만족 상태를 보여주고 있다는 의미에서입니다(지난 편지에서도 언급한 '포스트모던'에 대한 나 자신의 생각은 다음 기회에 쓰기로 하겠습니다).

우에노 선생의 열다섯번째 편지, 북극을 돌아서 이곳으로 오는 비행기 안에서 읽었습니다.

가와노 다에코 선생님의 "만약 평균수명이 300년이라면"이라는 발상은 확실히 독특합니다(unique). '인생 60년'이 기껏 '인생 80년' 정도밖에 안 되는 마당에 안절부절못하는 것은 익살이라면 익살이겠지만, 역으로 말하면 우리네 인간은 그만큼 평균수명의 관념에 사로잡혀 있는 것이겠지요. 그 점에서는 가와노 선생님이 말씀하신 평균수명 300년이라는 것도 도대체 왜 '평균수명'을 그토록 문제로 삼는 것일까 하는 생각이 듭니다. 왜냐하면 정확하게 평균수명을 사는 사람은 거의 없기 때문입니다.

더구나 우에노 선생도 왜 그리 평균수명에 구애를 받는지요. 굳이 말하자면 나이문제에 이상하리 만큼 매우 민감한 것 같습니다. 이런 말씀을 드리면 "이상하다는 것은 살아 있다는 것 아닐까요" 하는 반론이 나올 것도 같지만, 작가로서는 그리 좋아하는 타입은 아니지만 무샤노고지 시네아츠(武者小路實篤)[1]의 글 가운데 "태어났으면 죽을 때까지 살아야지"라는 대목이 나오는데 참으로 굉장하다고 생각했습니다. 이는 '시라카바(白樺)[2] 휴

1. 1885~1976. 소설가, 극작가, 시인. 독자적인 자아주의, 생명주의, 이상주의를 바탕으로 한 창작활동으로 명확하고 역동적인 구어문체를 창조하였고, 새로운 문학정신의 기수로 평가받았다.
2. 근대문학의 인도주의파로 1920년에 창간되어 1923년에 폐간된 문예잡지.

머니즘'을 체현한 말로 인식되고 있습니다만 내가 끌리는 것은 무샤노고지 그 사람의 의도까지 뛰어넘어서 니힐리즘에 닿을락말락한 각성된 눈과 그 순간순간을 최상으로 살고자 하는 의지가 이 문장에서 읽히기 때문입니다.

그리고 평균수명 문제는 사회학적인 '통계적 사실'하고도 관계가 있습니다. 유고슬라비아 자그레브에서 개최된 국제인류학·민족학회의 노년학 분과에서 영국여성 C. 웨그너의 "사적 상호부조 네트워크의 존재방식에 관한 보고"를 듣고 우에노 선생이 "내심 편치 않음"을 느꼈다고 하여 참으로 의외였습니다. 통계에 기초한 웨그너의 보고에 따르면, 사적 상호부조 네트워크의 다섯 가지 유형, 즉 ① 가족의존형 ② 지역통합형 ③ 지역자족형 ④ 광역커뮤니티 활동형 ⑤ 사적 제한형 중에서 ②와 ③과 ④라는 중간형과 ①과 ⑤라는 양극단으로 분해되기 쉬우며, 또 고립형이 가장 빨리 죽고 가족의존형의 생존율이 가장 높다고 했다지요.

확실히 이와 같은 문제 설정방식과 '통계적 사실'이 사회학적으로는 중요하겠지만, 그 결론은 나같은 사람이 볼 때 너무나 당연하다고 생각되었습니다. 다시 말해 개체의 생존에는 아무래도 그에 걸맞은 장소가 필요하기 때문입니다. 내가 자주 말하는 바이지만, '근대적 자아'의 개체자립은 그 구속으로부터 이탈하는 공동체와의 긴장관계를 전제로 하고 있으며 이른바 진공상태에서 이루어지는 것은 아니라는 점입니다. 게다가 생물학적으로 볼 때 자립한 개체의 생존은 원래 부자연스러운 형태이므로 지혜의 나무 열매를 먹은 우리네 인간으로서는 자신의 운명을 받아들일 수밖에 없다고 봅니다.

우에노 선생은 **사회학자**로서의 자신과 **생활인**으로서의 자신을 구별하여, 전자로서는 통계적 사실을 냉정하게 받아들이지만 후자로서는 통계의 평균에 반대되는 삶의 방식을 선택하고 있다고 말씀하셨지요. 이것은 나의 방식으로 표현하자면 픽션 혹은 교묘한 장치로서의 통계적 사실을 용수철로 삼아 삶을 고양시키는 능숙한 생존방식이라고 생각됩니다. 우에노 선생이 나이에 구애를 받는 것도 그와 같은 기능을 하고 있는 것입니다. 원래 나이에 구애받는 것은 남의 일만은 아닙니다. 내가 '철학적 환갑' 등이라고 하면서 재미있어 하는 것도 비슷한 일이기 때문입니다.

내가 묵고 있는 브라이턴의 메트로폴 호텔은 19세기 영국의 장점을 간직하고 있는 상당히 품격 있는 호텔입니다. 바닷가에 있어서 이른 아침이면 갈매기 울음소리가 들려옵니다. 해변에는 바다로 길게 뻗어나간 부두 위에 '팔레스 피어'라는 피서용 환락가 (amusement center)가 있는데, 이곳 역시 19세기 양식으로 다양하게 디자인이 되어 있어서 고풍스러운 영국의 분위기가 남아 있

습니다. 빅토리아 양식의 바라든가 배의 선실을 모방한 선술집 '호
레이쇼' 등.

그러고 보면 이 지역 신문은 형편없는 동시통역과 낡은 기계도
한몫 한 철학논의에서의 의사소통의 어려움을 지적하면서 '세계
철학회의'를 "해상에 출현한 바벨탑"이라는 둥 빈정거리는 표제를
붙여 실었는데, 역시 영국의 유머러스한 능숙한 어투로군요.

내일은 런던으로 출발합니다.

브라이턴에서

나카무라 유지로

Never say "Next time"

나카무라 유지로 선생님

'해상에 출현한 바벨탑' 주위를 날아다니는 갈매기 울음소리가 들려오는 듯한, 브라이턴에서 온 소식이었습니다.

그러셨군요, 신간(『문제군: 철학의 선물』)의 원고 300매를 플로피 디스켓에 다 담아놓으시고서 출국을 하셨다고요. 으―음, 늘 벼락치기로 작업하여 편집자를 울리는 저로서는 배워야 할 프로의 태도이네요.

그럼에도 늘 그렇지만 나카무라 선생님의 유연함에는 놀랄 따름입니다. 새로운 테크놀로지를 무턱대고 거부하거나 맹신하지 않고, "언제든지 자유자재로 사용할 수 있게 사용법을 익혀두는 것이 시야와 행동력을 넓히는 데 좋다"는 말씀 정말 지당하십니다. 직장이 OA화된 뒤로부터 30세까지를 컴퓨터 세대로 구분하는 방식이 등장했다는 사실 알고 계셨습니까. 서른 전이라면 유연해서 OA기계에 대한 적응력도 빠르지만, 서른이 넘으면 OA알레르기나 OA 콤플렉스에다가 체면이 걸림돌이 되어서 연수를 받아도 투자효율이 오르지 않는다고 합니다. 이런 사람들은 차라리 자신은 OA기계를 다루지 않겠다고 체념하고 대신 OA기계를 능숙하게 사용하는 젊은 직원을 옆에 두고 활용하는 편이 훨씬 빠르다는 설입니다. 그럼에도 불구하고 신년휴가에 시내 호텔에서 2박 3일 묵으면서 '실전적 컴퓨터 집중강좌' 같은 것을 몰래 듣는 부류도 이 세대의 사람들입니다.

하지만 이 또한 연령차라기보다 개인차라 할 수 있습니다. 60대라도 나카무라 선생님 같은 분이 계신가 하면 20대라도 키보드를 한 번도 만져본 적이 없는 사람도 있습니다. 30대를 기준으로 해서 OA세대, 비(非)OA세대로 나누는 이런 난폭한 논리는 인류를 남녀 두 종류로 분할해서 성별로 뭐든지 다 설명하려 드는 것과 진배없는 터무니없는 주장입니다.

프랑스의 사회학자이자 '르 트라바이에'(le travaillée)라는 주부 재취업준비강좌의 창시자인 에블린 슐로를 최근 만났는데, 그때 그녀는 이런 이야기를 들려주었습니다. "르 트라바이에 수강자의 평균적 특성은 어떤가요?"라는 저널리스트의 질문에 슐로는 이렇게 딱 잘라 말했다고 합니다.

"그녀들에게 평균은 없습니다. …수강생 한 명 한 명의 생활경

력도 다르거니와 가족구성이나 동기부여 또한 다릅니다. 이런 사람들 하나하나에게 가장 적합한 재출발을 위한 도움을 주는 것이 르 트라바이에의 목적입니다. 나는 그녀들을 평균적으로 환원시키는 그런 일을 하지 않습니다.”

'사회학자'에게는 참으로 충격적인 답변이었습니다. 그리고 실천가로서도 정력적으로 활동하고 있는 슐로와 같은 사람이 대상을 단순히 집단으로 파악하지 않는 따뜻한 눈을 가지고 있다는 데 감동을 받았습니다. 그러고 보면 저는 지난번 편지에서 노후의 지원(support) 네트워크의 유형별 생존율이라는 인정미 없는 '사회학적 사실'을 말씀드렸네요. 프랑스 사회학파의 거두 에밀 뒤르켕을 흉내내어 말한다면 '사회적 사실'(faît sociale)이란 것은 있어도 '사회학적 사실'(faît sociologique)은 없다고 해야 할까요. 마치 전형(典型)과 평균형이 다른 것처럼, 양자는 다릅니다. 통계평균으로부터 시대의 전형을 파악하는 것이 불가능함은 저 역시 이미 잘 알고 있는 바입니다. 그리고 제가 사회학에 대해 흥미를 잃은 것은 바로 정량(定量)적인 조작주의 때문이었습니다.

지금, 저는 사례연구 쪽에 관심이 많이 기울어져 있습니다. 일회성 사건 속에 각인된 갖가지 우연이나 왜곡 혹은 편견에서 그 시대의 전형적인 모습을 읽어내는 것.

그 때문인지 모르겠지만 요즈음 들어서 역사학자와의 만남이 부쩍 많아졌습니다. 제 관심이 역사적인 방면으로 옮겨간 데 대해

"오호, 당신도 노후의 연명을 도모하게 되었군요" 하고 비웃음 섞인 말을 던지는 사람도 있지만, 방대한 자료를 눈앞에 놓고 사소한 역사적 사실을 엿보는 즐거움에 빠져서 아이고, 이것으로 당분간 시간을 보낼 수 있겠다는 기쁨을 만끽하고 있는 것은 사실입니다.

역사라 해도 '골수 사회학자'인 제 관심은 어디까지나 동시대를 성립시킨 것에 대한 끝없는 흥미 ──기껏해야 근대 형성기와 그 이전 시대, 근세까지 거슬러 올라가는 정도이지만 말입니다.

아무튼 사료가 거기 있고, 없어지거나 옮겨가거나 하지 않는다는 사실은 나의 종종걸음을 붙잡아둡니다. 게다가 역사학에는 나 같은 초심자가 비집고 들어갈 틈도 없이 그 길의 프로가 모여 있기 때문에, 제가 할 수 있는 일이라 해야 새로운 사료를 발견한다거나 역사적 사실을 밝히는 것이 아니라 이미 잘 알려져 있다고 판단되는 일들을 어떻게 요리할지 그 기예를 보여주는 것밖에 없습니다.

진리라는 것은 누가 말해도 단순합니다. '참'의 옵션은 제한되어 있습니다. 이러쿵저러쿵 말하지 않아도 그것을 말해 버리면 다음 말이 이어지지 않는 것이 진리입니다. 요즈음 저는 '참'을 입에 올리는 것에 한결 관심이 없어졌습니다. 그보다는 '전제'에서 '결론'까지의 거리를 어떻게 완주하는가 하는 '재주[芸]'를 보여주는 것만이 정말 재미있는 일이라는 경지에 도달해 가고 있습니다. 지금까지 늘 성급하게 '결론'으로 점프하려고만 하던 제가 이런 심정이 되었으니 역시 '나이' 탓이라고 해야 할까요. 나카무라 선생님 말이지요, 전 정말로 '재주'를 연마하고 싶어요. 지금까지 전혀 '재주 없는' 일만 해왔으니까 말입니다.

대상을 '평균형'으로 바라보지 않는 태도는 노인을 상대로 할 때는 특히 중요하다고 생각합니다. 노후란 그때까지의 생활역사의 총체이기 때문입니다. 따라서 노후가 될수록 개인차가 두드러지는 것 같습니다. '여자'를 한 가지 색깔의 범주로 바라보는 것의 위험성이나 억압성을 우리는 지겨울 정도로 배웠습니다만, 이번에는 '노인'을 한 가지 색깔의 범주로 바라보는 위험에서 어떻게 벗어날 수 있을까요. '노인문제'에서는 '여성문제'의 응용이 여러 가지로 효과가 있을 듯싶습니다.

나는 나. 저는 일회성의 삶을 살고 있습니다. 베이비붐 세대에 태어났다는 우연성이나 일본에 태어났다는 제약을 짊어지고. 저는 다른 사람들 누구와도 닮지 않았지만, 동시에 다른 사람들과 같은 시대를 호흡하고 있습니다. 답장에서 나카무라 선생님이 지적해 주셨듯이 저는 "사회학자로서의 저와 생활인으로서의 저를 구별하고, 전자로서는 통계적 사실을 냉정하게 받아들이지만 후자로서는 통계평균에 반대되는 삶의 방식을 선택하고" 있습니다. 하지만 지적하신 대로 '통계평균'이란 '픽션'이지요. 어디에도 없는 현실. 그것을 "용수철로 삼아서 삶을 고양시키는 능숙한 삶의 방식"이라고 말씀해 주셨던 표현 속에는 어렴풋이 아이러니도 느껴집니다. 진실되게 한다면 이렇게 말해야겠지요, 저는 '통계평균에 반대되는' **특이한** 삶의 방식을 선택한 것이 아니라 저의 고유성을 **전형**으로 시대와 제 자신을 매개한 것이라고 말입니다. 저는 스스로 시대의 산물임을 절감하고 있거니와, 이렇게 생각하는 것을 명예롭게 여깁니다. 얼마 후 출간될 대담집(『접근조우』(接近遭遇), 勁草書房)에서 젊은 세대의 카리스마이자 극단 제3무대의 감독인 고카미 쇼지(鴻上尙史)는 "나의 취향이 시대의 취향이다"고 호언하고 있습니다. 저는 이제 겨우 조심스럽게 "내가 걸린 병이 시대의 병이야"라고 말합니다만——뭐야, 같은 것인가. 아무튼 고카미처럼 다른 사람들이 도저히 흉내낼 수 없는 독특한(unique) 활동을 하고 있는 특이한 사람이 스스로를 시대의 '예외'가 아니라 '전형'이라고 느끼고 있다는 것이 그렇게 믿음직스러울 수가 없습니다. 그리고 이런 사람의 말이라면 믿을 만하다는 심정입니다.

나카무라 선생님의 이번 신간은 '철학적 환갑'에 해당하는 책이라고 하셨지요. 나카무라 선생님의 능숙한 카피에는 늘 감탄합니다. '철학적 환갑'이라는 말은 여러 가지를 떠올리게 합니다. 예를 들어 '철학의 환갑' 같은 것입니다. 혹은 '환갑의 철학'. 이는 나카무라 선생님 연세의 환갑이 철학적으로 볼 때 어떤 의미를 가지는지,

사색의 결과로 해석되기도 하고 또한 **철학에서 환갑은 무엇인가** 혹은 **철학 그 자체**가 환갑을 맞이했다는 의미로도 해석됩니다. '철학적 환갑'이라는 말 속에서 나카무라 선생님 스스로도 시대와 자신 사이에 다리를 놓고 계시는 듯이 여겨집니다.

그러고 보니 나카무라 선생님, 정담(鼎談)[1] 『이상한 반세기』에서 선생님께서 살아오신 반세기는 개인사가 그대로 시대사와 중첩되는 격동의 시대였다고, 또 선생님의 환갑과 쇼와 60년이 그대로 중첩되는 감개를 거듭거듭 말씀하시더군요. 나카무라 선생님께서는 인간이 늙는 것처럼 시대 또한 늙어간다고 느끼시는 건가요.

크리스마스가 가까워지면서 온갖 야단법석을 떠는 작금의 매스컴도 천황의 나이와 쇼와 63년(1988)을 서로 포개놓는 듯합니다. 흔히들 시대를 인간의 나이에 끼워 맞추어서 비유하지만, 그렇게 되면 맥아더가 말했듯이 전후(戰後) 일본은 '열네 살'이었다면 지금의 일본은 '예순세 살'이 되는 걸까요.

이런 생각을 하게 된 것은 브라이턴의 회의에서 나카무라 선생님이 "내셔널리즘의 철학이랄까, 아니 오히려 철학의 내셔널리즘 독기 혹은 열기를 직접 체험하였다"고 개탄하셨기 때문입니다. 나카무라 선생님은 이렇게 말씀하시면서 암암리에 '젊고 싱싱한 철학'과 '늙은 철학' —— 차라리 '환갑의 철학'이라고 부를까요 —— 을 언급하고 계신 것 같다 —— 그리고 물론 이 둘 가운데 '젊

---

1. 솥발처럼 세 사람이 마주 앉아서 나누는 이야기.

고 싱싱한 철학' 쪽이 곤란하다고 생각하시는 것 같다──고 느꼈습니다. 제가 지나치게 깊이 읽었나요?

문득 쌍둥이 사내아이들을 키우는 한 친구의 에피소드가 생각났습니다. 그 친구집에 갔을 때 현관에는 아이신발 두 켤레가 나란히 놓여 있었습니다. 함께 밖으로 나가자고 하니까 두 살배기 쌍둥이 형제, 제가 봐서는 거의 구별이 안 될 정도로 똑같은 두 켤레 신발을 가지고 이것이 내 거다, 아니야 이쪽 것은 내 거다 하며 서로 고집을 피우며 좀체 양보하려 들지 않는 것입니다.

"둘 다 같은 것 아니니. 앞에 있는 것부터 차례로 신으면 될걸" 하고 말하는 저에게 애들 엄마가 이렇게 대답했습니다.

"그렇게는 안 돼. 저 나이가 되면 자기주장이 강해져서 자신의 물건이라는 감각이 강해지나 봐. 속옷도 이름을 붙여 두지 않으면 큰일난다니까."

아무래도 자기의식이라는 것은 자신의 물건이라는 영역감각에서 비롯되어 자라는 것 같습니다만, 마침 이 나이는 자신과 타인의 경계를 확인하기 위해서 아이의 느닷없는 "싫어, 싫어"──심리학 용어로 negativism이라고 합니다──가 시작되는 나이이기도 합니다. 철학의 내셔널리즘은 저에게 흡사 국가 차원의 격렬한 "싫어, 싫어"로 들렸습니다.

물론 철학처럼 장구한 역사를 가진 늙은 학문뿐 아니라 여성학과 같이 젊은 학문에서도 예외는 없습니다. '백인중산계급의 정의'

를 수출하려는 구미의 대국주의, 그에 대항하여 자국의 전통을 내세우는 제3세계의 페미니스트 내셔널리즘. '김일성의 자력본원 철학'에 대한 칭찬 정도가 아닙니다. 제1세계 여성의 식민지주의적인 발상에 반발한 나머지 자칫 제3세계 여자들은 음핵제거수술(critoridectomy) 같은 여성의 신체에 가해지는 명백한 폭력조차 '민족의 자랑'으로 옹호할지 모를 기세입니다.

지식인이라는 존재가 비판적임을 의미한다면 "그 비판은 맨 먼저 자기비판이어야 한다"는 가토 슈이치(加藤周一)[1] 선생님의 말이 생각나는군요. 이런 의미에서 서구=근대에 대해 가장 자기비판적이었던 지식인은 돌아가신 미셸 푸코였습니다. 푸코가 일본을 방문했을 때, 그를 인터뷰하던 사람이 정치적으로나 사상적으로 모국 프랑스를 통렬하게 비판한 푸코를 프랑스 정부가 자국의 문화사절로 용케 내보냈네요, 하고 묻자 그에 대한 푸코의 대답은 탁월하였습니다.

"프랑스라는 나라는 자국산의 물건이라면 그것이 설령 독이라도 수출합니다."

멋지다, 프랑스 문화제국주의! 이렇게 말해야겠지요. 그 이름도 '푸아종'(poison, 독)이라는 프랑스산 향수에 일본의 여자아이들은 넋을 잃었다지요. 자국문화를 가장 뼈아프게 질책하는 인물을 자국문화가 낳은 최고의 지성이라고 다른 나라들에 선

1. 1919~ . 문예평론가. 대표적인 논객으로 일본 사회와 문화에 관한 저술활동을 하고 있다.

전해대는 문화적 책략. 그만큼 프랑스 문화제국주의는 깊이 있고 노회하다고 해야겠지요. 이렇게 말하다 보니 우리 일본도 마더콤[1] 문화 니폰(마더 컴퓨터에 합병된 소프트 관리사회)을 심하게 욕하는 아사다 아키라라는 '비판적 지성'을 외국에 보내고 있으므로 ──더욱이 그는 국가공무원이었다구── 프랑스 못지않게 노회하다고 해야 할까요. 하지만 잠시 기다리세요. 프랑스의 노련함과 일본의 유아성을 동일선상에 놓고 비교하는 것은 공평치 못할 수 있습니다. 아사다의 방식으로 표현하자면, 일본의 경우는 단지 "팔수 있는 것이라면 무엇이든 판다. 차림새 따위는 개의치 않는 어린아이 수준의 자본주의"의 한 측면에 지나지 않을지도 모르지요. 이 또한 '동옹'론 패러다임에 흡수되어 버릴지도 모르겠지만 말입니다.

자기비판적이라는 것은 적어도 자기긍정적인 것보다는 낫다고 할 수 있습니다. 저에게는 이것이 '지적'(知的)이라는 것의 거의 유일한 의미처럼 생각됩니다. 저는 일본 바깥에서 일본의 욕을 무척이나 해대지만, 이는 마치 연인의 결점을 그한테 반한 여자가 가장 냉정하게 꿰뚫어볼 수 있는 것과 똑같은 이치입니다. 왜냐하면 저는 일본인으로서 일본문화로부터 은혜와 피해를 가장 많이 받고 있기 때문입니다. 그리고 그 편이 '일본형 경영'의 신화라든가 '가족주의' 전통에 찬사를 보내

1. 지나치게 어머니에게 의존하는 현상을 의미하는 mother complex를 차용하여 컴퓨터의 존중을 나타낸 조어이다.

는 자기긍정보다 그런 대로 낫다고 생각합니다. 그것은 상대와의 대화의 길을 여는 동시에 자기비판을 허용하는 문화의 깊은 속내를 드러내기 때문입니다.

비판적이라는 것은 '여기에 없는 것'을 보는 능력을 부여해 줍니다. 이를 거울로 삼았을 때 우리는 상대를 비웃을 권리조차 없게 됩니다.

그러나 '비판적 이성'(critical reason)이 '근대'를 통째로 탈구축한 후 우리의 눈앞에 전개된 것은 비판의 대상으로 삼을 정도의 강대한 기념비조차 상실해 버린 포스트모던이라는 망망한 자갈들판이었습니다. 나카무라 선생님이 '포스트모던'에 관하여 쓰신 다음 한 구절은 좀 궁금합니다.

"'철학 내셔널리즘의 열기를 직접 체험했다'는 것은 혹시 일본적인 '포스트모던' 현상에 얼마간 눈이 현혹된 탓인지도 모릅니다. 이는 '포스트모던' 현상이 특히 일본에서 '근대화'의 끝자락에서의 운 좋은 포식과 금전만족 상태를 나타내고 있다는 의미에서입니다."

'포스트모던'에 대한 나 자신의 생각은 다음 기회에 쓰기로 하겠습니다—라고, 나카무라 선생님 쓰셨지요. 즐거운 마음으로 기대하겠습니다. 잊지 마시고 꼭 쓰시기 바랍니다. '포스트페미니즘' 담론 역시 '포스트모던' 담론과 비슷할지 모릅니다. 페미니즘의 '비판적 지성'이 여성성과 남성성을 철저하게 해체해 보인 후

'성(性)의 신화'는 어이없게 무너져 내리고 신전의 폐허 속에서 "남자란 실제로는 약한 존재였어"라는 중얼거림이 들리는 듯합니다. 귀신의 참모습을 보았지만 마른 억새풀과 같아서 대적할 만한 상대에도 미치지 못했다는 뜻입니다. 다시 말해 페미니스트의 비판은 "치켜들었던 주먹을 어디로 내려놓으면 좋을지 모르겠다"는 우스꽝스러운 꼴이 되었습니다. 페미니스트는 마마 보이가 갖은 아양을 떨면서 바짝 다가오는 모습을 눈앞에 두고 비로소 자신의 '비판적 담론'이 무효화되는 역설을 깨닫게 된답니다….

살아가기 힘든 시대입니다. 하고 싶은 것이 무엇인지도, 해서는 안 되는 것이 무엇인지도 모르겠어요. 이와 같은 시대에 사람들은 역으로 '금기'를 찾거나 '침범'을 찾곤 하지요. 하지만 이 역시 어차피 임시방편의 반동에 지나지 않습니다.

무엇이든 해도 되는 시대 ──'신은 죽었다' 이후의 윤리적 진공 상태가 '포스트모던'일지도 모릅니다. 그리고 허공에 매달려 있는 그 상태는 '노후'의 시간과 소름 끼치리 만큼 닮았다고 말할 수 있을지도 모르겠습니다.

하지만 저 역시 '미래가 있는' 시간감각의 젊음보다 '미래가 없는' 나이 든 시간감각의 절실함이 더 좋답니다. 그 속에서는 모든 것이 똑같은 가치를 지니며 세세한 곳까지 팽팽하고도 미세하게 다 들여다보이는 '지금·여기'만의 시간이 친구들과 헤어질 때 문득 생각났습니다.

Never say "Next time" (다음에 또, 같은 것 없어)

무샤노고지 사네아츠의 "태어났다면 죽을 때까지 살아내야 해"라는 말과 비슷한 것일까요.

바야흐로 저는 '시대의 늙음'과 '자신의 늙음'을 구별하기 어려운 지점에 와 있습니다. 그리고 시대의 최선의 동반자이고자 했던 저에게는 물론 영광스런 일임에 틀림없습니다.

제 속에는 시간에 대한 애끊는 정다움이랄까, 그런 감각이 남아 있습니다. 우리의 왕복서간 첫번째 편지의 첫머리로 돌아가면 나카무라 선생님과 주고받는 대화는 시간감각을 둘러싼 일종의 푸가(fuga)처럼 울려퍼집니다. 포스트모던 담론이든 뭐든 저에게는 아무래도 상관없습니다. '용서받은 시간' 속에 배어 있는 정다움과 아픔. 저는 '지금 여기'에 언제까지고 서 있겠습니다. 이것은 '젊은이의 시간'과 명백히 다릅니다.

푸가를 일본어로는 '둔주곡'(遁走曲)이라고 번역하지요.

지금 여기로부터 온힘을 다한 둔주곡

이것은 제가 20대 때 쓴 하이쿠(俳句)[1]입니다. 전혀 하이쿠 같아 보이지 않는다 해도 저의 하이쿠 작품이었습니다. 그리고 저의 20대 심정을 잘 드러내고 있습니다. 저는 늘 고꾸라질 듯

1. 일본의 5-7-5 3구 17음으로 되는 단형시.

앞으로만 내달리고 있었습니다. 고꾸라질 듯한 '앞'이 있었다고 말해야겠지요. 그렇지만 지금 저는 '지금 여기'에 언제까지나 서 있으며 '지금 여기'를 떠나려 하지 않습니다.

'지금 여기'에서 저는 풍경과 등신대(等身大)가 됩니다. 제 속에서 바람이 불고 모래폭풍이 지나가고 나무들 사이로 쏟아지는 햇살이 반짝입니다.

늙는다는 것은 제 속의 풍경이 넓어지는 것이네요. 아마 북극까지. 그래서 저는 **어디에도** 가지 않아도 됩니다.

긴 여행에서 일본으로 돌아와 세속적인 잡다한 일더미에 파묻혀 있으면서 이런 생각을 하고 있습니다. 제 속에 있는 현실도피주의(escapism)가 치유되는 것을 느끼면서 말입니다. 저에게 여행은 늘 일종의 현실도피주의였습니다. 마흔 살──인도사람들은 마흔을 지금까지의 카르마[色]와 아르트하[富]의 추구를 그만두고 다르마[法]를 추구하는 여행을 떠나는 나이라고 말합니다. 그러나 이탈의 전략은 여행을 떠남만이 있는 것은 아닙니다. 지금까지도 '범주'라는 '문화의 시나리오'를 줄기차게 벗어나고자 했죠, 마지막 남은 신이나 종교라는 '지상 최강의 시나리오'에도 항거하며 '지금 여기'에 언제까지고 서 있겠노라고 다짐하고 있습니다. 모래언덕의 물마루에서 흘끗흘끗 보이는 조금 앞서 걷고 있는 사람의 머리를 마음 든든한 버팀목으로 삼으면서. 나카무라 선생님이 그 한 분임을 저는 믿어 의심치 않습니다.

우리의 왕복서간 이야기가 처음 나왔을 때로부터 어언 3년, 실제로 시작하고부터는 거의 2년이라는 시간이 흘렀습니다. 시간이 흘렀음을 또렷이 느낍니다. 그간의 시간을 나카무라 선생님께서 든든하게 지켜봐 주셨습니다. 난 행운아였구나, 하는 진부한 말이 절로 나옵니다. 고개를 숙이고 혼자서 미소짓고 싶은 마음입니다. "또, 다음에"는 없겠지요. 설령 있다 해도 완전히 다른 것이 되겠지요. 함께 해주셔서 정말로 감사합니다. 나카무라 유지로 선생님이라는 희대의 '매개자'를 얻어서 제 속의 갖가지 생각이 끌어올려지고 농락당하고, 왕복서간이라는 무대 위에서 눈밭 속의 강아지처럼 데굴데굴 굴렀습니다. 후―웃. 아아, 정말 재미있었다!

여기서 이만 펜을 놓습니다. 사모님과 좋은 시간을 보내시길 바랍니다.

나카무라 선생님께 편지를 쓰는 동안 정말로 풍요로운 시간을 보냈습니다.

감사를 담아서
우에노 치즈코

'데카르트의 각주'라는 의미

우에노 치즈코 선생님

이윽고 우리의 왕복서간의 마지막 편지가 되었습니다.
두 사람이 함께 책을 쓴다는 이야기가 처음 나왔을 때 '왕복서간'은 어떨까요 하고 제안한 것은 우에노 선생이었습니다. 편지라는 형식으로 한 권의 책을 쓰는 일을 한번도 해본 적이 없었지만 편지라는 형식이 대화 못지않게 중요하다고 생각하고 있었기에 나는 곧 찬성하였습니다. 하기는 달마다 빠짐없이 이렇게 길게 계속되리라고는 생각지 못했습니다. 마음 편하게 할 수 있는 만큼 하면 되고, 형식도 진행되는 가운데 다듬어지겠지 하는 마음으로 시작하였던 것입니다.

맨 처음에는 우에노 선생은 공개편지라는 형식에서 하고 싶은 말을 제대로 할 수 있을까 걱정하는 듯했습니다. 하지만 곧 완급

자재(緩急自在), 경연자재(硬軟自在)의 멋진 스타일을 만들어내었지요. 철학자는 소크라테스가 사용한 비유를 산파역으로 모방하는 경우가 많지만 우리의 편지가 오가는 속에서, 미처 드러나지 않고 감추어져 있던 우아하면서도 매우 박력 있는 우에노 선생의 심상이 매력적으로 드러나는 것이 무엇보다도 기뻤습니다. 이 왕복서간은 나에게도 상쾌하고도 자극적인 새로운 경험이었습니다. 그러한 경험이 우리의 삶에 활력을 불어넣어 주지요(사람들은 우리의 왕복서간을 '러브레터'라고 말하는 모양인데, '칭찬의 말'로 받아두기로 하겠습니다).

그런데 서로 성질이 다르지만, 올 가을에 나는 두 가지 새로운 경험을 하였습니다. 하나는 고야잔대학(高野山大學)에서 개최된 일본밀교학회로부터 특별강연을 부탁받고 참석하였을 때 젊은 학승들의 안내를 받아서 진언밀교(眞言密敎)의 총본산인 '땅의 정령'을 세밀히 접해 본 일입니다(학회 개최자측의 권유도 있어서 고야잔에는 아내와 함께 갔습니다. 아내가 수술을 받고 처음으로 함께 한 여행입니다. 그 무렵에 우에노 선생이 여러 모로 걱정해 주셔서 몇 자 적습니다).

또 하나는 재활요법의 일종인 언어치료에 종사하고 있는 젊고 열성적인 치료사(therapist)들의 안내를 받아서 이즈(伊豆)에 있는 병원 세 군데에서 여러 유형의 실어증 환자들에 대한 언어치료 현장에 입회한 일입니다. 사실 언어치료의 현장을 볼 수 있게 된 것도 내년 5월에 이 분야의 학회가 개최될 때 강연을 해주었으면 하는 이야기가 있었기 때문입니다.

일반적으로 나는 강연이라는 것을 거의 하지 않는 편이지만, 이런 의뢰를 받아들이는 것은, 내가 지금까지 발신해 온 메시지로부터 각 영역의 우수한 전문가들이 이런저런 자극을 받았다는 것은 오직 철학자만의 행복이라고 생각하기 때문입니다. 그리고 다른 영역의 사람들과 대화할 수 있는 기회를 가지는 것이나 각각의 현장을 직접 접할 수 있는 것 또한 나에게는 너무나 큰 매력입니다.

몇 년 전쯤에 고야잔에 가본 적이 있었습니다만, 그때는 일정이 바빴던 터라 고야잔 중심가를 따라 휙 둘러보기만 했습니다. 그때의 인상은 솔직히 말해서 별로 좋지 않았고 너무 통속적이라는 느낌마저 들었습니다. 하지만 이것이 전부는 아니겠지 하는 마음에 다음에 기회가 되면 좀더 시간을 내어서 접해 보고 싶었습니다.

이번의 고야잔 방문에서는 해마다 한 차례 며칠 일정으로 권학원(勸學院)에서 열리는 '권학회'(勸學會)에 참석하고 또 묘소의 지하에 있는 뉴죠(入定) 대사의 동굴을 안내인을 따라 들어가 보았으며, 구카이(空海)가 고야산을 개산(開山)했을 때 모신 토지

수호신 니우(丹生), 고야의 료메이신(兩明神) 등 '미야시로'(御社)의 유래를 설명 들으면서 경내 구석구석을 걸어다니며 '땅의 정령'이 자욱해져 가는 듯한 느낌에 빠지기도 하였습니다(니우는 밀교의 여러 비법에 사용하는 수은을 채취하는 곳이라고 합니다).

도쿄에 돌아와서 몇 사람에게 이 이야기를 했더니 무척 의외라는 표정을 짓더군요. 아무래도 고야잔에 대해서는 내가 지난번에 느낀 그런 인상을 지닌 사람이 많은 듯합니다. 나 역시 고야잔에서 비로소 알게 되었습니다만, 고야잔과 같은 중생제도(衆生濟度)의 성지에서는 길을 걷고 있으면 마치 관광유람 온 듯한 홀가분한 기분마저 만끽할 수 있는 것 같습니다. 이를테면 이곳의 길들은 다리에서 묘소까지의 '안채'와 같은 곳의 생생한 영기(靈氣)가 자욱한 토포스를 바깥에서는 보이지 않게 감추어주면서 끌어내는 작용을 하고 있는 듯합니다(안채에는 일본역사를 장식하는 다채로운 사람들을 모시는 10만여 점의 묘비와 공양탑이 있는데, 이들을 조금 정성 들여 들여다보고 있으면 이른바 소용돌이치는 일본 혼백들의 귀신이라도 나올 듯한 우주론이 느껴집니다).

이즈의 세 군데 병원과 재활센터를 안내받으면서 나는 언어치료(speech therapy) 영역이 매우 인간적이며 말이란 인간존재의 불가사의함을 나타내는 것임을 강하게 느꼈습니다. 치료사들의 지도를 받으며 언어를 되찾으려 안간힘을 쓰는 실어증 환자들의 노력은 **또 하나의 탄생**을 보는 듯했습니다. 언어를 잃어버린 세계는 일종의 죽음의 세계입니다. 말과 더불어 생명의 소생이 있기 때문입니다.

니라야마 온천병원에서는 실어증의 전형적 증세인 운동성 실어와 감각성 실어 두 가지에 대한 언어치료 현장을 견학하였는데 두 증세의 표출양태가 너무 대조적이어서 놀랐습니다. 운동성 실어는 대뇌의 언어중추 가운데 전두엽의 브로커령이 손상되면서 나타나는 현상으로서, 이 경우에는 상대가 하는 말은 잘 알아듣지만 자신이 생각하는 바를 제대로 말할 수 없다는군요. 이에 비해 감각성 실어는 측두엽의 베르니케령의 손상에 따른 것으로 알려져 있으며, 이 경우에는 말은 잘한답니다. 그러나 말을 잘하기 때문에 정상인으로 오해되기 십상입니다만, 사실은 다른 사람의 이야기를 들어도 이해를 못하거니와 자기가 하는 말도 충분히 이해하지 못합니다.

대뇌생리학이 지나치게 뚜렷하게 뇌의 모든 영역의 역할을 구분하는 데는 찬성하지 않지만, 병의 증세가 이처럼 대조적으로 나타나는 데 무척 놀랐습니다. 인간의 뇌는 대체로 복잡한 구조로 되어 있으면서 이와 같이 나타나기도 하는가 봅니다.

실어증의 이 두 가지 형태가 동시적으로 나타날 때 완전 실어 현상을 보이는데, 완전 실어라 해도 의사소통이 전혀 불가능한 것은 아닌 모양입니다. 이 증상의 사례를 게이오대학 쓰키가세(月ケ瀬)재활센터 언어치료에 입회하면서 볼 수 있었습니다. 전직 사장

이었던 60대 여성 환자는 언어를 통한 회화는 아직 힘들었지만 언어치료를 받으면서 이해력이나 판단력이 조금씩 회복되고 생기가 도는 표정을 보이는 등 참으로 감동적이었습니다. 이는 어린 아기가 말을 배우는 과정과 매우 비슷합니다. 이 경우의 훈련은 매우 미약하지만 아직 가지고 있는 이전의 언어상태를 느끼고 표현하는 능력(즉 생명력의 발현)을 발굴하는 데서부터 시작합니다.

그런데 우에노 선생으로부터 받은 이번 편지에서 내가 무엇보다 눈여겨본 대목은 '재주를 닦고 싶다'는 말이었습니다. "지금까지 재주가 없는 말만 해왔기 때문"이라고 말씀하셨는데 내가 보건대 전혀 그렇지 않습니다. 일반적으로 재주라 하면 머리를 짜낸 표현을 일컫는다 하겠으나, 거친 말도 재주이기 때문입니다. 아니면 우에노 선생이 하고 싶은 말은 "자기표현의 폭을 넓히고 싶다" 혹은 "재주를 즐기고 싶다"는 건가요. 이런 뜻이라면 잘 알겠으며, 또 내가 볼 때 그와 같은 시기에 와 있는 것 아닌가 싶습니다. 물론 일찍 달관하거나 들어앉아 버리면 곤란합니다. 설마 이런 일이야 없겠지만 말입니다.

그리고 내가 브라이턴에서 보낸 편지에서 "내셔널리즘의 철학 혹은 오히려 철학 내셔널리즘의 독기랄까 열기를 직접 체험했다"

고 쓴 데 대해 우에노 선생은 이는 즉 '늙은 철학'과 구별되는 '젊고 생기 있는 철학'에 질려버린 것 아닌가 하고 물으셨습니다. 역시 날카로운 질문입니다. 분명 문맥을 이해하는 방법에 따라서는 그런 이야기가 됩니다. 그보다는 우에노 선생이 그렇게 읽음직하다는 것을 어렴풋이 느끼면서 더 이상의 설명을 덧붙이지 않고 그 한 구절을 썼던 것입니다. 원래 일부러 설명이 부족한 채로 놔둔 것은 아니었습니다만.

나 스스로는 '늙은 철학'과 '젊고 생기 있는 철학'이라는 구별을 하지 않았을 것입니다. 다시 말해 원래 철학에는 틀림없이 '옹동'적인 성격이 **있다** 혹은 **있어야** 하기 때문입니다. 내가 붙인 '철학적 환갑'이라는 열여섯번째 편지의 제목은 칭찬을 받았습니다만, 여기에도(그 경우에는 간과되었으나) '옹동'적인 뜻이 포함되어 있습니다. 단지 젊기만 한 철학도 단지 나이 들기만 한 철학도 철학으로서는 불충분하기 때문입니다.

내셔널리즘의 철학 혹은 철학의 내셔널리즘을 가지고 말하자면 전자는 철학이 아니고 단지 국가적인 자기주장에 불과하며 또 후자는 철학이 국가나 민족 이데올로기가 된 경우입니다. 이는 우에노 선생이 말씀하신 지식인의 조건 혹은 역할과도 관계 있다고 생각합니다. 즉 자기에 대한 엄격한 비판을 결여한 경우에 이를 지성이라고도 철학이라고도 말할 수 없습니다. 그리고 내셔널리즘의 철학 혹은 철학의 내셔널리즘이 열기를 품고 독기를 품는 것은 자기비판을 결여한 그 직접적인 성격 때문입니다.

다만 내가 다음과 같이 쓴 것은 우에노 선생도 다짐했던 바와 같이 '포스트모던' 그 자체에 대한 나의 견해와 더불어 좀더 명확하게 해두어야 할 것 같습니다. "'철학 내셔널리즘의 열기를 직접 체험한' 것은 혹시 일본적인 포스트모던 현상에 얼마간 눈이 현혹되어 버린 탓인지도 모릅니다. 그것은 포스트모던 현상이 특히 일본의 근대화 끝자락에서 운 좋은 포식과 금전만족 상태를 나타내고 있다는 의미에서입니다."

그래서 이 말의 깊은 의미, 내가 무엇보다도 말하고 싶었던 것은 그와 같은 소박하고 솔직한 혹은 노골적인 '철학의 내셔널리즘'과 오늘날 일본에서 너무나도 천하태평으로 궤변을 늘어놓는 포스트모던 현상의 차이입니다. 달리 표현하면 사회주의 국가나 제3세계 국가들의 관심사안과 서구의 선진적 논의가 일본에서 분위기상 통념화된 것 사이의 격차를 철학적 측면에서 깨닫게 되었다는 것입니다.

그렇다 하더라도 '포스트모던'이라는 관념 혹은 이미지는 이상하게도 일본, 특히 오늘날의 일본과 잘 들어맞는 모양입니다. 상대가 사회학자이니까 우에노 선생도 잘 아시겠지만, 요즈음에도 프랑스의 사회학자 미셸 마페조리라는 사람이 일본에 왔습니다. 그는 전에 일본에서 개최된 도시론(都市論) 관련 국제회의를 계기로 이치가와 히로시(市川浩) 선생과 아는 사이여서 이치가와 선생이 주선하여 메이지 대학에서 강연회를 개최하였는데, 그때 주제가 역시 '사회학적 인식과 포스트모던'이었습니다.

내가 보건대 이런 주제설정 역시 어떤 프랑스인이 포스트모던 시각에서 일본의 사회·문화에 대해 가지는 관심과, 일본인들 사이에서 포스트모던이라는 사고방식이 인기가 있는 것을 보고 채택되었을 게 틀림없습니다. 그리고 사실 이 강연회는 상당히 성황을 이루었습니다. 나는 이치가와 선생의 부탁을 받아 토론자로 강연회에 참석했는데, 내용도 매우 자극적이었습니다. 그리고 재미있었던 것은 마페조리가 '포스트모던'의 특징을 **미학**과 **윤리**의 접합에 의한 '심미적 윤리'(éthique ésthetique)라고 파악한 점입니다.

종래의 유대·기독교적 사고방식에서 본다면 미와 윤리는 서로 거의 받아들일 수 없는 상호 이율배반적인 것으로 인식되어 왔던 만큼, 이와 같은 입장에서 보면 마페조리의 이러한 이해방식은 상당히 과감한 것입니다. 무엇보다 일본인의 사고방식에서 미와 윤리는 오히려 서로 혼재되어 있고 미가 윤리적 기준을 대신하는 경우가 많기 때문에 그의 이같은 사고방식도 그다지 충격적이지 않았습니다. 그리고 일본인은 '미스 매치'(mismatch)라 할 수 있는 재치 있는 일본식 영어를 만들어내는데, 예를 들어 오래된 것으로는 안빵[1]이 있고 최근에는 딸기찹쌀떡과 같은 별나다고 할까 파렴치하다고 할까 아무튼 이런 이종혼합 (異種混合)을 즐긴다는 점에서 본다면 바

1. 팥을 넣은 빵을 말함.

로 '포스트모던'의 화신이라고 할 수 있겠네요.

◢◢ ✴

그래서 '포스트모던'에 대한 나의 의견입니다만, 당연히 포스트모던은 지금까지 내가 넓은 의미에서 철학분야에서 다루어온 것과 밀접하게 연결되어 있습니다. 멀리 우회하는 것 같지만 바로 거기서부터 이야기를 시작하기로 합니다. 혹은 전에 쓴 것과 부분적으로 겹치거나 조금 거추장스러운 이야기가 될지도 모르겠지만, 마지막 편지이니 넓은 아량으로 참아주시기 바랍니다.

　최근 들어서 나는 지금까지 해온 넓은 의미에서의 철학을 되돌아보고 한마디로 이를 표현하면 '데카르트의 각주'가 아니었나 하는 생각이 들었습니다. 이 **데카르트의 각주**는 화이트헤드[1]가 모든 서양철학은 플라톤의 각주에 지나지 않는다고 한 말을 흉내낸 것입니다만, 물론 나의 경우에는 좀더 제한적인 의미를 가집니다.

　나는 '정념론'(情念論)이나 파스칼연구를 연구의 출발점으로 삼았으며(『현대정념론』 1961;『파스칼과 그 시대』 1965), 이 두 주제의 전제 혹은 지평에는 근대합리주의나 의식적 주체(코기토, cogito)의 철학을 창시한 데카르트가 있습니다. 언뜻 보면 정념론은 비(非)데

1. Alfred N. Whitehead, 1861~1947. 영국의 수학자, 철학자. 논리적 입장에서 수학의 기초를 확립하고, 물리학의 철학적 기초를 고찰한 학자로 사상계 지도자들의 존경을 받았다.

카르트적 주제처럼 보입니다만 근대에 와서는 거의 데카르트가 개척했다고 해도 과언이 아니며 또한 동시대 자연학 연구자의 후배라 할 수 있는 파스칼은 데카르트로부터 강한 영향을 받았기 때문에 근대의 지(知)를 비판하기 위해서는 데카르트와 격투를 치러야만 했습니다. 바로 여기에서 파스칼의 "쓸모없으면서도 불확실한 데카르트"라는『팡세』의 과격한 말도 나왔습니다.

정념론이라 할 때, 내가『현대정념론』을 쓴 이후로 꽤 오랫동안 이 책은 포르노류의 관능적인 내용을 담은 책으로 인식되어 왔습니다. 또 이 정도까지는 아니라 할지라도 흔히 나라는 존재는 비합리주의자 혹은 너무나 정념적인 인간으로 받아들여졌습니다. 정념론을 문제로 다루는 인간은 곧 정념적인 인간으로 간주되는 것은 그 자체가 나쁜 의미에서 지독히 정념적인 평가라 할 수 있습니다만, 나 자신이 이런 식으로 보이는 것을 경험한 후로 정념에 관한 논의는 평가는 별도로 하더라도 오히려 합리주의자임을 나타내는 증거가 된다는 것을 깨달았습니다.

내가 파스칼에 깊은 공감을 가졌던 것 또한, 그의 내면에 데카르트적 합리주의가 강하게 담겨 있었고 그럼으로써 일찍이 그가 행하였던 근대합리주의에 대한 비판이 근대문명의 위력을 생생하게 과시하면서 현대인에게 절실한 사상이 되었기 때문입니다. 그리고 1950년대부터 품고 있던 이와 같은 파스칼에 대한 공감은 제2차 세계대전 이후 일본사회에서 나타난 너무나도 낙관적인 합리주의 풍조에 대한 나의 불만이나 비판과 밀접한 관계가 있습니다. 나의 경우, 이같은 불만이나 비판이 당시 유행하던 실존주의를 따르지 않았던 것은 이미 헤겔을 거친 실존주의 속에는 데카르트적 합리주의의 흔적이 희미하게 남아 있을 뿐이었기 때문입니다.

즉 나는 이른바 파스칼을 통해서 데카르트를 고찰하고 나의 내면에서 데카르트와 파스칼을 대화하게 하는 식으로 그 뒤로도 나의 사고를 전개시켜 왔습니다. 다루는 중심 주제가 '정념'에서 일종의 **이성**을 구체화하고 헤겔적 문제인 '제도'로, 나아가 **제도**에서 **제도와 정념**을 매개하는 '언어'로 전개되어 간 것 역시 이와 같은 기본적인 사고의 틀이 있었기 때문입니다. 그리고 바야흐로 언어를 나 나름대로 주제로 삼고자 한 1960년대 후반에 서구 근대의 지(知)에 대한 급진적인 비판을 포함하여 '구조주의'를 만났습니다.

다른 한편에서 내가 안톤 체홉의 연극에 심취하여 세계와 인간의 문제에 깊이 개입한 연극의 문제를 체홉을 중심으로 사고해 온 것(「체홉의 세계」, 『언어·인간·희곡』 1969)도 체홉의 연극이 일면 리얼리즘적이면서도 탈(脫)리얼리즘의 방향에서 **근대극**의 한계를 돌파하였고 나중에 베케트 등의 반(反)연극과 연계되어 현대연극의 선구가 될 수 있었던 측면을 지니고 있었기 때문입니다. 그리고 파스칼이 데카르트와 동시대인 근대 초기 17세기인 데 비해, 체홉은 19세기 말부터 20세기 초까지 근대의 해질녘에 위치한다는 대조의 묘미도 있습니다. 무엇보다 나는 의식적으로 이같은 배치를 생각하거나 의도한 것은 아니고 나중에 돌이켜보니까 저절로 그렇게 되었다고 할 수 있겠습니다.

게다가 요즈음 들어서 내가 니시다 기타로의 철학에 매달리는 것도 니시다의 철학에서는 일본인의 서구근대에 대한 격투기록을 볼 수 있기 때문입니다. 동시에 이런 격투를 통해서 무엇보다도 **근대적 자아**나 근대철학의 **주관·객관의 틀**을 돌파하는 철저한 사색이 전개되고 있기 때문입니다. 그 속에는 세계적 차원에서 생각해 보아도 오늘날 철학을 추동해 가는 데 요구되는 탁월한 착안들이 많습니다. 근대 일본인이 몸 바쳐서 행한 철저한 사색으로서 실패도 포함하여 이만큼 뛰어난 자료는 달리 없습니다. 그리고 자료로서는 실패한 부분이 성공한 부분보다 더 귀중한 법입니다.

이처럼 내가 니시다에 대하여 조금이나마 관심을 계속 가지는 데 대해, 매장되어 버려야 마땅한 니시다 철학을 새삼스레 치켜세우고 있다고 비판하는 사람들이 있습니다. 그렇지만 니시다의 철학에 극복해야 할 문제가 포함되어 있다면 그럴수록 피해 갈 수는 없다는 것이 나의 생각입니다. 원래 내가 니시다에게 관심을 갖게 된 것은 일반적으로 일본형 사상에는 제도론적 시각이 결여되어 있다는 점을 깨달은 데서 비롯됩니다. 이 관점은 그후 니시다 철학을 깊이 파고들기 시작하면서도 잊어버리지 않았습니다.

이러한 까닭으로 나의 주요한 철학적 관심은 늘 서양에서 특수하게 발달하여 일본을 포함한 전세계를 휩쓸어서 우리에게도 이미 외부의 것이 아니게 되어버린 '근대의 지(知)' 혹은 '근대합리주의'와의 격투에 있으며, 이를 통해서 일본 속에서 일본사상의 유산에도 눈을 떠가면서 그에 얽매이지 않는 사고방식을 탐구하는 데 있습니다. 따라서 나는 근대의 지(知)를 대전제로 해서 이를 둘러싸고 사고한다는 의미에서는 근대주의자가 될 것이며, 좀더 정확하게 말한다면 근대 지(知)의 매력을 충분히 확인한 선상에서의 비판자라 할 수 있겠지요.

우에노 선생도 이미 알아챘다고 생각되지만, 이상하게도 나는 일본에서 선전된 포스트모던 사상에 관해서는 적극적으로 언급한 적이 거의 없습니다. 그 이유를 굳이 밝힌다면, 처음에는 건축영역에 나타난 기법, 동서고금의 다른 문맥양식의 매너리즘적 절충을 의미하는 방식의 이름이 사상영역에서 사용되는 것은 의미가 없다고 생각했기 때문입니다. 융통성 없는 서구사상이 포스트모던에서 다양한 양식의 자유로운 조합 가능성을 찾는 것은 괜찮을지 모르지만, 이것이 일본사상의 전통적인 절충주의 태도와 결합되는 본질적으로 결코 창조적일 수 없다고 보았기 때문입니다. 겉으로는 다양성(variety)이나 부조화(mismatch)의 재미는 있겠지만.

이와 같이 의식적으로 포스트모던과 거리를 두고 있는데도 종종

나는 일본 포스트모던 사상의 화신 혹은 대표자로 의심받고 있습니다. 왜 그렇게 되었는지, 처음에는 잘 몰랐습니다만 그후 조금씩 사정을 납득하게 되었습니다. 아마도 이렇게 된 것 같습니다.

　일반적으로 일본에서 포스트모던 사상이라고 할 때, 근·현대 철학의 거대이론(grand theory)이 매력과 유효성을 상실한 후 이들을 비판하고 이를 대신해야 할 것으로 나타난 사상을 가리키는 듯합니다. 즉 구조주의가 불씨를 던져서 이른바 포스트구조주의를 중심으로 전개되어 온 사상입니다(우에노 선생도 알고 계시듯이 이 구조주의와 포스트구조주의의 구별 또한 애매한 편이지요. 억지로 구별하고자 하면 안 되는 것은 아니지만, 그런 구별보다 더 중요한 것은 구조주의 이후라고 생각합니다).

　구조주의가 근·현대 철학의 모든 거대이론을 비판한 것은 간단하게 말해 거대이론들이 부지불식간에 서양 형이상학의 위로부터의 통일 혹은 의미의 전제(專制)에 사로잡혀 있기 때문이며, 구체적으로 그 비판은 '야성의 사고' '광기' '무의식' '언어' 등에 의한 근대의 지(知) 혹은 근대이성을 고쳐 묻는 형식을 취하였기 때문이지요. 이와 같이 근대이성에 대한 새로운 문제제기와 해체, 재구성의 작업은 철학의 입장에서는 당연한 일이지만, 이런 작업에 익숙지 않은 사람들에게는 해체, 분해, 확산 쪽에만 관심이 기울어짐으로써 적극적인 의미에서의 '반(反)철학'의 영위는 단순히 철학의 풍속화(風俗化) 혹은 반(反)합리주의로 보였을 겁니다.

구조주의 이후의 이와 같은 지적 혁신이 나 자신의 관심과 동시적으로 일어난 데 대해서는 좀 전에 간단히 언급한 대로이지만, 니시다 철학의 의미와 문제성을 스스로 납득할 수 있는 형태로 파악할 수 있게 된 것 역시 이런 지적 혁신을 통해서 철학의 개념이 확장되었기 때문입니다. 다시 말해 비서구사상으로서 일본철학을 확대된 공통의 철학의 장에서 사고하게 된 것입니다. 흔히 사람들은 1930년대에 니시다학파가 주장한 근대의 극복이라는 기획을 오늘날 포스트모던과 서로 겹쳐놓고서 후자를 단죄하는 데 전자를 사용한다거나 전자를 희화화(戲畵化)하기 위해 후자를 사용하기도 합니다.

물론 양자는 개념으로서는 모두 초(超)근대 혹은 탈근대를 의미하기 때문에 전혀 관계가 없다고는 할 수 없겠지만, 각각 시대 분위기 속에서 의미상 엄청난 차이가 생겨난 용어이므로 서로 겹쳐놓기 위해서는 적절한 절차와 신중한 배려가 필요합니다. 요점만 간단히 말한다면, 시대적인 맥락(context)의 세밀한 비교와 각각의 용어가 각 시대 속에서 어떻게 작용했는지 상호 비교할 필요가 있다는 것입니다.

어쩌다 보니 이 마지막 편지에서는 '포스트모던'에 대한 내 자신의 입장을 밝히는 장광설이 되어버렸습니다. 이대로 마치기는 아쉬우니까, 우에노 선생이 던지셨고 또 감추어진 물음에 좀더 응답하기로 하지요.

내 나이가 쇼와의 연수와 똑같다고 말한 데 대해, 우에노 선생은 "인간이 늙는 것처럼 시대도 늙는다고 느끼시는 걸까" 하고 말씀하셨는데, 이 말 이면에는 여기서 더 나아가 "쇼와가 끝나고 그다음 시대는 어떤 형태로 살아가실 건가요"라는 물음이 감추어져 있는 듯합니다.

나는 시대 또한 늙는 게 아닌가 생각합니다. 왜냐하면 생명체나 그에 준하는 복잡한 자기 조직계에는 탄생에서 전성기를 거쳐 마침내 죽음에 이르는 라이프사이클이 있기 때문입니다. 다만 이와 관련하여 늘 생각의 끈을 놓지 않는 것은 과연 그 라이프사이클은 그 시대에 사는 모든 세대를 길동무로 삼을까 하는 점입니다. 그리고 이 경우에 이를 방해한다거나 또 그때 문제가 되는 것은 시대 혹은 사회의 정신적·문화적 측면도 포함된 진정한 풍요로움이 아닐까 싶습니다. 이때 시대나 사회의 라이프사이클은 하나의 뜻만 가지는 게 아니고 여러 가지 뜻을 함축하므로 수많은 차이를 포함한 것, 세대에 따라 의미가 달라지는 것이 될 것입니다.

그런 까닭에 내가 쇼와가 끝난 후의 일본사회에 대해 기대하는 것도 엄청나게 강한 뚝심을 갖춘 거대한 풍요로움과 유연함입니다. 올해 서울올림픽에서 일본선수들의 성적이 전체적으로 무참한 결과로 끝난 것은 그 자체로는 그리 대단한 일이 못 됩니다. 하지만 오늘날 일본의 거대한 풍요로움과 유연함을 보여주지 못했다고 잘라 말할 수는 없겠지요. 그리고 나 자신은 쇼와라는 연호의 주술을 벗어나서 가능한 한 활발하게 상징적인 죽음과 재생을 반복하는 형태로, 즉 늘 신선한 기분으로 느끼며 사고하고 살고 싶습니다. 얼마나 잘될지는 모르겠지만.

쇼와의 마지막에 인생의 반환점인 마흔 살을 맞이한 우에노 선생들은, 생각해 보면 앞으로의 시대에 좋은 의미에서 특권적인 존재가 될 것입니다.

우리의 왕복서간은, 부득불 자신의 여러 면을 드러내지 않을 수 없었다는 점에서 좀 난처하고 힘들었지만 그만큼 보람도 있었습니다. 그렇다 해도 이런 형식으로 더 말할 것이 있을까 하는 생각이 들다가도 제법 잇따라 여러 가지 쓰고 싶은 것이 나오니, 참 재미있네요.

그럼 다음에 또 다른 형식의 상대가 되어보기로 하지요. 꽤나 심술궂은 말도 서슴지 않았는데 오랫동안 기분 좋게 함께 해주셔서 감사합니다.

앞으로도 한층 종횡무진 활약하시길 기대하겠습니다.

겨울로 향해 가는 상쾌한 가을날에
나카무라 유지로

편지를 읽으며 인간과 삶의 지혜를 만나는 잔잔한 즐거움

이 책은 河出書房新社에서 간행된 『'人間'を超えて─移動と着地』(1994년)를 우리말로 번역한 것으로 여성사회학자와 남성철학자의 왕복서간집이다. 그런데 개인적으로 주고받은 편지를 나중에 묶어서 책으로 만든 것이 아니라 편집기획자가 두 사람에게 의뢰하여 2년에 걸쳐 잡지에 연재되었던 공개 편지글이라는 점이 특이하다.

내가 도서출판 당대의 박미옥 사장님에게 이 책을 건네받은 것이 아마 3년쯤 전이라고 기억된다. 평소에 편지를 좋아하는 나였기에 서간집이란 책을 읽어보고 싶다는 생각이 먼저 든 것은 사실이었다. 그런데 내가 이 책의 번역작업을 맡겠다는 대답이 선뜻 나오지는 않았다. "'인간'을 넘어서"라는 거창하기도 하고 조금은 황당하기도 한 책제목에 무언가 끌리는 것이 있어서 우선은 편지글을 읽듯이 독자의 기분으로 일독하였다. 18편의 글들은 기다림과 설렘이 묻어 있는 대화 같은 글로 편지 본래의 성격을 고스란히 갖고 있으면서도 담겨 있는 내용의 깊이가 범상한 것이 아니었다.

그래서 책을 다 읽고 나서도 번역작업에 손을 댈 수가 없었다. 편지글 속에는 당시 일본뿐 아니라 몇몇 외국의 구체적 사회상황이나 사건을 비롯하여 개인적인 경험이나 친분관계, 관심의 대상 등에 관한 내용이 상당히 포함되어 있었기 때문에 내가 잘 알지 못하는 여러 사항은 물론이고 지명이나 인명, 서명 등도 다수 있었다. 그리고 편지글의 서술방식이 구어체와 문어체가 내용이나 장면, 기분 등에 따라 자연스레 혼합되어 있는 원문의 생동감이 있으면서 차분하기도 한 탄력적인 리듬감을 살려내는 번역을 해낼 자신이 생기지 않았기 때문이었다. 이런 주저함이 있었지만 그래도 시도는 해보아야지 하는 생각으로 처음에 약 20쪽 정도를 우리말로 옮기다가 결국 도중하차하고 말았다.

그래서 내가 책상 바로 옆의 책꽂이 맨 왼쪽에 이 책을 꽂아둔 채로 거의 1년 이상이나 지났다. 이 책이 눈에 들어올 때마다 약간의 부담감을 느끼다가 나는 드디어 결심을 하고 출판사에 전화를 했다. 아무래도 나에게는 어려운 작업이라고 실토하고 정중하게 사과하고 다른 번역자를 찾아보라는 부탁을 하려고 했다. 박사장님은 나의 망설임을 아는지 모르는지 시간을 더 줄 테니 천천히 작업을 하라고 하였다. 그런 다음에 이 책은 다시 내 책장에서 동면상태에 놓이게 되었다.

그러다가 지난해 가을에 제주에서 조금 여유로운 생활을 보낼 기회를 갖게 되자 나에게 숙제로 남아 있던 이 책을 먼저 짐 속에 챙겨넣었다. 고개만 들면 넓고 푸른 하늘이 펼쳐지고 물도 공기도 신선하기 그지없는 곳에서 나는 이 책을 처음부터 다시 읽었다.

막 40대가 된 여성과 60대인 남성이 주고받는 편지들은 발랄한 순발력과 관조적인 연륜이 다양한 소재뿐 아니라 유연성 있는 폭넓은 사유와도 잘 어우러져 있었다. 지식인의 소박한 모습과 자신의 진솔한 생각을 담담하게 적어나가는 글 속에는 생동감 있는 지적 호기심과 상상력이 넘쳐나고 있었다.

모든 사회를 구성하는 젠더, 남성과 여성이라는 사회적 존재에 대한 참신한 시각, 성인기의 삶이 사회의 현실을 지배하는 현실 속에서 가려져 있는 늙음과 어림의 본연의 모습, '시간'에 대한 철학적·역사적·문학적 접근에 관한 이해, 여러 가지 모양의 삶과 죽음에 대한 관찰과 생각들, 자아의 다면성, 분화되고 상품화된 성의 현란함과 허무함, 서로 등을 마주하고 있는 현실과 비(非)현실의 관계 등등. 그 속에서 자신이 삶을 통해 지나온 시간들과 앞에 놓여 있는 시간들을 다른 사람들의 삶의 편린 속에 투영해 보는 깊이 있고도 참신한 지성에 그만 탄복하고 말았다. 자신의 삶을 객관화하는 것을 통해 인간의 삶에 대한 주관적 성찰이 깊이를 더할 수 있다는 자각이 머리를 스친 순간, 나는 무릎을 칠 수밖에 없었다.

시대상황과 사회상황이라는 파도가 개인으로 하여금 두 다리로 굳건히 서서 살아가기 힘들게 하고 있다는 것을 우리는 자신의 체험이나 주변에서 직접·간접으로 늘 접하고 있다. 때로는 너무나 무력하지만 때로는 찬란할 정도의 위대함을 발하는 '인간'이란 모순적 존재에게 연민 어린 시선을 보내면서, 우리에게 일상과 인생을 살아나갈 지혜와 용기를 스스로 찾아가도록 옆에서 이야기를 통해 전해 주고 있다는 생각이 들었다.

두 사람의 편지는 때로는 강의식의 설명문이었다가 경험이나 느낀 바를 기록하는 수필체로 바뀌기도 하고, 때로는 장난기 어린 어투로 투정하는 대화체이기도 하고 수줍은 표정으로 넌지시 자신의 이야기를 꺼내는 고백체이기도 하다. 이렇게 여러 가지 색깔의 지성과 감성이 적절히 표현되어 있다. 또 문장화된 말들 속에서 목소리의 톤과 표정까지도 떠올릴 수 있어서 색다른 읽는 재미를 주었다.

이런저런 감상 속에서 가을을 다 보내고 난 다음에 더 이상 미룰 수 없는 시점에 이르렀다는 판단이 들자 나는 매일 일정 시간을 할애하여 번역작업에 착수하였다. 책을 읽으면서 내용을 이해하고 감응하는 것과 문장 하나하나의 정확한 내용을 우리말로 바꾸어내는 것에는 역시 짧지 않은 거리가 있음을 확인하면서 조금은 힘겨운 작업을 진행하였다. 먼저 내용전달을 최우선으로 하는 초고를 작성한 다음에 글의 분위기와 맛을 살리는 수정작업을 시도하였다. 번역한 글을 여러 번 읽으면서 문장 다듬기를 했지만 여전히 원문의 생기와 진지함의 조화를 살려내기에는 나의 능력부족을 절감하지 않을 수 없었다. 주위 분들의 도움을 받아서 번역에 오류가 없도록 수정작업을 하고 인명이나 지명 등의 확인작업을 거친 다음에 올해 4월 말에 겨우 번역원고를 출판사에 보냈다. 내 마음속에는 어찌 되었든 오래된 숙제를 끝냈다는 홀가분함과 함께 내가 쓴 번역문에 미진한 점이 많지 않을까 하는 염려가 둘 다 있었다.

그리고 거의 두 달 뒤인 6월 하순에 나는 도쿄에 갈 일이 있었는데, 책방에서 필요한 책 몇 권을 사고 난 다음에 유학시절의 습관대로 헌책방으로 발길을 돌렸다. 한 헌책방에서 책들을 둘러보다가 몇 년씩이나 지난 잡지들을 모아놓은 책장의 맨 아랫단에서 『현대사상』이라는 잡지를 꺼내들게 되었다. 목차를 훑어보는데 나카무라 유지로(中村雄二郎)라는 낯익은 이름이 눈에 들어왔고, 글의 제목은 「카오스는 3」(カオスは3)이었다. 이 글이 바로 내가 번역한 서간집 속의 편지글이라는 사실을 확인한 순간 뭐라 설명하기 어려운 반가움이 온몸을 휩싸는 것을 느꼈다. 나는 저녁에 숙소에 돌아와서 마치 처음 보는 글처럼 거의 빨려 들어가듯 그 글을 단숨에 읽어 내려갔다. 너무나도 우연한 기회에 책으로 출판되

기 전에 연재하던 왕복서간의 실체를 내 눈으로 확인하는 것은 번역작업을 할 때와는 다른 감동을 주었다.

이런 몇 가지 연유와 과정을 거쳐서 우리말로 옮겨져서 세상의 빛을 보게 된 이 책은 나에게 아주 특별한 인연이 있는 책이 되었다. 나는 이제까지 몇 권의 책을 번역한 일이 있었지만 이 책만큼 주저하며 질질 시간을 끈 적은 없었다. 전문서적도 아니고 그렇다고 문학작품도 아닌 것이어서 내게 적합한 일거리가 아니라는 생각도 있었다. 또 내가 전문 번역가가 아니라는 것도 마음에 걸렸고 전문서적도 아닌 책을 번역하는 것이 나에게 무슨 의미가 있을까 하는 부끄럽고도 얄팍한 계산을 하기도 했었다.

이 책은 굳이 분류하자면 서간집이므로 수필류에 속할 것이다. 그런데 이 책은 그 어떤 전문서적에서도 찾아보기 힘든 품격 있는 지식의 진수를 가득 담고 있다. 철학이나 사회학의 전문서적보다 철학이나 사회학의 주제들을 인간의 삶에 비추어서 진지하게 다루고 있어서 독자에게 생각거리를 던져주는 독특한 깊이가 있다. 편지라는 양식을 빌려서 여러 면에서 너무나도 대조적인 점이 많은 두 사람이 자신의 생각과 고민을 있는 그대로 보여주면서 '다름의 조화'를 돋보이게 한 글들이다.

편지글 속에는 동서와 고금을 자유자재로 넘나들면서 때로는 냉철한 이성으로 인간의 본성과 사회현상을 날카롭게 분석해 내기도 하고 사회적 약자에 대한 포용적 관심과 이해를 제시하기도 한다. 또한 자신과 가족과 사회를 따뜻한 시선으로 감싸 안기도 하는 비판적 지성인의 혜안이 보물처럼 곳곳에 숨겨져 있다. 상대방의 의견을 귀 기울여 들어주고 자신의 입장과 생각으로 대답을 해주기도 하고, 자신의 의문점을 상대방에게 물어보기도 하고, 상대방의 약점도 넌지시 지적하여 논리의 모순을 보완할 수 있게 가르침을 주는 너그러움도 있다. 자신의 삶과 지식을 함께 성숙시키는 진정한 의미의 교양인이 주고받는 글에는 통찰력과 온유함이 함께 있어서 읽는 사람이 지루하지 않게 여러 지식과 지혜를 발견하게 해준다. 상대방을 존중하는 정중한 태도를 잃지 않으면서도 살가운 마음씀을 느끼게 하는 글들의 묘미는 한 사람이 일관되게 써내려가는 글 속에서는 결코 맛볼 수 없는 감칠맛 나고 흥미롭다는 점이다.

그리고 이 책의 글들이 『현대사상』에 연재되었던 당시가 1987~89년으로 15년이나 지났건만 오늘날 우리가 읽으면서도 시간적 지체로 인한 문제를 거의 일으키지 않는다는 사실도 이 책의 글이 시류적인 것이 아니라 전문성과 객관성을 바탕으로 하고 있음을 증명하는 것이라 할 수 있다. 아무튼 본문의 내용으로나 읽는 재미로나 적지 않는 수확을 독자에게 주는 진정으로 멋진 책이라는 확신이 어느덧 내 속에서 분명해졌다. 내가 이 책을 처음 보았을 때는 정말 상상도 못했던 희한한 일이다.

이 책을 받고 나서 한참 동안이나 묵혀 두었고 몇몇의 예상치 못했던 기회를 통해 여러 차례 새로 만나는 경험을 했고 글의 내용을 내 나름대로 여러 다른 각도에서 소화하는 과정을 거쳤다. 그러면서 나는 이 책에 대한 애정과 같은 것을 마음에 품게 되었나 보다. 그리고 한 가지, 지금 이 순간에 '옮긴이 후기'의 거의 말미에 와서 이 책만의 특징을 이제야 비로소 알게 된 것 같다. 아, 그렇다! 바로 그거야. 이 책의 가장 큰 장점은 '어렵지도 쉽지도 않은 책'이라는 점이다. 약간 어렵기도 하고 약간 쉽기도 하기 때문에 누구나 읽을 수 있는 책. 이런 책이 어디 흔한가? 아무리 좋은 내용이라도 어려우면 눈꺼풀이 금방 무거워지고, 쉽게 읽히면 내용이 가벼운 것인 경우가 많다. 독자는 자신의 기분과 관심에 따라 편지를 읽듯 빨리 읽을 수도 있고, 아주 천천히 내용을 음미하면서 읽을 수도 있다. 이 얼마나 대단한 매력인가!

우리말로 옮겨진 글에 미흡한 점이 있을 것이라는 우려를 감안하고라도 이 책이 갖고 있는 매력을 다른 사람들과 공유할 수 있다는 기쁨에 가슴 한구석이 설레기 시작한다. 나는 이 책의 글들을 사랑하게 된 사람으로서 자신을 되돌아보고 나 자신은 물론이고 가까이 또 멀리 있는 인간에 대한 이해의 깊이를 스스로 더해 가는 삶의 여정을 같이 걸어가는 친구를 만난 것만 같다. 이 책이 독자들의 손에 전달된 다음에 한번 읽고 나서 책장에 꽂아 두었다가 문득 생각이 날 때 다시 꺼내서 펼쳐보곤 하는 그런 책이 된다면 더없이 좋겠다. 이 책의 편지 속에 감추어져 있는 '인간'에 대한 통쾌하면서도 예리한 성찰을 통해 '자신의 모습'을 비춰보고 '지금, 여기'에 있는 '나'라는 인간을 뛰어넘어서 아주 잠시 동안이라도 위안이라는 선물을 받는 경험을 할 수 있다면….

2004년 7월 12일
장화경